文
景

———————

Horizon

积

清朝的中叶困境
与周期感知

弊

孙明

著

上海人民出版社

我想写的是，一个困境，
里边没有一个开心的人。
他们持盈忧盛，
在太平、望太平，
但所有药方都将失效。
时值中叶，
承平百六十年，
积弊成敝。

——题记

目　录

引　言

回到"清中叶"

　　清中叶，即清中期，一般指嘉庆、道光两朝。亦有说是向前推至"乾隆中叶"即乾隆三十年（1765）以后，并向后延至咸丰朝的，实质是以"盛世"与"中兴"来框定"守文"；而如果以鸦片战争为晚清史的开端，则道光朝的后十年又在清晚期的范围了。

　　历史时期不会整整齐齐地沿着皇帝任期划分，"清中叶"在乾、嘉、道、咸四朝边际模糊地存在着，毋宁说这就是清朝国势与社会情状的一个阶段：盛世之后，形势衰微。这是具有政治与社会意义边界的一个历史阶段，不能按君主任期规定，反而生成了政治时间的段落。

　　从"道光萧条"到近代变局，衰颓与新生交织迭起。长期以来，清中期史是在中国近现代史的"后视镜"中成像的。这个"后视成像"，以"三千余年一大变局"为共同前提，建构了两个维度的意涵：一是国家衰朽，缺乏自生的应变能力。这曾是一种较为普遍的历史认知，以费正清的"（西方）冲击—（中国）回应"说最为著名。在晚近写成的清代通史性著作中，罗威廉仍强调清朝是在衰竭与失能

1

的状态下迎来西方冲击的：

> 在18—19世纪之交，清帝国自身的衰竭已变得明显（清朝
> 的统治者与人民自己也惊觉地注意到这些发展），这使得中国与
> 西欧19世纪的分流，不止于相对落后于欧洲的问题，也包括了
> 内在的、完全的失能问题。
>
> 换句话说，世纪之交的清帝国危机，是三个同时发生的困
> 境所造成的"完美风暴"：西方扩张的外来冲击、由长期社会
> 经济问题累积而成的长期危机，以及与我们熟悉的朝代循环模
> 式相关的严重政府失能。

并强调自己的著作"会暂时搁置第一点而关注第二和第三点，这两
者发生得较早，且在当时人眼中更加严重"。[1]

二是此时期中国自身的"现代化"转型，强调内生的创新活力。
危机不仅意味着腐朽没落，更蕴涵着"现代化的质变"。19世纪初，
"中国正处于政治、经济和文化都开始发生质变的阶段。这种质变通
常被看作是'现代化'，这不仅是受到欧洲文明的直接或间接影响的
结果，而且是中国内部社会演化的结果"。[2] 中国的近代变局，无论
是从1840年甚至1894年以后的外部冲击来看，还是从1800年左右
开始的内部危机与应变来看，这都属于视角的转换。但如果一概以
"现代化"为认定"变"/"新"的标准，则无论站在哪一方的立场上，

[1] 罗威廉：《中国最后的帝国：大清王朝》，李仁渊、张远译，台北：台大出版中
心，2013年，第156页。

[2] 费正清、刘广京编：《剑桥中国晚清史，1800—1911》上卷，中国社会科学院历
史研究所编译室译，北京：中国社会科学出版社，1985年，第35页。

积弊：清朝的中叶困境与周期感知

都不过是"后视镜"映照之像。比如孔飞力追索"中国现代国家的起源",虽然认为"从本质上来看,中国现代国家的特性却是由其内部的历史演变所决定的",并以"18世纪90年代的危机"为起点,看到的却是魏源等人关于政治参与、政治竞争等"根本性议程"或"建制议程"的思考,从而"将中国帝制晚期的历史与现代的历史联接到了一起"。[1]

魏源由此而具有"现代"意义,但他心中的"根本性议程"却未必如是。柯文曾反思:"在克服了一种视中国无力自我转变而要靠西方引进现代化的偏见之后,我们是否在无意中又对中国历史形成了另一种偏见,即中国历史中只有那些符合西方现代化定义的发展轨迹才值得研究?"[2]他强调:"中国中心取向的核心特色是研究者致力从中国自身的观点来理解中国历史,尤其重视中国历史发展的轨迹以及中国人对历史问题的认识,避免源自于西方历史的期待。"[3]但历史认知的反思毕竟不等于历史研究的实际,特殊性从普遍性的园地中生长,异时性被整合进入历时性的体系,在历史学家笔下,清中期的方向、视角与议题仍通往中国的现代性。罗威廉笔下的包世臣,就是这面镜子中的映像。[4]

"现代"火光所及之处,历史与思想被"照亮",它们不再老旧乏味,轮廓也被"现代"限定。要走出历史理解的洞见与盲区,也

[1] 孔飞力:《中国现代国家的起源》,陈兼等译,北京:生活·读书·新知三联书店,2013年,第1页。

[2] 柯文:《再版序言》,载氏著《在中国发现历史——中国中心观在美国的兴起》,林同奇译,北京:社会科学文献出版社,2017年,第84页。

[3] 柯文:《序言:对于中国中心观史学的进一步思考》,载氏著《在中国发现历史——中国中心观在美国的兴起》,第53页。

[4] 罗威廉:《言利:包世臣与19世纪的改革》,许存健译,北京:社会科学文献出版社,2019年。

许还要从历史出发，从史料中求史识，有序而不可躐等。

重视清中期自身的"历史"，是从历史出发的再度视角转换。对于清中期政治思想的变化，早年以刘广京所论最为典型。他虽然亦强调，朝向近代变局，"中国传统知识分子有其自发之实事求是之态度与自基本思想上创新之精神"[1]，但提示嘉道时期经世思想在"'西潮'老套"以外的价值，"着手处总以《经世文编》（1826）及鸦片战前之思想为起点"，其意义正在于"发掘我国制度改革及思想进化之内在根源。此大题目乃研究儒家思想今日尚未发明之关节"。[2] 近年来，从"后视镜"走出来，探寻清中期史自身"发生了什么"，也已经引起学者的重视。延续研究清中期自身历史的传统[3]，学界在清中期政治、社会与思想文化的研究中不断取得新的收获。[4] 蔡长林认

---

[1]　刘广京：《十九世纪初叶中国知识分子——包世臣与魏源》，载《"中央研究院"国际汉学会议论文集·历史考古组》中册，台北："中央研究院"编印，1981 年，第 995 页。

[2]　刘广京致王尔敏信（1982 年 4 月 13 日），载王尔敏：《中国近代思想史论续集》，北京：社会科学文献出版社，2005 年，第 26 页。刘广京又曾言："'经世之学'固是当时情势及忧患意识迫成之学术发展，但就历史悠久之儒学入世、经世之基本取向而言，亦极自然之事。道光朝内忧仍在，而外患渐深，浸成'五千年来未有之大变局'。'经世之学'终而扩大为救时之学问，成为鸦片战争以后讲求经济、变法各种学术政治运动之先驱。就十九世纪、二十世纪中国整个思想史而言，《皇朝经世文编》揭橥之'经世之学'乃一'基线'，道光初年以后思想学说之发展，皆须凭此基础衡量比较。"（刘广京、周启荣：《〈皇朝经世文编〉关于经世之学的理论》，载刘广京《经世思想与新兴企业》，台北：联经出版公司，1990 年，第 167 页）

[3]　如白彬菊：《君主与大臣：清中期的军机处（1723—1820）》，董建中译，北京：中国人民大学出版社，2018 年；张玉芬：《论嘉庆初年的"咸与维新"》，《清史研究》1992 年第 4 期；关文发：《嘉庆帝》，长春：吉林文史出版社，2004 年。

[4]　如倪玉平：《清朝嘉道财政与社会》，北京：商务印书馆，2013 年；Wensheng Wang, *White Lotus Rebels and South China Pirates: Crisis and Reform in the Qing Empire*, Cambridge, MA: Harvard University Press, 2014。林满红（《银线：19 世纪的世界与中国》，台北：台大出版中心，2017 年）、张瑞龙（《天理教事件与清中叶的政治、学术与社会》，北京：中华书局，2014 年）有关时事影响思想、学术的研究颇值得关注。

为，常州学派的特质应从清中叶的"学术语境"即"面对考据学风潮所感受到的学术压力"来寻找，"从历史主义的角度来看，一个时代的价值并不是作为另一个时代的先导或基础而存在，而是具有自己的时代精神和它之所以如此存在的价值"。[1] 不仅追溯近代之源，也要重视清中期本身的特质，这引发了研究本位的反思。朱浒以"从实践出发的历史社会学"视角理解"嘉道变局性质"[2]；高波提出的"嘉道主体性"[3]，这些对于认识清中期史的特质都具有启示意义。王汎森强调："道咸思想比较大的成分，仍是在旧框架中思索。"[4] 驻足中叶看中叶，或许所见平易而乏新意，却可能正接近历史的本来面目。萦绕其间的，本于经史，慷慨沉郁，为"三千余年"的治道论辩作结的政治感知逻辑，我们其实未必很清楚。

进而，从晚清向前看，或是从中叶向后看，也就成为一个问题。蔡长林所言不错，罗志田进而揭出"道咸新学"面对近代来华之"西学"时的"能动与受动"："我们过去或许太看重对冲击的显著'回应'，其实还有一条相对沉默的延续之线，有时不一定是不回应，而是沿着惯性继续走自己的路。这样一种不以受动为表征的持续能动，其实也是一种不直接的'回应'。"[5] 政治与社会或亦如是。学与世、

[1] 蔡长林：《导言》，载氏著《从文士到经生：考据学风潮下的常州学派》，台北："中央研究院"中国文哲研究所，2010年，第 xvii 页。

[2] 朱浒：《盛衰之理：关于清朝嘉道变局性质的不同阐释及其反思》，《史学理论研究》2021年第2期。

[3] 高波：《"嘉道的主体性"与"在清朝发现历史"——评张瑞龙〈天理教事件与清中叶的政治、学术与社会〉》，《中华文史论丛》2016年第2期。

[4] 王汎森：《嘉道咸思想界的若干观察》，《思想史》2022年总第11期"清中晚期学术思想"专号。

[5] 罗志田：《能动与受动：道咸新学表现的转折与"冲击/反应"模式》，《近代史研究》2022年第1期。

与治俱变。道光初年，"弊象和式微都出自中国社会本身的起落变动之中"，经世学"从中国社会本身寻因果"；同治以后，"本源古老的经世之学"又"成为一种津筏，使中国人能够由此入彼，从熟悉的时务走进了不熟悉的洋务"。[1]

如果要观照"中叶"的变局与危机，就势必不能忽略它实际存在的延伸影响。这种影响不是从后向前推导，而是从前向后延长视线；不是前一种推理下的"先导或基础"，而是后人挥之不去的"老问题"。于晚清而言，学者多重视其面对的新世界新挑战，但嘉道时期发端的危机实际上贯穿19世纪中国政治，是清朝的内在政治困境。这是最后一个王朝的政治困局，历经洋务自强、变法新政都无药可解，又随着清朝的覆亡沉入历史的海底。

立足"中叶"，面向晚清，我们似乎就能在清代的王朝史中看到一条线索。它在18、19世纪之交显形，又从19世纪走向20世纪。

它的意义，又不限于有清一代。

在整部中国历史中，如何为清代定位，是清末以降现代学术与现代政治双重语境下的新问题。近年来，在全球史视野中，清朝史被重新打量，"横向"的空间扩展也带来了对"纵向"的历史定位的新思考。岸本美绪关于"后16世纪的共通问题"[2]的讨论，启发我们：在17、18世纪，除了"大分流"，在政治上，清朝是否还和欧洲国家一样，具有"在世界史层面的同时代性"并呈现出前近代君主政体的共性特征，比如建立了后来的历史变迁的秩序基础？诸如

---

[1] 杨国强：《衰世与西法：晚清中国的旧邦新命和社会脱榫（增订版）》，桂林：广西师范大学出版社，2020年，第2、52页。

[2] 岸本美绪：《18世纪的中国与世界》，载氏著《风俗与历史观：明清时代的中国与世界》，梁敏玲、毛亦可译，桂林：广西师范大学出版社，2022年，第201页。

此类的思考未必与清中期史直接相关，方向也千差万别，却将问题勾回王朝体制上来。

如果把视线移回中国本位，作为最后一个王朝，清朝亦应具有王朝政治的特征，这种特征也决定了它的命运，而我们似乎还不敢说已经对"王朝政治中的清中晚期史"了然于胸。尽管"新史学"认为王朝史是一本旧家谱。

中国的王朝政治中反复出现一些周期性现象，清朝虽然面临新挑战，亦具有此周期性表现，是否可以此为关怀，对王朝政治中的清朝中晚期史有新认识，并通过清朝中晚期史的研究对中国的王朝政治特质有新的了解？

这是政治史的理路，但不是政治事件或单一维度的政治制度史、政治思想史的写法，而是对历史上政治与社会的总体性状态的探寻，是历史周期位置上的政治状态研究，是清中叶这个王朝特定时代的总体状态史。

"总体性状态"，有大有小。本书的关注与清中期的君臣差不多，就是本朝的盛衰，尽管本朝的盛衰周期又是在大历史的周期之中成型的。在盛世、季世之间，中国政治传统中还有"中衰""中微"的概念。龚自珍认为，"书契以降"，世分"三等"，"治世"与"乱世"之外，别为"衰世"。[1] 这就是他所处的时代，我们又如何来与他一样感知这个时代呢？

与此世势状态对应的时间概念是"中叶"。魏源"尝观周、汉、唐、宋、金、元、明之中叶矣"[2]，希望从历史参照系中找出自己所

---

[1]　龚自珍：《乙丙之际箸议第九》，载氏著《龚自珍全集》，王佩诤校，上海：上海古籍出版社，1975 年，第 6 页。

[2]　魏源：《圣武记叙》，载氏著《魏源集》上册，北京：中华书局，2018 年，第 165 页。

处的"清中叶"的时代问题所在。按常理，只有当一个朝代结束后，才能判定何为"中叶"，如果本朝还没结束，他据何而言身处"中叶"？可能的解释是，"中叶"不是绝对的某个时长之中，而是一个特定的政治时间概念，通过将"当今之世"与历代王朝之中叶比照来确定。而据以比照，能够与"中叶"的标签对应的，也就是那个时代的总体性状态。

对这种总体性状态对应于王朝政治周期的位置的判断，就是人的历史周期感知，也是他的时代体认。

"中叶"，本质上就是一种总体性状态。一个时代的总体性状态，能否成为研究对象？

中国传统史学中，总体性状态曾是官私史著中常见的交代，尤多见于论赞评语中。现代史学，曾经盛行历史分期研究。历史分期研究，皆有其划分标准和指标体系，但既然以"期"概括百年千载，实际上就是总体性状态的指称。只不过，它是基于"现代理论"的标准而确定的。

本书希望从清中叶以降君臣士民对政治社会状态与问题的论说中，体会他们对自己时代的感知。

时人的感知未必是"客观"的，可能很不"科学"，在不同眼光下，结论可能完全相反。比如，清中期士人的当代感知是衰颓不振的，从现代后视镜来看其时却孕育了创新。要全面呈现这个时代的特点，当然应该从现代史学及社会科学的视角去做新范式的透视。

但是，对于时代状态，时人的感知却也是真切的。他们的论说可能很"主观"，却是时代状态在个人思想上的真实展开。"主观"本身就是历史的组成部分和动力之一。感知与状态，是相互成全的。状态能被时人感知，而时人所感知到的，也往往是状态。若要求证于古人，则他们的视角更应得到重视。时人感知时代之总体状态的心思和指标，固然与现代学术不尽相同。彼时的感知具有意义，还不仅是作为"历史意见"，补偏纠正现代认知之"时代意见"[1]，更因为它牵连着甚至决定了时人的时代判断，本身就是那个时代总体性状态的组成部分。阅读了嘉道时期的文字之后，笔者认为应该为彼时的所思所感写一部"传记"。

所以，笔者关注清朝的世势，更关心时人如何感知自己所处的时代，他们如何调用自己拥有的思想和知识资源，来判断身处何时、去往何处。可能恰是他们对时代位置与时代问题的感知，支持了他们的行动；他们的世势分析、应变之道、改革方案，又影响了政治、社会与学术的走向，进而参与了历史的进程。"感知"与"状态"都是真实的，具有自己的历史意义。那就不妨循着时人的感知去勾勒。

话又说回来，既然是时代状况以及对其的感知和判断，就未免是模糊不清而又"自以为是"的，因此缺乏严格且清晰的时间边界，有某些据以判断的要素又可能与后世的历史分析框架及社会科学理论模型有所出入。对于它，要"格致"，也要"体贴"。

在时代问题与时代位置的论说中，制度是一个基本的着眼点，本书亦以制度为支点之一。在当下政治学和历史学的研究中，"制度"与"思想"往往被人为地判入两途，而在时人的世势分析中，制度、政事与学术、风俗是同处一局、彼此关联的。制度作为生命系统的盛衰，与王朝的周期曲线若合符节，二者也总是在士人心中"共鸣"。他们重视制度，而褒贬却与今人不同，持有"法立弊生""法久弊生"

---

[1]　钱穆认为有"历史意见"与"时代意见"的对比，见氏著《中国历代政治得失》，北京：九州出版社，2014年，第3页。

的原罪式观念。这是什么样的制度观念？通往什么样的时代理解？如能重视制度出现了何种问题、士人如何认知与应对此种"制度病"乃至一切诸病，则会使时代感知的研究脱出思想史或观念史的一般样态，转入对总体性的政治与社会情状的再现。

笔者想接近、体会和理解的，就是当日政治与社会的总体性状态。要达致此种理解，似乎第一步仍是得回到"清中叶"，循着士人的眼光与心思，去观照时代情势。其情势，其心思，也许都"层数甚多"，且"自有次第，逐层各是一个体面，而不可牵强合为一说"，便要"分别一个层数"，去"旋次理会"，如此，"当时虽似迟钝，不快人意，然积累之久，层层都了，却自见得许多条理千差万别，各有归着"。[1]描摹此层累达致之总体理解，体会时间边际模糊而又作为总体状态与时代感知灼然于胸的"清中叶"，方可为更深入的结构性分析提供前提。

在君臣士民议论之间，用以引出此总体世势的高频词汇是"积弊"，可谓"时代语汇"。如果不拘于其庸俗化表达，不将其与吏治道德批判画等号，而是解析其作为机制与动力的内涵，则将在我们面前展开一幅题为"清中叶"的立体画卷，从"法"到"势"再到"世"，积弊成敝，世势变迁，层峦叠嶂。

从"积弊"望过去，是"中叶"的时间之境，是王朝周期的运数之理。

---

[1]　朱熹《答袁机仲书》及陆陇其按语，见陆陇其：《读朱随笔》卷2，载氏著《陆陇其全集》第9册，北京：中华书局，2020年，第420页。

第一章

"壅蔽"：嘉道时期的言路制度定型与思想张力

"壅"是传统中国政治思想中常见的贬义词，意味着上下不通、运行不畅，是必须曲为防范的政治状态。在"壅积""壅滞""壅塞"等各种"壅"而不通的情状中，君主被壅蔽或许是最为严重的一种。"立国以通壅蔽为要义。"[1]言路壅塞，虽求治而必事与愿违，关系甚大。嘉庆帝上谕有言："治天下之道，莫要于去壅蔽。自古帝王达聪明目、兼听并观。"[2]但既有认知往往沿历史上时事批评与史事评价中的政治分析路径，将壅蔽归因于君主和大臣的品行问题。嘉庆朝"和珅跌倒"之后，朝野时议纷纷批评乾隆帝宠信和珅以致壅蔽，使朝政大坏。这种认识影响至今，遮蔽了嘉道时期在制度与政治之间对壅蔽问题的讨论，使得言路在清中叶中枢制度体系和政治文化中曲折发展的情况尚未浮出水面，洪亮吉、龚自珍等嘉道时期重要思

---

[1] 《清朝续文献通考》卷127《职官十三·都察院》，上海：商务印书馆，1936年，第8873页。

[2] 光绪《钦定台规》卷4《训典四》，载故宫博物院编《钦定台规二种》第2册，海口：海南出版社，2000年，第58页。

想家的意见亦未得到充分的挖掘。[1]

第一节　中枢制度体系中的言路

嘉道时期对"壅蔽"问题的反思和批评，是由洪亮吉拉开序幕的。[2] 他批评当代"言路似通而未通"，并罗列皇帝身边依旧小人充斥、俳优荧惑之朝局气象。[3] 对于洪亮吉这轰动一时并影响深远的政治进言事件，以往的研究注意到他因身为无"言责"的翰林而终被赦免，属于"非常先例"[4]，从而感慨清朝钳制士大夫、闭塞言路，却

[1]　对于清代的壅蔽及言路等相关问题，既有研究成果集中在监察制度方面，汤吉禾对清代科道官的研究较有代表性，参见氏著：《清代科道之成绩》（《中山文化教育馆季刊》1935 年第 2 卷第 2 期）、《清代科道之职掌》（《东方杂志》1936 年第 33 卷第 1 号）、《清代科道官之任用》（《中央大学社会科学丛刊》1934 年第 1 卷第 2 期）、《清代科道官之公务关系》（《新社会科学》1934 年第 1 卷第 2 期）、《清代科道官之特殊保障与禁忌》（《学思》1944 年第 4 卷第 1 期）；另可参见古鸿廷：《清代之都察院》，载氏著《清代官制研究》，台北：五南图书出版公司，2005 年，第 85 页。既有研究主要讨论都察院及科道官的组织、职掌、运转规则和迁转情况等，即以言官为主，并未从"壅蔽"这一整体性政治问题的角度来思考言路问题。杨国强《晚清的清流与名士》一文阔通深致，虽以晚清为重点，实为在政治文化视域中观照有清一代言路问题的重要论述（杨国强：《晚清的士人与世相（增订本）》，北京：生活·读书·新知三联书店，2017 年，第 146 页）。

[2]　关于嘉庆朝言路政策的基本情况，可参见张玉芬《论嘉庆初年的"咸与维新"》（《清史研究》1992 年第 4 期）、关文发《试评嘉庆的"广开言路"与"洪亮吉上书事件"》（《华南师范大学学报》1996 年第 1 期）、张瑞龙《天理教事件与清中叶的政治、学术与社会》，三者均在政策层面探讨嘉庆初年的言路问题，关文发、张瑞龙二著均勾勒了从嘉庆帝诏开言路到言路闭塞的大体过程，对言路制度未予阐发，未在言路制度发展史的背景中对"洪亮吉上书事件"进行深入解读，这也是目前嘉庆朝言路制度和洪亮吉相关研究的基本情况。

[3]　洪亮吉：《乞假将归留别成亲王极言时政启》，载氏著《洪亮吉集》第 1 册，刘德权点校，北京：中华书局，2001 年，第 223 页。

[4]　如艾尔曼：《经学、政治和宗族——中华帝国晚期常州今文学派研究》，赵刚译，南京：江苏人民出版社，1998 年，第 201 页。

未注意到洪亮吉之所以高标"言路似通而未通",可能别有特定的言路制度发展史情境。

事实上,到嘉庆朝之前,清代的言路制度始终处于形塑过程中,并无可供奸臣破坏之定式可言。

在清朝,围绕"言路"[1]这个关键词组建的皇帝的信息渠道,概言之,是由文书、言官、会议、召见四个方面构成的制度体系。"文书"包括题本和奏折,康熙后,奏折逐渐发展成型并成为皇帝独揽的、主要的信息载体。言官在雍正后"科道合一",即六科给事中、十五道监察御史均隶都察院。"会议"可以理解为包括逐渐衰落的常朝,以及内阁、军机处等与君主举行的会议。"召见"难以做严格的定义,主要是皇帝日常召见重要官员,以及官员任职前后、皇帝巡幸过程中的接见谈话,"直陈阙失"。张佩纶认为,"多接臣下"是"祖宗以来法",从而具有制度意义。[2]上述言路制度体系在雍正朝基本形成,主要的、日常的载体是奏折。在清朝,进言权基本对应于专折奏事之权。

奏折为科道进言之利器,雍正元年(1723),允许科道官"每

[1] "言路"可作广义、狭义两种理解。广义的言路即本章所指的君主接受进言的渠道体系,如赵开心所言,言路"不徒在章奏也,古来明目达聪、敷求谠言,必朝夕接见,谏臣盈庭。天子咨询,百官献纳"(《恳勤召对疏》,载贺长龄辑《清朝经世文编》卷9《治体三·政本上》,《清朝经世文正续编》第1册,扬州:广陵书社,2011年,第94页),徐子苓称"诸建言之路廓然四辟""日讲之设,亦所以广言路也",也将言路视为开放性的概念(《与王给事书》,载盛康辑《清朝经世文续编》卷8《治体一·原治上》,《清朝经世文正续编》第3册,扬州:广陵书社,2011年,第89页);狭义则专就言官而言,如黄爵滋自称"职居言路"(《综核名实疏》,载盛康辑《清朝经世文续编》卷13《治体六·治法中》,《清朝经世文正续编》第3册,第144页)。

[2] 张佩纶:《请上下交儆折》,载氏著《涧于集》,沈云龙主编《近代中国史料丛刊》第1编第92册,台北:文海出版社,1966年,第93页。

日一人上一密折，轮流具奏；或二三人同日各奏一折，一折只言一事"。[1] 但雍正四年（1726）却发布了停止科道密折的上谕：

> 令满汉文武诸臣及科道等官皆用密折奏事，盖欲明目达聪、尽去壅蔽，以收实效也。乃科道等官所密陈者，未见有裨益政治之事，而科臣崔致远等挟私妄奏，不遵国宪，朕是以停止科道之密折，令其专用本章，而犹恐其恶习尚存、颓风不改，是以谆谆训诫，往复周详。[2]

到雍正七年（1729），发现即使禁止科道使用奏折，改为露章进奏，亦不可避免上述问题。雍正帝再次申明此前允许科道密折之由：

> 国家事务殷繁、人情弊端种种，诸臣有陈奏之心，或有不便显言之处，故令密封进呈，所以免其瞻顾，去其嫌疑，俾得各抒所见，尽言无隐，庶国计民生均有攸赖。又如国家任事出力、勤慎素著之大臣，所办公务既多，岂能保其无所错误，若因此而被指摘，殊非情理。其他偶罹过愆，或其子弟家人生事，失于觉察，一经弹劾，若朕不加处分，则近于护庇，若加以处分，则彼之宣力甚多，而不能恕其一眚，朕心实为不忍，不若言事者密陈朕前，待朕为之斟酌轻重、训诲区处，亦两全之道，凡此皆须出于至公至当，方有裨益于风俗人心，非使不肖言官

---

[1]　光绪《钦定台规》卷10《宪纲二》，载故宫博物院编《钦定台规二种》第2册，第114页。

[2]　光绪《钦定台规》卷2《训典二》，载故宫博物院编《钦定台规二种》第2册，第21页。

积弊：清朝的中叶困境与周期感知

藉密奏以自便其私也。

以及事与愿违，遂取缔言官密奏权之因：

乃营私植党之徒竟欲以此逞其奸黠，如崔致远等不肯为都察院堂官管辖，遂邀约同官密行告讦，狂妄恣肆，诋毁大臣，思欲挠乱国政，此风断不可长，朕是以降旨停止科道官之密奏，止令各用露章，盖以其在大庭广众之间，自不敢挟私心而昧公道也。

不承想，露章亦不可凭其公器之机制而遏制私心生出的私言：

乃复有结党营私之谢济世阿附李绂、蔡珽等，参劾田文镜贪赃纳贿，公然紊乱黑白、颠倒是非，又如汪浩之请改选法，辄欲轻变旧章，钱廷献之条奏本省命案等件，擅作威福于乡里。其余则摭拾陈言，苟且塞责，又或相率而为依违缄默之计。

这道责深言切的谕旨却提不出解决之道，只能痛彻而无奈地感慨"向来科道官密奏之弊如此，近来露章之习又如此"，除了再行训饬，望科道官洗涤故习、尽责谏议外，雍正帝也没有更好的办法。[1]

到乾隆朝，科道密奏与露章参奏并行。如乾隆二年（1737），御史谢济世便曾露章参奏九卿、刑部秋审不公。[2] 乾隆三年（1738），

---

[1] 光绪《钦定台规》卷 2《训典二》，载故宫博物院编《钦定台规二种》第 2 册，第 27 页。

[2] 光绪《钦定台规》卷 3《训典三》，载故宫博物院编《钦定台规二种》第 2 册，第 31 页。

敕将科道条陈交九卿会议，也是公之于众而非秘密之言。[1] 同时，乾隆帝警示科道不可将密奏之内容漏泄于外。[2] 但乾隆二十年（1755）后，皇帝却多次通过表达对即位之初重视、开放言路的悔意来斥责言路，这也是给人留下乾隆中后期政治壅蔽印象的原因。如乾隆二十一年（1756）上谕："即如朕初年，何尝不鼓舞言路，然所陈奏不过撷拾浮言、空谈塞责，而因以为奸取利者实复不少。数年以来略示惩创，则又钳口不言。"[3] 乾隆二十三年（1758）上谕重申康熙帝"言路不可不开，亦不可太杂，明朝国事全为言官所坏"之言。[4] 如从政治批评切换到制度演进之客观角度，像"不可不开，亦不可太杂"这样的居中调适，视之为言路在制度定型前的不稳定、摇摆反复的发展，亦未尝不可。

在这样的制度史情境中，方可理解嘉庆帝亲政后立即下诏求言，强调"凡九卿科道，有奏事之责者，于用人行政一切事宜，皆得封章密奏，俾民隐得以上闻，庶事不致失理"的政治意义和制度意义。[5] 从后见之明来看，自此，科道官进入专折奏事体系，方告底定。而即令政治变动，亦只可如光绪甲申年（1884）"书生点戎"之人事变动，而难再有言路制度上的收束。但在当时，嘉庆帝之诏书，

---

[1] 光绪《钦定台规》卷 3《训典三》，载故宫博物院编《钦定台规二种》第 2 册，第 32 页。

[2] 光绪《钦定台规》卷 10《宪纲二》，载故宫博物院编《钦定台规二种》第 2 册，第 115 页。

[3] 光绪《钦定台规》卷 3《训典三》，载故宫博物院编《钦定台规二种》第 2 册，第 40 页。

[4] 光绪《钦定台规》卷 3《训典三》，载故宫博物院编《钦定台规二种》第 2 册，第 42 页。

[5] 光绪《钦定台规》卷 4《训典四》，载故宫博物院编《钦定台规二种》第 2 册，第 57 页。

难说不过是乾隆初年积极求言之翻版，数年之后以君主独断之威凌驾于言路之上的故事也未必不会重演。嘉庆帝同时下诏命各省道员亦可具折奏事，"广咨询之路，原以除壅蔽之端"。[1]道员亦可言事，固难实行，如此宽大的政策只能说明这一番更张很可能是一时的，制度仍在演进和未定型之中。这才是"言路似通而未通"最大的潜台词。

谕旨中对"奏事之责"的强调，反映了奏折制度对进言权的限制，此"责"是责任和义务，也是权力。约束"言责"的言路制度，便表现为强调大臣非有言责者不得使用奏折。由此可见，发展中的言路体制，是与文书制度紧密联系的。言官的进奏权问题，直至嘉庆帝亲政，方最终成为定制。这就带来三个问题：一是进言奏折进入文书流转、议事体系后，效力如何？二是"言责"的规范性如何？"言责"之外的官员是否可以进言？三是给事中封驳，为破除壅蔽的重要制度传统之一，在奏折制度下，此权力如何行使？这些问题都不是后见之明，而是嘉道时期分别由洪亮吉和龚自珍提出的。

嘉庆帝发布前揭求言上谕，让时人有"言路已通"之感，却引出洪亮吉"言路似通而未通"的批评。洪亮吉此言的大背景和潜台词是前述的言路制度，直接原因则是进言后的中枢机制。科道奏折发交部议之后，习惯通行驳议，陷入胶着："即十件之中，幸有一二可行者，发部议矣，而部臣与建言诸臣，又皆各存意见，无有不议驳，并无有不通驳，则又岂国家询及刍荛、询及瞽史之初意乎？"如留中不发，又不符合制度和实际："然或因其所言琐碎，或轻重失

---

[1]　光绪《钦定台规》卷4《训典四》，载故宫博物院编《钦定台规二种》第2册，第59页。

伦，或虚实不审，而一概留中，则又不可。"[1] 于是，进谏往往被此文书处理程序消弭于无形。其时的会议，已是"遇有会议事件，率皆无所建白，随同复奏，而且退有后言"，"每有会议时，不发一语，随同画诺，事后又以此议系他人主见，设或上干指驳，亦全不任咎"。[2] "无有不通驳"和"随同画诺"是一体之两面，洪亮吉和嘉庆帝看到的是同一种会议风气，更是同一种会议机制。

对于此种问题，洪亮吉建议从文书制度入手改良，降低奏折、上谕制度的程序化程度，将君主的意见以迅捷的方式传递给大臣："其法莫如随阅随发，或面谕廷臣，或特颁谕旨，皆随其事之可行不可行，而明白晓示之。"同时，鼓励为公直言，对挟私弹劾者则公布之，以示惩戒："若其不知国体，不识政要，冒昧立言，并或敢攻发人之阴私，则亦不妨使众共知之，以著其非而惩其后。盖诸臣既敢挟私而不为国，则更可无烦君上之回护矣。"将挟私之密奏"使众共知之"，也是为了提升弹劾实效而进一步打开改革奏议制度的缺口。[3] 嘉庆帝则对改进会议发出"若意见不合，即单衔具奏，其会衔折内无庸列名"的上谕。[4] 这些改良建议和政策，都让我们联想到雍正朝以来关于进谏、弹劾等进言是否应当秘密上行、秘密讨论的反复试验。

---

[1] 洪亮吉：《乞假将归留别成亲王极言时政启》，载氏著《洪亮吉集》第 1 册，第 228—229 页。

[2] 光绪《钦定台规》卷 4《训典四》，载故宫博物院编《钦定台规二种》第 2 册，第 75、71 页。

[3] 洪亮吉：《乞假将归留别成亲王极言时政启》，载氏著《洪亮吉集》第 1 册，第 229 页。

[4] 光绪《钦定台规》卷 4《训典四》，载故宫博物院编《钦定台规二种》第 2 册，第 78 页。

积弊：清朝的中叶困境与周期感知

对于突破制度障碍的原动力，洪亮吉是寄托于嘉庆帝的，从中亦可见其对进言制度化程度的理解。他认为，皇帝要勤政，就得发力打破奏折制度中漫长甚至互相掣肘的信息沟通和决策程序。文书本来就是供君臣讨论要事的，不必拘于形式和程序。乾隆初年，皇帝以"朱笔细书，折成方寸"之方式咨询贤臣，大臣则"随时随事奏片，质语直陈"，"日约十余次""上下无隐情"，极具效率，但也都是非制度化的信息沟通手段。他还由召见入手，形象地阐述了自己的"集思广益之法"：

> 请自今凡召见大小臣工，必询问人材，询问利弊。如所言可采，则存档册以记之。倘所保非人，所言失实，则治其失言之罪。然寄耳目于左右近习，不可也；询人之功过于其党类，亦不可也。[1]

这也有助于今人理解，关于君主咨询、大臣进言，时人究竟是在何等意义的制度层面来思考的。在他们心中，专折奏事之权固然不可违忤，但皇帝博采信息、冲破壅蔽却是不应拘于制度的形式与程序的。尧舜"询四岳，询群牧"这样的召见亦未始不是制度，而应与奏折同为言路制度的组成部分。

洪亮吉是翰林院编修，属"词臣"，不是言官，"本无言责"。[2]他的投书之举和一番自述也有自己欲进言而无权责的处境在其中，

---

[1] 洪亮吉：《乞假将归留别成亲王极言时政启》，载氏著《洪亮吉集》第1册，第225页。

[2] 洪亮吉：《乞假将归留别成亲王极言时政启》，载氏著《洪亮吉集》第1册，第223页。

亦是"言路似通而未通"之一来源。但其投书行为本身挑战了清朝的言路制度。嘉庆帝上谕表面上不顾"编修、检讨既非兼讲官者,不得言"的言责限制之事实[1],顾左右而指其本可开辟"代奏"等其他渠道,不过是行文中的铺垫手法,真实目的在于痛批其"私书""投札"之举,冲击、淆乱了言路制度:

> 洪亮吉身系编修,且曾在尚书房行走,若有条奏事件,原可自具封章,直达朕前,或交掌院及伊素识之大臣代奏,亦无不可。乃洪亮吉辄作私书,呈递成亲王处,并称有分致朱珪、刘权之之书,因命一并呈阅。……今以无稽之言,向各处投札,是诚何心?设成亲王等不将各札进呈,转似实有其事,代为隐讳矣。

并先将"既经拆阅,自应即时进呈,乃经奉旨查询,始行交出"洪亮吉之信的朱珪、刘权之议处,复除成亲王呈进的原信留备览外,将呈递朱珪、刘权之的信发还,"听其或留或毁可也",以示自己对这种进言方式的不认可。[2]嘉庆帝上谕中曾批斥无言责者"自具封章于军机处及部院大臣前投递",居心均系"望恩幸泽","视为干进之阶",同时肯定无言责而缄默者"深知国家体制,不敢越职言事,实属分所宜然",国家求言"必定以官阶,予以限制。有言责者而不言,谓之旷职;无言责者而妄言,即属越分",这便表明了君王心迹

---

[1] 许宗衡:《书姚惜抱翰林论后》,载盛康辑《清朝经世文续编》卷17《治体十·臣职》,《清朝经世文正续编》第3册,第195页。

[2] 许宝蘅:《洪北江递书案》,载氏著《巢云簃随笔》,许恪儒整理,北京:中华书局,2018年,第10、8页。

之实。[1] 洪亮吉强调进言无权责，嘉庆帝强调进言有办法，一无一有之间的实质问题，便是对言责的"破"与"护"的矛盾。光绪时，黄体芳更加详尽地阐述了言责限制下"代递"制度有名无实的现状，或有助于理解洪亮吉何以必采取戏剧性的"私书"之举：

> 比者屡诏开言路矣，然无言责者止许代奏，则先经堂官阅定，或吹索其字句，或挑剔其款式，辗转多日，始得上达，未蒙宸览，先已传播，其中若有指摘时政、干涉廷臣者，早已预为之备。一经旁人劝阻，或竟罢而不递，或虽递而无益，所代递者不过肤泛细碎、迎合挟私之语而已，直言谠论不得闻也。[2]

而更深层次的问题，则是科道官之无权。虽然嘉庆帝说："国家设立台谏，任以言责，期于明目达聪，职至要也。"[3] 道光帝亦称："科道为朝廷耳目之官，责任至重。"[4] 但这并非实际情况。龚自珍就指出，科道已成"闲曹"："自阁臣为闲曹冗员，而并科臣亦成闲曹冗员，果依现在情形，何不以六科移驻隆宗门外，专领军机处上谕，而主其封驳乎？"

六科成为闲曹，是与中枢从内阁转移到军机处、重要信息文书从题本转移到奏折、内阁与题本渐失参与机要之职能相伴随的：

---

[1] 光绪《钦定台规》卷 4《训典四》，载故宫博物院编《钦定台规二种》第 2 册，第 59 页。

[2] 黄体芳：《灾深患迫宜筹拯民应天之方折》，光绪四年二月，载氏著《黄体芳集》，北京：中华书局，2018 年，第 6 页。

[3] 《清朝续文献通考》卷 127《职官十三·都察院》，第 8869 页。

[4] 《清朝续文献通考》卷 127《职官十三·都察院》，第 8870 页。

军机处为内阁之分支，内阁非军机处之附庸也。雍正辛亥前，大学士即军机大臣也，中书即章京也。壬子后，军机为谕之政府，内阁为旨之政府，军机为奏之政府，内阁为题之政府，似乎轻重攸分。然寰中上谕，有不曰内阁承发奉行者乎？寰中奏牍，有不曰内阁抄出者乎？六科领事，赴军机处乎？赴内阁乎？昔雍正朝以军务宜密，故用专折奏，后非军事亦折奏，后常事亦折奏，后细事亦折奏。今日奏多于题，谕多于旨，亦有奏讫在案，补具一题者，绝非雍正朝故事。故事何足拘泥？但天下事，有牵一发而全身为之动者，不得不引申触类及之也。国朝仍明制，设六科，其廨在午门外，主领旨，主封驳，惟其为上谕也，谏臣或以为不可行而封驳之，谏臣之所以重。今内阁拟旨所答，皆题本也，所循字句，皆常式也，旨极长，无过三十字，诚无可封驳者。[1]

龚氏此论，实发言路制度之大问题所在，点出了言路不振之中枢制度格局背景。如其所言，纵使皇帝重视言官、鼓励进谏，六科给事中也已因属于内阁文书体系而在大局中失势，沦为"诚无可封驳"的地步。

此言亦可视为对乾隆初年著名的谏官——给事中曹一士上奏恢复六科旧制的呼应。曹一士呼吁给事中与御史分设，提高谏官地位，保障进谏的精力，与龚自珍所论有异曲同工之妙。

曹氏先从沿革说起，揭给事中作为"省"官与御史作为"台"官，本为渊源、序列、功能乃至衙署地理位置均不相同的两个部门。其

---

[1]　龚自珍：《上大学士书》，载氏著《龚自珍全集》，第322页。

至为关键的区别是内外不同、监察对象不同，地位自然不等："六科独主封驳，以补阙拾遗，虽与御史同为言官，而御史职在监察百司，故居于外，六科职在宣行制敕，故居于内，所以重王言、尊国体，内外秩然不可易也。"六科成为克服壅蔽的主要专职力量，围绕君主需要了解的种种真实情况，包括"天下民生休戚、吏治臧否，皆得之于退食之余广咨博访，以便入告，而禅庙堂耳目之所未及"。在制度上，对维护其专责和畅通行使此言责的渠道有明确规定："《会典》开载该科所奉旨意有灼见未便之处，许封还执奏；部院督抚本章有情理未洽者，俱得驳正题参。至于朝政得失、百官贤佞，或特疏，或公本奏闻，是立制之初，惟在慎重命令，别白是非，专责以言，不任他事，俾得从容谋议以殚其心，朝夕论思以尽其职。"这是"我国家立制本意，参酌历代而无弊者也"。[1]

但自雍正帝将六科并入都察院之后，便与御史职能混作一体，精力分散，不能专注于王言、国体这样的大事：

> 以六科内升外转一事，奉旨著都察院管，乃一时权宜之法，然自此以后，台臣循照台例，一切城、仓、漕、盐等差，与御史一体开列，于是六科各员奔走内外，朝夕不遑，或递相署理，至有本科只留一人者，本章到科匆匆过目即以付部，不及详细审读，又其甚不得已，则闾阎雀鼠之胥杂进于内朝，簿书期会之吏接迹于禁御，判署纷纭，轻重倒置，非所以钦崇纶绰、整肃纲常也。[2]

---

[1] 《清朝续文献通考》卷127《职官十三·都察院》，第8870页。

[2] 《清朝续文献通考》卷127《职官十三·都察院》，第8870—8871页。

清初沿明制，"六科自为一署"，独立而专责。康熙三年（1664），"六科止留满、汉各一人"，规模缩小。雍正初，"以六科内升外转，始隶都察院。凡城、仓、漕、盐与御史并差，自是台省合而为一"。（《清史稿·职官志二》）六科从此前具有一定内廷色彩的机构转成都察院的下设机构，因科道合一，而与御史职能混淆，失去专责封驳之精力，这是曹氏所见科臣失权的具体职官制度根源。

为使六科还归其本来意义，曹一士建议台省分列，名实一致，给事中"专责以言"，并从文书流转上增重科臣之权，与龚自珍所言更相契合：

> 《会典》开载，凡内阁交出密本，由各该科挂号，即将原封送各该部取，职名附簿备查。是从前密本未有从内阁径下者，即前代中书门下两省更互校验之意也。今臣到任以来，见所发各科本章，只有红本，而密本并未一见。至皇上谕旨径由内阁发部者，臣等迟至浃旬始得从邸钞一读，如此则虽欲有所论列，或已无及于事，似非设立科臣之初恉也。嗣后请听臣等派出本科笔帖式二员，每日轮班赴阁恭钞谕旨，并所发各臣条奏密本，既省挂号转发之烦，臣等亦可不待邸钞即得预闻旨意，备见奏章，庶几随时论列，以仰赞高深于万一。[1]

曹氏所言，虽不能如龚自珍般洞见奏折与军机处关联互动之中枢制度大格局，改革建议即便实行亦属无益，但可谓深谙掌故，切中制度弊病内里，发龚氏之先声。

---

[1]　《清朝续文献通考》卷127《职官十三·都察院》，第8871页。

继续上溯到顺治十七年（1660），"密本"初起，御史季振宜即"请复封驳旧制"，"以收直言之实效"，更是颇有远见者。他由密本兴而想到封驳废："上传密本，近来有不由科臣而竟发各部者。夫六部六科之设，相为表里，原有深意。科臣既任耳目之官，欲以不见不闻责其揣摩于冥漠之途，抑亦难矣。"季氏认为这样就毁掉了设置封驳制度的本意，不利于君臣之间及官僚群体内部不同意见的交流，从而导致政治体系的积弊："况上传密本每经一年半载而后知之，及知之矣，复以为上传密本，拘忌展转，迟之又久，补救虽工，行如流水，嗟何及矣！臣子挟奸怀诈，徇情市恩，往往在闲暇从容之时。若夫封驳，胸中原无成见，朝发科抄，夕上封事，钻营固有所不逮，变态亦何能猝成。是封驳之制复而皇上永无过举，各部尽洗前非矣。"[1]

在季、曹、龚等人的先后讨论中，可以看到他们对中枢权力体制与文书行政机制的变革中，六科失去实际作用的结构性位置的不满。六科虽再未专设，但曹、龚二人在中枢体制大变革中重谈这个问题，仍有其时代意义，亦是制度理路的内在认识。季、曹、龚先后传承的主张，表征了从入关后到嘉道时期，中枢制度一步步定型的过程中，士大夫随之而来的观察、思考与应对。制度尚未定型时，持续的反思与呼吁，反映了制度规复与废止的角力。言说印证着制度史发展，标识着那个时代的制度发展阶段。顾炎武曾论给事中掌封驳之重要，或为上述制度主张的思想渊源。[2]

---

[1]　季振宜：《请复封驳旧制疏》，载贺长龄辑《清朝经世文编》卷9《治体三·政本上》，《清朝经世文正续编》第1册，第95页。

[2]　顾炎武：《封驳》，载贺长龄辑《清朝经世文编》卷9《治体三·政本上》，《清朝经世文正续编》第1册，第92页。

奏折本是清朝皇帝为垄断信息而设计的文书制度，其秘密性和专属性是皇帝冲破壅蔽，获取重要、真实信息的保证。但奏折和与其紧密关联的军机处运转起来之后，却冲击了中枢行政体系中的言路制度传统架构。身处奏折、军机处、言路制度塑型的进程中，洪亮吉、龚自珍看到了正在消逝的制度传统，乾隆晚期的政治问题则放大了制度问题，更引他们思考和批评问题的所在。

第二节　两种"士风论"

与言路制度的批评和建议相伴的，是对言路风气的反思。洪亮吉认为，当时言路上"毛举细故，不切政要"的文风，与"否则发人之阴私，否则快己之恩怨"的士风，形成互文的效果，反映了言路制度运行中普遍存在的风气问题。[1] 彼时君臣对"风气"问题的归因与应对，都与制度相系，体现了言路制度调整与定型的思想和政治文化背景。

乾隆晚期至嘉道时期，文书渐成"例胜于理"的圆美之态。清初反思明末政治问题，认为与言路"竞尚风流"相应的，是公文风气学六朝而"芜蔓"："高言简说，乐就稽阮之放轶"，"名山风雨，随笔抄填，馨泽良怀，逢篇点缀，臭腐满牍，谈者欲呕"。[2] 但是，经雍正帝打击朋党、整饬言路，文风又走向另一极端："上之所以责备臣下者如是，则谁敢奋其笔舌，显立异同，以自蹈不测之祸者？是故雍正十三年之间，章奏之文，兢兢业业，不敢作一越分语，盖

---

[1]　洪亮吉：《乞假将归留别成亲王极言时政启》，载氏著《洪亮吉集》第 1 册，第 228 页。

[2]　许同莘：《公牍学史·牍髓》，郑州：河南人民出版社，2016 年，第 202 页。

自是而风气一变。"[1]龚自珍曾因"役抄"题奏而对清代题本、奏折等奏议文书的"体裁大略"(即体例、文风)有所体会。他认为康熙以前的奏议"颇犹粗悍,或纷披扶疏,沿明臣习",自雍正以后,奏议文体渐成规范,"始和平谨质,得臣子之体",乾隆三十年以后,则形式渐美,流于形式之问题亦随之而生:"圆美得臣子之例矣。"比较而言,还是康熙以前的奏议言实而值得收藏:"自珍所抄康熙以前一册,不足储百一,雍正至乾隆三十年一册,不足储五十分之一。"虽然"近今六十年,尚未动手"搜集整理,但从他对"风气之变"趋向的把握来看,不值得收藏的比例定然更大。[2]后人总结,嘉庆朝的文风与政风相呼应,守成之主以"例"为重,随着行政规则及文书体式文理之"例"渐居主导,文风亦渐成因循,"束缚驰骤,跬步之间,便生荆棘"。这又进一步造成"言公牍于雍乾之际,则理多于文;言公牍于嘉道以后,则例胜于理"的气质变化。[3]

因循圆美之态不仅洋溢在奏折中,还成为君臣奏对的常态。龚自珍认为当时大臣与君主奏对只以揣摩为宗旨,毫无实效可言:"堂陛之言,探喜怒以为之节,蒙色笑,获燕闲之赏,则扬扬然以喜,出夸其门生、妻子。小不霁,则头抢地而出,别求夫可以受眷之法。"[4]

文风的背后是士风,洪亮吉、龚自珍、魏源等都指出,当时"风俗日趋卑下","士大夫渐不顾廉耻,百姓则不顾纲常"。这弥漫于整个社会的风气问题,"不当责之百姓,仍当责之士大夫"。士大夫风气表现为"模棱、软弱、钻营、苟且"的官场习气:

---

[1]　许同莘:《公牍学史·牍髓》,第 232 页。

[2]　龚自珍:《与人笺》,载氏著《龚自珍全集》,第 344 页。

[3]　许同莘:《公牍学史·牍髓》,第 233 页。

[4]　龚自珍:《明良论二》,载氏著《龚自珍全集》,第 32 页。

数十年来，以模棱为晓事，以软弱为良图，以钻营为进取之阶，以苟且为服官之计。由此道者，无不各得其所欲而去，以是衣钵相承，牢结而不可解。夫此模棱、软弱、钻营、苟且之人，国家无事，以之备班列可也；适有缓急，而以牢结不可解之大习，欲望其奋身为国，不顾利害，不计夷险，不瞻徇情面，不顾惜身家，不可得也。至于利弊之不讲，又非一日。在内部院诸臣，事本不多，而常若狳狳不暇，急急顾影，皆云多一事不如少一事。在外督抚诸臣，其贤者斤斤自守，不肖者亟亟营私。国计民生，非所计也，救目前而已；官方吏治，非所急也，保本任而已。

由此，"虑久远者，以为过忧；事兴革者，以为生事"。这样的官场风气确实与"国家求治之本意"相去甚远。言路风气自然为其中表现突出者。[1]

聚焦于言路，这样的风气、风俗由何而致？其中尤为重要，故为君臣反复申说的是鉴于明亡故事、防范言路腾竞的政纲。"本朝纠虔士大夫甚密，纠民甚疏，视前代矫枉而过其正。"[2] 划定言责，时时警示言路，是钳制政纲的重要内容。古鸿廷等人的清代科道制度研究于此已有所论列，惜失之简单，如能将其置于言路制度具体的、动态的发展情境中，更可见其历史表现与历史作用。[3] 清末《皇朝掌故汇编》的作者认为，六科给事中隶属都察院，正是雍正帝鉴于明

---

[1] 洪亮吉：《乞假将归留别成亲王极言时政启》，载氏著《洪亮吉集》第1册，第225页。

[2] 龚自珍：《江南生橐笔集序》，载氏著《龚自珍全集》，第205页。

[3] 古鸿廷：《清代之都察院》，载氏著《清代官制研究》，第97页。

积弊：清朝的中叶困境与周期感知

末言路升腾而采取的调整措施，虽无确证，却是一种由来有自、较为普遍而影响深远的认知：

> 明代给事中自为一曹，称六科都给事中，凡章疏案牍得与部院衙门平列。殆其末季，廷论纷嚣，给事中以无所隶属，益得恣情自肆。我朝初沿旧制，世宗宪皇帝特命改隶都察院，整纲饬纪，班序秩然，体统益昭，严肃洵万世所当恪守也。[1]

钳制士口，便益尊君。对乾隆帝特别是其晚年以前勤政与英武的崇拜，洋溢在嘉道经世学者的论述之间。细读之下，亦有畏惧在里头，这又不免和大臣的不敢进言相关联。如龚自珍所见："方是时，国家累叶富厚，主上神武，大臣皆自审愚贱，才智不及主上万一。"[2]

嘉道以降，文网虽渐疏，君主之警惕心仍未减，对于洪亮吉投书进谏，嘉庆帝立即敏感地联想到"明末声气陋习"。[3] 嘉庆帝的提防之心，呈现出另一种取向的"士风论"。与洪亮吉、龚自珍等强调君主不励臣节、不充分赋权导致的士大夫"圆美"之态不同，嘉庆帝所在意的是士大夫风闻言事导致的政治秩序紊乱。嘉庆、道光二帝沿承了祖宗历朝迭谕不可重演明末大臣攻讦之风、消除"声气陋习"之萌的传统，集中体现在嘉庆帝御制《都察院箴》《谏臣论》以及嘉庆帝、道光帝的一系列上谕中。《都察院箴》《谏臣论》与康熙

---

[1] 《皇朝掌故汇编》内编卷2《官制二》，张寿镛辑，上海：求实书社，1902年，第14页。

[2] 龚自珍：《资政大夫礼部侍郎武进庄公神道碑铭》，载氏著《龚自珍全集》，第141页。

[3] 许宝蘅：《洪北江递书案》，载氏著《巢云簃随笔》，第11页。

帝御制《台省箴》《御史箴》等一脉相承。上谕中的批评也传承于祖宗，兹简要总结于下。

在君主看来，言路奏折之文风浮而不实，背后是士大夫的名利心。与洪亮吉、龚自珍所见相似，嘉庆帝发现虽广开言路，但"臣工条奏，累牍连篇，率多撷拾浮词，毛举细故，其中荒唐可笑、留中不肯宣示者尚不知凡几"。嘉庆帝认为自己未曾苛求科道进言频率与数量，进言低劣的责任在于科道官。究其"本衷"，则"大约不出乎名利之两途"，并分别列举"沽名"与"牟利"的具体事迹。这就与洪亮吉所揭之原因恰成对比：一为嘉庆帝未尽去和珅之党，身边小人充斥；二为士大夫沽名而牟利。[1]

士大夫的名利心，是帝王谆谆教诲要剔除的。帝王的提防并非纯为士林风气着想，而是警惕士大夫政治的秩序紊乱和对君权的干预。私心私利是有层次之别的，相关风气亦有层次之别。一时一事的名利为其一般表现，嘉庆帝训诫"私惠勿酬，私仇勿毁"。[2] 其中，有贪腐问题："以奏事为利谋，藉以窃弄威福，私纳财贿。"[3] 而"怀挟私怨，阳沽鲠直之名，阴施报复之计以巧试其术者"则会导致官僚群体的秩序紊乱，因为言官易于免责，而被弹劾者已蒙污名，君臣之间徒增芥蒂。[4] 至于"科道身居台谏，冀博敢言之称，数上封

[1] 光绪《钦定台规》卷4《训典四》，载故宫博物院编《钦定台规二种》第2册，第58页。

[2] 光绪《钦定台规》卷1《训典一》，载故宫博物院编《钦定台规二种》第2册，第13页。

[3] 光绪《钦定台规》卷4《训典四》，载故宫博物院编《钦定台规二种》第2册，第79页。

[4] 光绪《钦定台规》卷4《训典四》，载故宫博物院编《钦定台规二种》第2册，第76页。

事，欲朕识其姓名"，"及涉历升阶，考其行事，与其言论前后多不相侔"，已达不忠不公、人格上自相矛盾的地步。后来道光帝亦警告群臣，"沽直声于前，而思缄口于后"的风气与其"用人图治之意大相刺谬"。[1]

党争是私心私利之大者。一旦私心私利不受君主控制，就会自成组织体系，结党乃清朝历代君主高度警惕的政治禁忌。嘉庆帝提醒言官勿重蹈"前明结党恶习"。[2]站在君主立场上看，私利生出私议，私议放大私利之争，门户、朋党由此而起，言路就是党同伐异的要径，党争借言路腾起。言路与党争的逻辑联系，从而构建。

在皇帝看来，议论朝廷定制、质疑君主定论，也与讨论国是的期许相违背，是需要警惕的言路"把持朝政"之风，而其背后亦是私心私利作祟。言官的重要功能是通过进言弹劾"整纲饬纪"，维护政治秩序，但不能"率意渎陈，轻更成宪"。[3]嘉庆六年（1801），甫由翰林擢任御史的游光绎批评皇帝"用人不当，循照资格"，被嘉庆帝痛斥"竟欲干预用人大柄，纰缪已极。国家序进官僚，自有定制"，科道议论用人，"此风断不可长"，即便用人偶有不当，亦不容"交章攻击，百计阻挠"。否则，便是"阻挠国是，干与非分"。[4]嘉

---

[1] 光绪《钦定台规》卷 5《训典五》，载故宫博物院编《钦定台规二种》第 2 册，第 87 页。

[2] 光绪《钦定台规》卷 1《训典一》，载故宫博物院编《钦定台规二种》第 2 册，第 13 页。

[3] 光绪《钦定台规》卷 1《训典一》，载故宫博物院编《钦定台规二种》第 2 册，第 13 页；光绪《钦定台规》卷 4《训典四》，载故宫博物院编《钦定台规二种》第 2 册，第 67 页。

[4] 光绪《钦定台规》卷 4《训典四》，载故宫博物院编《钦定台规二种》第 2 册，第 63 页。

庆八年（1803），给事中鲁兰枝奏皇帝宽宥之刑案，亦被批"渎奏……竟欲干预刑名大柄"，有"明季台臣把持朝政，肆意妄陈"之忧，"此风断不可长"。[1]道光二十三年（1843），御史陈庆镛奏起用琦善等人"为刑赏失措，无以服民"，道光帝虽从其请，仍申明："黜陟之权操之自上，本非臣下所能干。"[2]可见，建言国是的尺度不易把握，必须时时保持与"权操自上"之政权领域的距离。皇帝认为，在"干预""把持"的背后，仍是私心私利。为什么科道"并无经国远虑"，却"率皆与吏部铨法相关，其余五部俱无论及者"？只是因为"各私亲故，改一条例，为一二人早得除授地步"，这私心私利使得他们"不思法令数更，最乖政体。铨法遵行已久，若朝夕改易，人将何所适从"？[3]可谓诛心之论。

以上公私之际诸条之宗旨，可归纳为要守"政体"，即康熙帝所谓"洞达政体，斯曰能贤"。[4]乾隆帝更批评科道"不识政体，敢于妄行陈奏"。[5]嘉庆帝忧心科道批评用人不当之言"成何政体"。[6]"政体"即君君臣臣以成一体，其核心是"君—臣"纲纪秩序："何谓

[1] 光绪《钦定台规》卷4《训典四》，载故宫博物院编《钦定台规二种》第2册，第66页。

[2] 光绪《钦定台规》卷5《训典五》，载故宫博物院编《钦定台规二种》第2册，第89页。

[3] 光绪《钦定台规》卷4《训典四》，载故宫博物院编《钦定台规二种》第2册，第79页。

[4] 光绪《钦定台规》卷1《训典一》，载故宫博物院编《钦定台规二种》第2册，第12页。

[5] 光绪《钦定台规》卷39《通例一》，载故宫博物院编《钦定台规二种》第2册，第550页。

[6] 光绪《钦定台规》卷4《训典四》，载故宫博物院编《钦定台规二种》第2册，第63页。

为政有体？君为元首，臣为股肱，上下相维，内外相制，若网之有纲，丝之有纪。"[1] 在君主的规训中，更将中国传统政治思想中君臣双方都有义务的"君臣之义"，转换为"上不亏于天，下不失人臣事君之大义"这一具有神圣意味的单向度要求。[2] 士大夫要站在皇帝的立场，方能正确地"公而忘私"："人臣事君之义，全在涤除私念，方可冀其进献嘉谟，若先有沽名牟利之见存于中，是举念即已涉私，尚安望其忠言入告耶？"[3] "务当屏除私见，尽心尽职，不避嫌怨，力矢公忠。"[4] 嘉庆、道光二帝所言之"公"与洪亮吉、龚自珍所言之"公"并不完全是同义词。而会议机制之所以低效，皇帝认为也是由于臣子"其心实私而不公"所致。[5]

公私之际的现状，并不令嘉庆帝满意，他看到的是"旁敲侧击，毛举细故，轻改旧章，遂其私意"，士大夫走到了朝廷"求言之意"的反面。于是，在嘉庆二十二年（1817）入夏后京师少雨之际，皇帝认为"朕以诚心待诸臣，诸臣不以忠悃事上，惟思苟且塞责，此上天所以昭示旱象，未能兆成康阜也"，并在这一年御制《谏臣论》，"着发交都察院自堂官以及科道每人照录一通，嗣后初任言官者，到任之日亦令照录一纸，俾各触目警心。各科道经朕剀切训饬，务各

---

[1] 司马光：《体要疏》，载氏著《司马光集》第 2 册，成都：四川大学出版社，2010 年，第 898 页。

[2] 这是康熙帝对其为都察院御书"都俞吁咈"的解释，见光绪《钦定台规》卷 1《训典一》，载故宫博物院《钦定台规二种》第 2 册，第 12—13 页。

[3] 光绪《钦定台规》卷 4《训典四》，载故宫博物院编《钦定台规二种》第 2 册，第 58 页。

[4] 光绪《钦定台规》卷 5《训典五》，载故宫博物院编《钦定台规二种》第 2 册，第 87 页。

[5] 光绪《钦定台规》卷 4《训典四》，载故宫博物院编《钦定台规二种》第 2 册，第 77 页。

屏除私念，力矢公忠"。[1] 他又再发上谕"特为指示公私，以立万世听言之准"，强调明朝的历史教训，要求群臣按照自己训谕的方向"公而忘私"，这是《谏臣论》的要义所在：

> 近年言事诸臣为公者少，为私者多；避人焚草者少，张扬于众者多。甚至假借题目，作弄威福，营私纳贿，枉法贪财，此端岂可开？此风不可长也。若不力加整饬，驯至于前明结党恶习，诚朝廷之大患也。忠告必嘉纳，佞口必屏斥，若不论忠佞公私，惟言官之言信用，博纳谏之虚名，受乱政之实祸矣。[2]

嘉庆帝希望：

> 言官洗心涤虑，大公无私，常存以言事君之诚，尽屏取巧谋利之伪。作天子之耳目，为朝廷之腹心。上章进谏，置祸福于度外；密封不露，虽至亲手足不令与闻，方不愧此职任。顾名思义，王章不可玩也。以执法之臣为犯法之事，甚孤朕求言之诚意矣。为私之一二败类，不得不除；为公之诸臣，益当勉励，不必妄生疑惧，当言则言，言必有中。若仍存私见，自此绝口不言，竟以朕为拒谏之主，心更不可问，罪浮于彼矣。[3]

---

[1] 光绪《钦定台规》卷4《训典四》，载故宫博物院编《钦定台规二种》第2册，第79—80页。

[2] 光绪《钦定台规》卷1《训典一》，载故宫博物院编《钦定台规二种》第2册，第13页。

[3] 光绪《钦定台规》卷1《训典一》，载故宫博物院编《钦定台规二种》第2册，第14页。

这就与洪亮吉等由士大夫不识"国体""政要"而批评君主，走到两个方向上去了。

君主的顾虑也得到了一些士大夫的支持。姚莹便由"宋仁宗戒言官"的史事，赞同宋仁宗时的权御史中丞王畴之言，王畴批评"险徼"之士大夫"挟己爱憎，依其形势，以造浮言，奔走台谏之门，鼓扇风波之论"。姚莹认为，此言"切中后世言官之弊。其托迹于公，以合党图私者无论矣。即有忠爱之君子，而惑于小人浮说，因之爱憎不中、轻发公论者，亦不可不慎察之"。[1]此种言论可见皇帝的意见并非不出宫闱，但究竟不同于洪亮吉、龚自珍等代表的士林清议，仅可视为皇帝意见的附属者。

于是，同样是痛心于"世道人心，日流日下"，皇帝与士大夫最终却得出了不同的判断和施政原则。互相劝诫中含有互相防范：士大夫所论重点实为君主，所防在于君主不识人、不召见、不听谏、不赋言路之权；君主所谕重点是言官，是士大夫，所防则在于士大夫效仿明末故事挟私妄论、结党把持，由言路纷腾引发政治激变不止的局面。

两种士风论当然是有张力的。其直接表现是责于君主，还是责于士大夫，其深层次的区别则是如何看待言路在政治体中的作用。士人沿承传统政治思想，认为言路本身在政治结构中具有重要的甚至终极的治道意义。汤鹏专作《去壅》一文，持论曰：

> 《易》曰："天地不交，而万物不通也。上下不交，而天下

---

[1]　姚莹：《宋仁宗戒言官说》，载盛康辑《清朝经世文续编》卷17《治体十·臣职》，《清朝经世文正续编》第3册，第195页。

无邦也。"言壅也。《书》曰："辟四门，明四目，达四聪。"言去壅也。是故尧舜去壅则帝，汤武去壅则王；桀纣好壅则诛，幽厉好壅则伤；秦皇好壅则祚短，汉祖去壅则祚长；隋炀好壅则国暗，唐宗去壅则国昌。……是故不去壅，不亲上下；不去壅，不殖纪纲；不去壅，不成社稷；不去壅，不和天人阴阳。[1]

"去壅"即言路，在政治体中扮演的是亲上下、殖纪纲、成社稷直至和天人、和阴阳的作用。畅开言路，并非以士大夫之公心为前提，而是治道所必需。所以，君主要"毋自是""毋自圣"：

毋枝蔓多端，则不计议穷人。毋凶矜好胜，则不气势刽人。……毋疑信参半，则任使专；任使专，则受命者直前……[2]

由此，嘉道时期的士大夫开始为明末言路正名，从而形成与君主成见商榷之势。张瑞龙的近著揭示嘉庆朝天理教事件后出现了"推重明代，重新评价明代士习、士风及其培养士人的制度"的"潮流"。[3] 如从当时对言路制度的反思与批评着眼，再思嘉道时期的相关议论，更可感受到重新评价明代政策与士习的终极政治关怀与现实政治意义。既然明末言路的历史教训成为形塑本朝言路制度的重要依据，重新构建明末故事的解说逻辑，便成为改进本朝言路问题的重要法门。鲁一同在与潘德舆的讨论中认为，"有明之世，纲维

---

[1] 汤鹏：《浮邱子》卷3《去壅》，载氏著《汤鹏集》第1册，刘志靖等校点，长沙：岳麓书社，2011年，第63—64页。

[2] 汤鹏：《浮邱子》卷3《去壅》，载氏著《汤鹏集》第1册，第60页。

[3] 张瑞龙：《天理教事件与清中叶的政治、学术与社会》，第188、210页。

法度康和丰美不及本朝远甚，又多邪臣巨奸、苛法弊政，然且支持二三百年，礼乐不废，文质彬然"，原因"无他，士气伸也"。而清朝虽然"太平度越百禩"，仍然不能达到"三代之隆"，问题即在于言路不振，士大夫"容与委蛇，顺风靡波，温言浮说，更相欺诿"，"大臣恭俭在位，而天下恶言病"。此种言路风习与士林风俗相应相循："天下多不激之气，积而为不化之习，在位者贪不去之身，陈说者务不骇之论，学者建不树之帜，师儒筑不高之墙。寻寻常常，演迆庸愞之中，叨富贵、保岁暮而已矣。"[1]

在明清两朝的对比中，清朝士大夫更坚定了"壅蔽"的责任在于皇帝的判断。鲁一同将破解之责任与办法仰于上："上当有以激之"，"尊劝敢言之士，设不谏之刑，广上书之路，削颂谀之章，起退废之人，使天下明知朝廷风旨所在，示中外无拘禁，以震动一切之耳目"。他认为如此方能反其习、作其气。扩大言路、端正言责是其中要者："内至部郎，外至郡守州县吏，皆得言事，天子取其善者而恕其失中，则方直之士来矣。居谏垣者不以时规切主上，究当时利病，徒饰小说为巧避者，置之刑典，则庸愞之风革矣。山野布素之士有深识远略者，许其献纳，虽未必称旨，其言多朴拙，藉以风天下，如此则耳目广矣。"[2]道咸之际，"谕旨令言者虚公详慎，毋偏毋私"，王庆云直陈："从来言官论事易致人主之疑，或以激切为沽名，或以指陈为干进，或一言失实，而概目为虚诬，或一事偶泄，而遂指为威福。故始则乐问，后乃厌听者，往往有之。"王氏径言应

---

[1]　鲁一同：《复潘四农书》，载盛康辑《清朝经世文续编》卷9《治体二·原治下》，《清朝经世文正续编》第3册，第103页。

[2]　鲁一同：《复潘四农书》，载盛康辑《清朝经世文续编》卷9《治体二·原治下》，《清朝经世文正续编》第3册，第103页。

系此责于皇帝："皇上以大公至正之心听言，谁敢以偏私之说尝试者？惟在圣心推之至诚，使上德下情常相通而无壅蔽耳。"[1]

按士大夫此种政治思想共识，言路是"三代"圣王之遗意，是政治结构中不可或缺的组成部分，进言是结构性的政治行为，所以历朝历代都将言路落实为一套制度安排。无论士大夫个人品行及风气如何，都要让他们说话。因为由进言而生的"士气"，才是支撑政治体存续的政治道德和政治文化力量。鲁一同的论述，是结构性认知对明末言路之弊说发起的挑战。

而在君主的政治思想世界中，虽亦在普遍意义上承认言路的重要，却较为抽象，重在实践层面上将士大夫的个人道德放大到制约言路制度执行的效力，进言从而成为个人的道德行为。或者说，君主的言路观展开为：要从个人道德行为出发来看待士大夫在政治结构中的政治行为。

两种言路观矛盾的结果是，在历史的当时，士大夫盯着君主，君主盯着士大夫。每天在"细故""浮言"中甄别忠心、公心与名利心。嘉庆帝虽然自信"洞烛其情"，但又只能忍而不发，以防"缄默不言"、言路壅蔽，无奈地乞灵于大臣在风节上一秉大公、在技术上"确据直列弹章"。久之，皇帝对言路风气的认识固化而消极，"科道风气惟知毛举细事，或更改成例，以博建白之名，实则欲藉此见长干进，或竟受人嘱托，邀誉沽名"，"未有能除大奸、厘大弊者"。[2]道光帝亦总结为："妄肆讥弹，捕风捉影，甚且挟嫌诬陷、报复逞

[1]　王庆云：《正本清源疏》，载盛康辑《清朝经世文续编》卷10《治体三·政本上》，《清朝经世文正续编》第3册，第106页。

[2]　光绪《钦定台规》卷4《训典四》，载故宫博物院编《钦定台规二种》第2册，第75、76页。

私，尚复成何事体？"[1]他们认为，科道风气不好非一日之寒，而是由来有自，"百余年来，前后如出一辙"。这更坚定了他们遵循祖宗以来规训科道传统之信念。[2]

小结："壅蔽"的政治体

"壅蔽"，是弥漫在嘉道时期朝野议论中的重要问题和普遍忧虑。魏源认为："政治之疾苦，民间不能尽达之守令，达之守令者不能尽达之诸侯，达之诸侯者不能尽达之天子，诚能使壅情之人皆为达情之人，则天下无不起之疾苦矣。"各行政层级之间的信息衰减，是历史上常见之情形，但当士林感受到"壅"在各个层级普遍存在时，又说明"壅"的程度已经超出了一般的认知和默许范围，成为王朝"中微"之表征。魏源"使壅情之人皆为达情之人"的建议在传统体制中当然难以实现，他更担心"有国家之大利大害，上下非有心壅之，而实亦无人深悉之者"。[3]

钱穆曾论及制度与其背后之理论、精神的关系："制度决非凭空从某一种理论而产生，而系从现实中产生者。惟此种现实中所产生之此项制度，则亦必然有其一套理论与精神。理论是此制度之精神生命，现实是此制度之血液营养，二者缺一不可。"[4]嘉道时期言路

---

[1] 光绪《钦定台规》卷10《宪纲二》，载故宫博物院编《钦定台规二种》第2册，第126页。

[2] 光绪《钦定台规》卷4《训典四》，载故宫博物院编《钦定台规二种》第2册，第76页。

[3] 魏源：《默觚下·治篇十一》，载氏著《魏源集》上册，第72页。

[4] 钱穆：《中国历代政治得失》，第56页。

的制度定型与思想张力，则可丰富今人对此论题的认识。与其说这是制度的理论与现实之关系，毋宁说是制度、制度在政治思想传统中之"法意"、具体时代下对制度之思想认识这三者之关系。

清承明制而损益之，在国家制度体系上可谓大有为者，从题本到奏折、从内阁到军机处，这一系列政治制度的变革，恰是君主要将信息权在内的诸般大权独揽而发动的制度变革，破除壅蔽便是重要宗旨。[1]

在嘉道时期关于壅蔽问题及广开言路之道的阐述中，无论进言资格还是纳谏态度，都能看到言路制度与中枢权力体制的紧密结合。把言责、文书（奏折、题本）、机构（军机处、内阁），甚至君相这几个相互关联的制度综合起来看，我们可以感知到中枢制度体系因革定型的具体过程。中枢是一套制度体系，言路又是内在于其中的一套制度体系。言路制度嵌于文书行政制度和君主日常政务处理机制中，与从内阁到军机处、从题本到奏折的制度变革密切相关。言路制度虽然重要，亦仅可视为中枢权力运行这部大机器上的一个组成部分，这就从制度和运行机制上牵制了言路发挥作用的效力。沈钦韩认为，从汉代到明代，给事中从宫中给事、莞纳枢机，终因"分属六部"而边缘化，"但毛举细故，风闻言事而已，与唐宋之职大异"。[2] 这是对历史上的言路风习与制度损益之关系的认识，有助于理解为何嘉道时期君臣皆以"毛举细故"一语批评言路，这可能恰是在政治体制中被边缘化的科道由权限收缩而渐成的政治文化。不

---

[1] 关于这一体制性变革的过程，可参见白彬菊：《君主与大臣：清中期的军机处（1723—1820）》，第 225 页。

[2] 沈钦韩：《〈说储〉批注》，载包世臣《包世臣全集》第 1 册，合肥：黄山书社，1991 年，第 194 页。

离人事谈制度，是讨论"壅蔽"的基本出发点。士大夫群体风气或曰风俗、风习，又成为与制度和人事通为一体、难分难解的要素。

胜朝教训引出了本朝政纲和本朝法度。在制度逐渐定型的同时，与此制度配套的君主的言路政治理念也已定型：以明末"历史教训"为不断言说的事实根据，以批评和防范士大夫私心私利为基本内容，以乾纲独断为方向。

拥有思想支撑的制度体系更有力量。一代确定一项制度，或相关联的几项制度成为一个制度体系时，往往都有鉴于前朝或本朝经验教训的历史叙事作为前提或支持，这是"因革损益"的制度构建路径的题中之义。明末言路激荡之弊，就是清朝确立言路制度的历史叙事前提与思想支持。清代中枢制度本就是君主主导成型的。雍正帝对台谏官体制、中枢参政体制、文书行政体制的改革，在龚自珍看来，起初都是"一时权宜之法"（办法），久之却成"事例"，最终成为真正的"法"（制度），制度造势，再积势成风。[1]乾隆帝上谕有言："御史虽欲自著风力，肆为诋讪，可乎？"[2]当然是不可以的，"风力"只能来自皇帝一人。与言路相关的一系列政治判断和政治观念，成为具有清朝特色的君主政治思想，权力结构、制度体系都与此政治思想一致。而基于士大夫个人道德行为判断的言路观念，是这一政治思想的集中表现之一。

在中国传统政治思想中，破除壅蔽，本是皇帝和士大夫的共同追求。"从来治天下者，将欲求君民一体，必先由君臣一体，乃疏通

---

[1] 龚自珍：《上大学士书》，载氏著《龚自珍全集》，第 320 页。

[2] 《清朝续文献通考》卷 127《职官十三·都察院》，第 8871 页。

一体之脉，则莫如言路。"[1] 嘉庆帝亦称"无谏诤之臣，政不纲矣"，直进弹章是科道"设官之意也"。[2] 这就是中国政治传统中言路制度的"先王遗意"。它源于古已有之的政治忧虑。《韩诗外传》开列了十二种"人主之疾"，"隔"即居其一。儒家通经致用的经典资源体系中，《诗》的功能正是"谏书"。在制度设计中，《周礼》的《保氏》《大司寇》等篇亦建置了建言进谏、下情上达的职官与渠道。[3] 防"壅蔽"，实则意味着皇帝的存在方式——不能与臣民隔绝，从而使自己保持为君之道与统治能力。当然，在君主制下，这也是整个政治体系保持良好运转和吐纳能力的要求。龚自珍、魏源、汤鹏等人对进言作为一种结构性政治行为的认识，正是由此而来，这是治道及道统的认知，是士林的共识，是言路之"法意"。

但是，每个朝代的制度中也都蕴涵着独具特质的政治精神与文化，"我国家立制本意"未必可与"先王遗意"画等号。龚自珍分别称之为"本朝之法意"与"前代之法意"[4]，二者一道约束着制度的设计与实践，也不免因歧异甚至矛盾而竞争。言路的"前代之法意"是结构性的，但清朝皇帝对言路的认识是与权力结构相关联从而具有个人道德性质的。言路的"前代之法意"，遂在现实政治生活中被个人道德这一权力结构中竞争性的思维对冲。这个权力结构以君主和士大夫二元为主，二者一致认同言路的"前代之法意"即宏观的

[1] 赵开心：《恳勤召对疏》，载贺长龄辑《清朝经世文编》卷9《治体三·政本上》，《清朝经世文正续编》第1册，第94页。

[2] 光绪《钦定台规》卷1《训典一》，载故宫博物院编《钦定台规二种》第2册，第13页。

[3] 孙诒让：《周礼政要》，北京：中华书局，2010年，第351页。

[4] 龚自珍：《乙丙之际箸议第六》，载氏著《龚自珍全集》，第4页。

积弊：清朝的中叶困境与周期感知

言路思想，但落实到现实政治考量中，言路的"前代之法意"主要为士林所重，君主所重的则是基于预防明末故事重演与防范士大夫私德问题而形成的"本朝之法意"。"三代"以来的言路法意传统，便被更具实际政治效力的"本朝之法意"背离与架空。当论及言路松紧的现实问题时，防范士大夫私德的言路制度观念反成为凌驾于法意传统追求之上的支配性思想，成为讨论言路的政纲。所以，言路屡开而终未能开。

一项政治制度之所以历代沿用而不废，说明了对应的政治思想传统即"前代之法意"持续存在；历代损益而不尽一致，则可从当代特有的政治理念中寻找"本朝之法意"。当然这并不是思想与理念决定制度的因果逻辑，而是两方面相互配套、相辅相成，共成一个制度体系与政治格局。至于说在中国政治思想史上，往往"本朝之法意"与"前代之法意"相反相成，最终生成中国政治传统，并影响政治思想，这是需另文讨论的宏观问题。

嘉道时期，本朝言路制度与政纲相互支撑、配套，共成一个政治体。而这制度与思想理念形成的政治体本身又不是灵活、包容的。于是，言路经密道而畅通，从而保证乾纲独断，使天下信息尽在君主掌握，却在不敢言的风气和因循圆美之中走向了反面。

士大夫感知到制度定型不如所愿，更加形成了负面的政治文化。继位于英主的守成帝王也难以承受这一制度—思想体系对君主个人能力的要求。言路议论与改革建议从而勃兴，以"言责""封驳"等为关键点，言路系于职官与文书制度的议论再放光彩。龚自珍由制度形塑的过程剥析原委，直指随着中枢制度定型而来的风气问题；包世臣建议改革官制，给事中"直门下（罢司科事），主封驳诏、敕，承阁、发部",沈钦韩感佩"真有识之论"。[1]

但是,制度与思想共同塑造的政治体在定型之际表现出强大的约束力。孔飞力曾详论乾隆帝冀图通过召见等渠道突破行政官僚制的常规权力限制,这从洪亮吉的生动描述中也可反映一二,只是这些努力并不算成功,到乾隆晚年更及身而止。[2]壅蔽本是就君主而言,在当时的政治和制度条件下,士大夫将克服壅蔽的希望寄托于君主自身,亦非全无道理。但在制度与思想共同构建的言路政治安排中,只成了不能实现的寄托。嘉庆帝等君主虽然尝试开放言路,塑造自己的政治风格,但受制于约束言路的中枢制度与政治思想,既不具备改造制度的能力,也缺乏调适思想的雅量,无力冲破甚至无法驾驭,只能抱怨、无奈、装聪明。只要读一下嘉庆、道光诸帝在鼓励言官"据实直陈,不可妄生疑惧,自甘缄默"和警告言官"不得假公济私,变乱是非"之间摇摆的那些上谕,就知道大臣把握皇帝"求治纳言之至意"有多么难。[3]

其直接而深远的政治后果是,在君主自身,开放言路的冲动与约束言路的传统形成张力;君主与士林之间,两种言路观、士风论的张力也就无从化解。这个张力的表现是富有戏剧性的。颇有研究心得的汤吉禾,"纵观清代科道之保障与忌禁,觉其每有互相冲突者":"如既许风闻言事,又禁奏事不实;既云不拘文字,又忌措辞太激。且所谓狂妄偏袒,当奏不奏等忌禁,又漫无标准,最终是非,

---

[1] 包世臣:《说储》,载氏著《包世臣全集》第 1 册,第 156 页;沈钦韩:《〈说储〉批注》,载包世臣《包世臣全集》第 1 册,第 194 页。

[2] 参见孔飞力:《叫魂:1768 年中国妖术大恐慌》,陈兼、刘昶译,北京:生活·读书·新知三联书店,2012 年,第 232 页。

[3] 《清朝续文献通考》卷 127《职官十三·都察院》,第 8871 页。

衡之于皇上。无怪风宪之官，咸以科道为进身之阶，而不认为终身之职也。"[1] 洪亮吉、龚自珍等为代表的士大夫群体大张公论，在君主看来却可能导致中枢制度和官僚政治秩序的紊乱；皇帝的初衷也不可谓"不公"，但认为士大夫具有私人或群体之"私"利，于是防止壅蔽就更多地转换为防止士大夫借言营私的问题。士大夫认为其充分发挥批评进言作用将使政治受益，于是将主要责任放在皇帝身上，将言路系于"帝德"；居于顶层的皇帝却认为"人臣从政有体，进言有序"[2]，通过对实据、措辞等标准相对明确的要求和"狂妄偏袒，当奏不奏"等"漫无标准"的要求左右调适，所图不过是将士大夫的言责限制在"分"内，使其合乎"政体"，以保持整个政治体系的平衡与稳定。倒是"政体"这样意近于"礼"的概念，兼有道德与制度因素，而又介于两者之间，成为一种必须保持动态平衡的政治框架和政治状态，留给今人思考。

何谓"制度定型"？其又以何为标志？今人或多以制度内容及相应的文本已基本形成而不再有较为显著的更改作为"定型时间"。本书则认为，制度是在基本内容完成后，再经过标志性的事件（如改革挑战）的检验，形成不可大为更张的共识，才告定型的。

清朝的言路制度，虽然其基本内容在雍正时已成体系，乾隆时已较完善，却是在嘉庆朝广开言路的一系列政策调整尝试、士林高倡改革均告失败后才正式底定的。清代言路的既有研究聚焦于"科道合一"这一机构变革，或以乾隆初期科道员额厘定为标识[3]，忽略

---

[1] 汤吉禾：《清代科道官之公务关系》，《新社会科学》1934 年第 1 卷第 2 期。

[2] 光绪《钦定台规》卷 10《宪纲二》，载故宫博物院编《钦定台规二种》第 2 册，第 117 页。

[3] 汤吉禾：《清代科道之成绩》，《中山文化教育馆季刊》1935 年第 2 卷第 2 期。

了言路制度体系并非在职官初定后即告完成，而是有一个发展成型、确认定型的过程。因此，若从制度体系和过程着眼，一些问题可能就会得到新的认识。嘉道时期，言路制度正处于定型阶段。制度定型期，在政治史上往往意味着制度体系及相应政纲理念的束缚力量未经检验，君主和士大夫身处其中而不自知，从而提出较大力度的批评和更革主张，而已走向成熟的制度体系与相应的政治文化则会展示它们的力量，反作用于人事，束缚改革的冲动。正因为处于定型的临界点上，嘉庆帝才能既做出广开言路的政治姿态，又受制于制度现状和"本朝之法意"，在"革前明之秕政，立昭代之规模"[1]的体认与约束下，无力在实践中推扩言路。嘉庆朝鼓励言路的政策、士林历史的再解释，最终都没有胜过明末言路之弊的"故事"，未能成为替代性的政治叙事前提。经检验的制度定型，才是真定型，挑战带来的检验与失败，都是制度定型的必经阶段。由此，我们亦可进一步理解，嘉庆初年对军机处的改革也是有限的，对渐已定型的军机处制度的若干组成要素或不舍得破坏，或发起挑战但失败。[2]这与言路制度改革的情形庶几近之。笔者认为，在制度史的视野中，从所谓"嘉庆新政"至道光朝的改革，只能视为对此前制度建设成果的确认与完善，失败的挑战与调适性的完善都是本书所定义的"制度定型"之表现。[3]嘉庆帝"只恐荒废典章，怠忽程式，宵旰勤求，惟期顺则"，将乾隆朝制度纂入会典，"著奕祀之法程，为亿龄之典

---

[1] 《续修大清会典序》，载托津等纂《钦定大清会典（嘉庆朝）》，沈云龙主编《近代中国史料丛刊》第 3 编第 631 册，台北：文海出版社，1992 年，第 2 页。

[2] 参见白彬菊：《君主与大臣：清中期的军机处（1723—1820）》，第 409 页。

[3] 关于"嘉庆新政"或"嘉庆维新"以及嘉道期间的改革，可参见关文发：《嘉庆帝》，第 113 页；罗威廉：《言利：包世臣与 19 世纪的改革》，第 6 页；Wensheng Wang, *White Lotus Rebels and South China Pirates: Crisis and Reform in the Qing Empire*, p.181。

　　　　　　　　　　　　　　积弊：清朝的中叶困境与周期感知

则。后嗣恪遵勿替，期永勉旃"[1]，以后来者眼光观之，可视为清代制度体系定型时期的"守成"宣言。

于嘉道时期定型的言路制度体系，主要体现为：其一，言责的边界基本清晰。奏折作为言路的主要载体，除特旨之外，京官进奏之权限定为："在京宗室王公，文职京堂以上，武职副都统以上，及翰詹授日讲起居注官者，皆得递奏折。科道言事，亦得递奏折。"京外则下至"道员言事亦得递奏折"。[2]科道的进奏折权稳定下来，嘉庆帝肇端的道员进奏折权亦得以延续，但言路与言责仍有限定，成为定制。光绪时，张佩纶建言"饬下廷臣前赴内阁会议政事"，上谕"不如令在廷诸臣凡有言事之责者各摅所见据实奏闻以备采择"。[3]其二，制度规则体系完备。相当于科道"则例"的《钦定台规》，始成于乾隆八年（1743），嘉庆七年（1802）、道光七年（1827）两次奏准重修，是制度定型在文本上的反映，光绪时续纂则"悉仍其旧"。[4]古鸿廷梳理《大清会典事例》后亦认为："科道职责的运作规则，似至嘉庆朝时体制才建立完备。"[5]由中枢制度决定的言路安排成为定制，士林议论衰歇。光绪初年的清流与言路貌似一振，但完全不能触及制度层面的更革。其三，言路和专责之言官的职业道德与行为规范，在最高统治者层面思考成型，笔之于书。嘉庆帝御制《都察

[1] 《续修大清会典序》，载托津等纂《钦定大清会典（嘉庆朝）》，沈云龙主编《近代中国史料丛刊》第3编第631册，第11页。

[2] 托津等纂：《钦定大清会典（嘉庆朝）》卷65《奏事处》，沈云龙主编《近代中国史料丛刊》第3编639册，第2948页。

[3] 上谕，光绪四年二月初二日，参见张佩纶：《涧于集》，沈云龙主编《近代中国史料丛刊》第1编第92册，第75—76页。

[4] 光绪《钦定台规·凡例》，载故宫博物院编《钦定台规二种》第2册，第7页。

[5] 古鸿廷：《清代之都察院》，载氏著《清代官制研究》，第96页。

院箴》，作为《百官箴》二十六章之一，并作《谏臣论》。相比于康熙帝的《御史箴》，以上两文突出强调言臣必须为公不为私，勿蹈前明结党恶习，表明不会"博纳谏之虚名，受乱政之实祸"的心迹。道光四年（1824）御制的《声色货利论》则强调科道尽忠劝谏君主遵循旧制、节用远佞之职责，这些文章均可视为言路制度定型的文化标识。[1] 清代言路的"本朝之法意"，亦因上述三方面的发展而日臻完备。

围绕壅蔽问题的制度、人事、风气之关系，或龚自珍所见所论的"法、势、例、风"之关系，表征了传统政治思想将制度、行为与场域、环境统合起来，从制度与人事并重的角度观察政治运行这一思维方式。这样的观察和评议虽未能在历史的当时解决问题，却为今人理解现实政治世界与思想世界在何种逻辑上碰出火花，为沿着时人的思维观察制度得失，提供了颇有些"理论"意味的概念与分析工具。以上所述，已经涉及皇帝与士大夫集团、官僚君主制下的专制权力与行政权力等结构性问题，而制度与人事及其衍生出来的法、例、势、风的逻辑，却兼有结构与过程因素，更因归于积势和风气（或"风俗"）而富有综合性和整体色彩，难以大刀阔斧化约为社会科学理论中现成的理论框架或曰结构，值得今人深思。

站在清朝中叶的时间点上，笔者体会到的主要是政治的无力感。壅蔽是信息的上下壅塞，是君臣之隔，是政治的窒息和压抑。在御制《守成论》中，嘉庆帝认为守成之主必须沿着创业之君的"法良意美"走下去，"以祖宗心为心，以祖宗之政为政"，反之，"历观汉、

---

[1]　《都察院箴》《谏臣论》二文，见光绪《钦定台规》卷1《训典一》，载故宫博物院编《钦定台规二种》第2册，第13页；《声色货利论》一文，见光绪《钦定台规》卷1《训典一》，载故宫博物院编《钦定台规二种》第2册，第14页。

唐、宋、元、明，载之史册，皆中叶之主不思开创艰难，自作聪明，妄更成法"。[1] 在以"本朝之法意"抗衡消解"前代之法意"的保守中，言路壅蔽积而不化，这不过是清中叶制度与政治积弊的一个方面而已。从中我们可以体会"本朝二百年来列圣相继，未尝一议更革"然而"一祖之法无不敝"之沉痛的具体而非抽象。嘉道士人认为，言路关乎政体、士习与世势，是一朝"元气"所在，而本朝所欠缺的正是此物。与君主守成的自期相反，"壅蔽"积而不化，拉开了积弊以致衰微的中叶帷幕。

---

[1] 《清仁宗圣训》卷15《法祖》，载赵之恒等主编《大清十朝圣训》，北京：北京燕山出版社，1998 年，第 5117 页。

第二章

"积弊"：嘉道时期的制度病与变法论

嘉道两朝，承平日久，变局初现，表征之一是积弊日益凸显，因循弥漫天下。积弊，是人事问题，更是制度问题。时人怀着对王朝命运的忧虑，聚焦漕、盐、河等"大政"，从制度病的层面对积弊进行了总结和反思。对积弊的痛彻感触，引出深刻的议论，将积弊概念化。学界对盐、漕、河等积弊的具体表现与改革举措已有大量研究，但尚乏沿着清人思路在制度史的视野中整体观照积弊的专论。时人思考与革除积弊时，所持之制度观念、制度哲学及运用逻辑为何，亦尚未统筹通览。[1]而在当日之具体改革措施背后，实有一以贯之的思想指引，且因其时之制度及政治思想尚在传统范围内，故可反映传统中国制度建构与更革中的规律认识和指导原则，从而与当代的制度学说形成对话，丰富对"何为中国制度"的认识。本章不求将广布于各领域的积弊穷形尽相，或将其根源分别穷究原委，唯

---

[1] 近著如倪玉平《清朝嘉道财政与社会》对财政积弊的情形与改革举措进行了描述和分析，虽也涉及财政思想、财政变革理论及制度变迁，但与本章以制度为本位，以围绕积弊的制度思想和制度观念为旨趣，讨论积弊与去弊中的制度线，并不相同。

以"审取、广存"[1]而成之《皇朝经世文编》为底本，梳理朝野于积弊之成因与应对的相关制度认识，从而把握当时人的制度思想和制度观念。还原制度与积弊之间的逻辑机制，进入时人的思想世界，或可为进一步了解清中期历史与思想的可能取径之一。

第一节 "积弊"即是"法弊"

"积弊相沿，事出理外。"[2]"弊"是中国传统上论述政治与行政问题的常见语汇，将"积弊"放在"弊"的概念群里看，则其相对于强调衍生之意的"流弊"、强调肇绪及弊害所在之意的"弊端"的差异，在于"积"。"积弊相沿"，便如荀子所言"彼日积弊，我日积完"（《荀子·王制》）之"积"，是弊病随着时间而积累、前后相续、郁结沉重之意。而在言及积弊时，其意涵通常不仅是影响较大、较严重并且很难清除的顽疾，而且是积重无已之弊。

积弊由何而致？清人以为法弊（即制度病）是主要原因。黄式三在《变法说》中引用唐代陆贽的分析，以积弊来路作为去弊的分类施策依据，凸显法弊，由此引出变法的主张："凡欲拯其积弊，须穷致弊之由，时弊则但理其时，法弊则全革其法。"他认为，制度都是蕴涵先王之道的设计，但道有不能彰显之处，行政即生窒碍，稳妥施行的变法可去此"时弊"："历朝之法律，未尝非先王之道也。道有偏而不起之处，政始有眊而不行。善持法者，修举废堕，次第

---

[1]　魏源：《皇朝经世文编五例》，载氏著《魏源集》上册，第157页。

[2]　晏斯盛：《清厘关务积弊疏》，载贺长龄辑《清朝经世文编》卷51《户政二十六·榷酤》，《清朝经世文正续编》第1册，第521页。

复之，其于时弊，不已去泰去甚乎？"[1]这是由变法而去法弊，进而祛除时弊的逻辑。时弊是综合的，法弊是理此一局的入手处。黄氏以礼学名家，治道议论中注重制度，为其本色当行。

"积弊"即是"法弊"，对于"法"与"弊"之间关系的具体逻辑，尚可缕析。当时主要有以下两种观点。

其一，"法立弊生"。"弊"与"法"如影随形，有法即有弊，在制度与积弊的关系中，这种近于制度的"原罪"的认识，是居于指导性、支配性地位的思想观念。当时常见的观念是："语曰：法立弊生，无不弊者法也。"[2]在积弊言说中，已经成为一种俗语的"法立弊生"可谓俯拾皆是。举凡"一法立则一弊生"[3]，以及"法无有弗弊者"[4]，所言皆是此理。之所以说"法立弊生"是一种指导性、支配性的思想，是因为下文所说的"法久弊生"等观念，亦以此为出发点。

其二，"法久弊生"。沿着"法立弊生"的观念，时人亦强调弊病会随着制度的持续施行而累积。"法久弊生"是清人较为普遍的认识[5]，如"无百年不弊之法，亦无弊而不可变通之法。譬之终岁之衣

[1] 黄式三：《变法说》，载盛康辑《清朝经世文续编》卷12《治体五·治法上》，《清朝经世文正续编》第3册，第136页。

[2] 彭钎：《粤东盐政议》，载贺长龄辑《清朝经世文编》卷50《户政二十四·盐课下》，《清朝经世文正续编》第1册，第516页。

[3] 卢崇俊：《法令应归简易疏》，载贺长龄辑《清朝经世文编》卷12《治体六·治法下》，《清朝经世文正续编》第1册，第121页。

[4] 王芑孙：《转般私议》，载贺长龄辑《清朝经世文编》卷46《户政二十二·漕运中》，《清朝经世文正续编》第1册，第462页。

[5] 方苞：《与安徽李方伯》，载贺长龄辑《清朝经世文编》卷12《治体六·治法下》，《清朝经世文正续编》第1册，第122页。道光二年（1822），姚文田亦曾论到漕弊"法久弊生"，见氏著：《论漕弊疏》，载贺长龄辑《清朝经世文编》卷46《户政二十一·漕运上》，《清朝经世文正续编》第1册，第451页。

不补则破，十年之屋不修则坏，况乎法立而弊生，弊生而蠹积，因循至数百年，犹不知所变计，其流将何底乎？"[1]。此类论述中，在"法立弊生"的意涵之外，可见随着时间的累积，随制度创立即有之弊病越来越严重的情形。

在"法立弊生""法久弊生"的普遍观念之下，复因对某种制度是否为善法、治法的判定不同，而对积弊原因的总结也有所不同。有的制度本非"善法"，随着时间累积，问题愈趋放大。如有人认为，漕粮海运"惟因偶尔举行，未尽善法于图始，以致弊生于积久"[2]；甘肃盐课"立法之未善，虽屡易其法，而弊益滋也"。针对难以通过变法改善的制度本生之弊，慎始尤为重要，必为长远计而立善法于始："当立法之始，各州县如释重负，无不乐从。行之数年，其弊立见。再思变法，势必有所难行，何如慎之于始也。"[3]

有的制度本为"善法"，但在长年行政过程中，或因执行不善，或因时势变迁，逐渐积弊。如有人认为，漕运中的拨船（又称"剥船"等）"立法未尝不善，但奉行既久，种种未便，以致民累滋深"。[4]再如盐引法，"弊莫甚于盐法，而盐法之弊由于引目之不能流通，价值之不能平减"，但此法"推原立法之初，计口以授盐，故按地以给引，而又恐民之淡食也，设商转运，俾民无匮乏之虞。此

---

[1] 蔡士英：《请罢长运复转运疏》，载贺长龄辑《清朝经世文编》卷46《户政二十二·漕运中》，《清朝经世文正续编》第1册，第465页。

[2] 谢占壬：《海运提要序》，载贺长龄辑《清朝经世文编》卷48《户政二十三·漕运下》，《清朝经世文正续编》第1册，第476页。

[3] 姜开阳：《甘盐请改收税疏》，载贺长龄辑《清朝经世文编》卷49《户政二十四·盐课上》，《清朝经世文正续编》第1册，第495页。

[4] 赵之符：《拨船困民疏》，载贺长龄辑《清朝经世文编》卷46《户政二十一·漕运上》，《清朝经世文正续编》第1册，第456页。

法之至善者也，行之既久，户口有滋生之不同，道路有开辟之不一，而商之世其业者，遂专其利以病民，百弊为之丛集"。[1]

两者之区别在于是否具备"立法之善"，如福建"改归地丁之说，厚于富商，而薄于小民"，便"非立法之善"。[2]

"积久制益密。"[3] 在"法立弊生"这一支配性思想的影响下，清人对制度持有一种极为谨慎的态度，但制度体系的生长有其内在动力。积弊之"积"，首先就是制度积沿增附。除了以"法"，特别是"成法""定制""定例"来指称的正式制度（但"法""成法"往往也用来指称施行有时的非正式制度，须于具体语境中甄别，这是中国历史上制度体系的基本特点，详后），当时政事运行是靠"例""案"甚至惯行规则（包括"陋规"）等大量非正式制度来支撑的。时人所认为越来越多的导致积弊沉重的"法令""制"，主要指的便是此类。它们在成法的空隙处繁衍，处于制度化进程中的不同阶段，但均属制度体系之内，是拥有制度效力的非正式制度规定。[4]

[1] 郑祖琛：《更盐法》，载贺长龄辑《清朝经世文编》卷49《户政二十四·盐课上》，《清朝经世文正续编》第1册，第490页。

[2] 裘行简：《闽盐请改收税疏》，载贺长龄辑《清朝经世文编》卷49《户政二十四·盐课上》，《清朝经世文正续编》第1册，第495页。

[3] 魏源：《湖南按察使赠巡抚傅鼐传》，载氏著《魏源集》上册，第362页。

[4] 本章所说的"制度"是基于清人的制度认知来定义的，故不仅"正式制度"是就政府制度而言，"非正式制度"亦包括政府在行政中执行的书面规则，其"非正式性"只是相对于经过编纂的成法而言的，属于尚未"笔之于书"（即编纂定制）的"案例法"（借用西方语汇），所以规范性、稳定性、普遍性不如成法。经济学、社会学意义上的"非正式制度"指："组织成员间的共享观念、稳定期待及利益，它们存在于组织内部和组织之间的合作互动过程"（周雪光：《中国国家治理的制度逻辑——一个组织学研究》，北京：生活·读书·新知三联书店，2017年，第44页），与本章总结的清代制度体系的第四类级即行政过程中形成的具有约束性的规则相近。笔者认为，从"会典""定例"等成法，到未经立制程序确认的"例案"，再到"陋规"等规则，这是一个制度谱系，其间的关联、过渡关系胜于断裂性，详见本章论述。

这种制度生长状态，只有还原清代制度体系才能理解其内在动力。本章以制度的规范性、稳定性、普遍性以及与以上三者密切相关的权威性为标准来定义正式程度，由此着眼，清代的制度体系可分为四个类级。[1]

第一类级是以《大清会典》为代表的"国家大经大法"/"成宪"，是国家层面庄重编纂（"完书"）、普遍认可、"经久常行"的正式制度。如乾隆朝御制《大清会典序》所言："自郊庙朝廷放之千百国徼荒服属之伦而莫之背，创业守文绳之亿万叶矩矱训行之久而勿之渝，非会典奚由哉！"[2]《大清会典》是位于制度体系最顶层的综合性国家法典，《大清律》虽然是专门性的法律制度，但就其规范性、稳定性而言也可归入此类制度形态。如织田万即认为两者合而为清朝国家之"大经大法"："律之于刑事法也，犹会典之于行政法。律为永久不变之根本法，故一成则不妄行改废之。"[3]

第二类级可统称为"定例"，即经过编纂、认定（钦定、省定）等制度确认程序并颁行的正式制度，包括各部院衙门的则例（清中期后亦称"部例"，与"省例"对应，《漕运全书》等与则例性质相同的部门制度书可归入此类）、各行省的省例以及《会典事例》（乾隆时

---

[1] 清代制度体系与组成结构的研究，目前以法律史学者为主，其视野不免以现代法学界定义的"法律"为重，或从法制的角度来看待"会典""则例"等政治制度，或基于"法律史"的关怀而侧重"律"与"例"的辨析等，这些成果为研究清代制度体系提供了扎实的基础和参照，但立足政治制度史乃至宏观政治社会秩序—规则研究的整体制度体系视野下的制度史研究，应该得到更多关注，或许由此方可了解清代制度体系的真实面貌、结构与内在逻辑，并益于法律史的研究。

[2] 《大清会典序》，载允祹等纂《大清会典（乾隆朝）》，南京：凤凰出版社，2018年，卷首。

[3] 织田万：《清国行政法》，李秀清等点校，北京：中国政法大学出版社，2003年，第56页。

称《会典则例》)等。乾隆钦定"典""例"分为二书,"准古酌今",会典的形式、内容来源与特点是:"如《周六官》《唐六典》以官举职、以职举政,而凡圣明作述之大经、朝野率由之定则,即备见于设官分职之间。"但是,仅"设官分职"是不足以指导和规范行政的,便有纂辑《会典事例》之必要:"《会典事例》一书如唐、宋会要,以官司所守,条分件系,析为门目,按年编载,俾一事一例,原始要终,用资考核。"[1] 从制度稳定性一面来看,"国家定制,岂容数更?踵事增文,自有部册"。[2] 各部院衙门则例经开馆、编纂、钦定颁行,各行省省例经本省批准刊发,都是为了弥补"大经大法"在专门领域、执行层面的不足,基于行政实践中形成的事务处理办法即"例"而纂辑的制度汇编,相对于国家综合性法典——会典,这些可称之为部门性、地方性的单行的行政法规,是在部、省这个层级具体化的、可执行的、正式的制度。《会典事例》是将经过认定的"例""案"载入会典体系,作为"政令之大纲"的"沿革之细目",即会典所载职官职掌的细则及沿革说明。"以典为纲,以例为目。""例可通,典不可变。"[3] 定例的稳定性不如"成宪",如邓之诚所论:"清以例治天下,一岁汇所治事为四季条例,采条例而为各部署则例,新例行,旧例即废。故则例必五年一小修,十年一大修,采则例以入会典,名为会典则例,或事例。"[4]

---

[1] 《凡例》,载托津等纂《钦定大清会典(嘉庆朝)》,沈云龙主编《近代中国史料丛刊》第3编第631册,第1—11页。

[2] 乾隆上谕,见《钦定大清会典则例(乾隆朝)》,《钦定四库全书·史部十三·政书类》(乾隆十二年)。

[3] 托津等纂:《钦定大清会典事例(嘉庆朝)》,沈云龙主编《近代中国史料丛刊》第3编第641册,第9页。

[4] 邓之诚:《中华二千年史》下册,北京:中央编译出版社,2015年,第2369页。

典制与定例的制度等级之别，在乾隆《会典则例》将"典"与"例"分开时阐释得很明白：

> 会典所载，必经久常行之制，至各衙门事例有递损递益不可为典者，远则三五年，近或一二年，必当变通，若尺寸不遗、一概登载，诚恐刊行未遍，更制已多。必有如圣谕所云"纪载非实，一经指摘，不觉爽然"者。国家大经大法，守之官司、布之朝野，百年以来，几经考订，我皇上履中蹈和、修明益备，应请总括纲领，载入会典。其中或间有疑似阙略、尚须斟酌者，则请旨取裁，折衷至当，以垂万世章程。若夫微文末义，缕析条分，则吏、兵二部各有则例，礼部现纂通礼，刑部旧有律例，皆可随时修改，以适于治，其余衙门未有则例者，即交与在馆纂修，分门编辑。仍照礼部原议，令各衙门委出贤能司官专掌案册，勿致贻误。每修成会典一卷，即副以则例一卷，先发该衙门校勘，实无遗漏讹错，然后进呈，恭俟钦定。要以会典为纲、则例为目，则详略有体，庶与《周六官》《唐六典》遗意犹为仿佛。[1]

"以会典为纲、则例为目"，乾隆帝在为同时纂成的《大清会典》所作的御制序文中再为陈明"典""例"之别，以昭重视，并特别强调"述而不作"以示自己对续纂祖宗所作/制之常行的会典所持之慎重态度，并申诚后世帝王：

---

[1] 张廷玉等奏折，见《钦定大清会典则例（乾隆朝）》，《钦定四库全书·史部十三·政书类》，第10—12页。

向者，发凡排纂率用原议旧仪，连篇并载，是典与例无辨也。夫例可通，典不可变，今将缘典而傅例，后或撼例以毅典，其可乎？于是区会典、则例各为之部，而辅以行。诸臣皆谓若网在纲，咸正无缺，而朕弗敢专也。盖此日所辑之会典犹是我皇祖、皇考所辑之会典，而佹焉从事于兹者，岂直义取"述而不作"云尔哉？良以抱不得不述之深衷，更推明不容轻述之微指，稽典者当了然知宰世驭物所由来，无自疑每朝迭修为故事耳。[1]

从中殊可见"例可通，典不可变"的制度形态之别。

"述而不作""典不可变"，正是纂辑会典的政治象征意义，可以嘉庆帝称颂乃父"慎重典章，昭示法守"[2]一语概之。贯穿在清代五朝会典御制序文中的永恒主题，是皇帝对继承乃祖乃父之施政与编纂事业而非变政创制、另作新典的强调。"体皇考之心以为心，法皇考之政以为政，其有因时制宜更加裁定者，无非继志述事之意，绍闻衣德之思"，"圣圣相承，大经大法"。会典在内容和体例上的稳定性昭示了政统的源流有自、前后一体，是构建稳定政统的制度表现，是当时政治思想和制度观念下的政治要求。嘉庆御制续修会典序文是此种政治文化集大成的政治宣示，是清代制度体系定型时期的"守成"宣言：

> 惟我太祖高皇帝受天景命，沈阳建都。太宗文皇帝式廓版图，设官立政。世祖章皇帝入关定鼎，肇造区夏，六部八旗，

---

[1] 《大清会典序》，载允裪等纂《大清会典（乾隆朝）》，卷首。

[2] 王杰等奏折，载托津等纂《钦定大清会典事例（嘉庆朝）》，沈云龙主编《近代中国史料丛刊》第 3 编第 641 册，第 1 页。

文修武备，革前明之秕政，立昭代之规模。圣祖仁皇帝冲龄践祚，创守相兼，俊德丰功，洋溢宇宙，至康熙二十三年，特命纂修《大清会典》，巨细毕该，纲维贯串，绍三圣开创之神谟，垂万年守成之法戒，洵熙朝大典也，经天纬地，制度丕昭。雍正二年，世宗宪皇帝重加纂辑，集大成，著定则，猗欤盛哉！皇考高宗纯皇帝承五朝之良法，作奕叶之隆规，于乾隆十二年圣谕以原议旧仪连篇并载，是典与例无辨，恐后人妄相牵引，转致无所适从，伏读序文，谓："例可通，典不可变，今将缘典而傅例，后或摭例以敚典，其可乎？于是区会典、则例各为之部，而辅以行。"此诚我皇考善继善述、立纲陈纪之巨制，益昭美备矣！予小子寅承慈谕，受玺元辰，日勤庶政，率由旧章，自乾隆十二年至今，皇考作述之大经大法，美不胜书，虽宏纲巨目全载前编，然其间亦有因时损益、补苴罅漏之处，爰命开馆续修，准古酌今，务求详尽，以心为心，以政为政，何敢参以拘墟梼昧之识见，妄思更易乎？我皇考临御寰区，阐扬列圣经国制度，久道化成，臻于至善，亲政以来，只恐荒废典章，怠忽程式，宵旰勤求，惟期顺则，述且弗能，曷敢言作？敬集六十余年盛德大业，昭垂成宪、布在方策者，续入会典，著奕祀之法程，为亿龄之典则。后嗣恪遵勿替，期永勉旃。[1]

"典"既不可变，因时因事的制度损益又在所难免，便有从定例到例案层出不穷的补充性制度形态。这是政治和行政对制度体系的双向形塑。

---

[1] 《续修大清会典序》，载托津等纂《钦定大清会典（嘉庆朝）》，沈云龙主编《近代中国史料丛刊》第 3 编第 631 册，第 1—11 页。

第三类级，是繁多以至于芜杂的例案、成案（成例案件）、章程（奏定章程），即相对于定例而言的"未纂例案"。"则例者，治之具也……有案焉，则理有所未安，情有所未协，事与势有所不同，诸臣审量其间，随时斟酌，奏定遵行者也。"[1] 这些实为行政过程中办理具体事件形成的文书，因为成法、定例不适用于其所处理的问题，于是文书所载具体事件的处理办法一经获准，便成为此后处理类似问题的依据和规则。对中央部院而言，奏准、题准和上谕都属此列。对地方而言，除了上述皇帝决策的文件下发存案外，还存在与之有交集但不一定完全相同的部咨、"以准到部文存案"[2] 这样来自中央部院的文书例案，其中含有大量的"通行事件"；更为地方化的是，还包括地方上下级和同级政府间往来的规定、命令、指示、请示、询问、照会，即札、咨、详、禀等公牍，以及地方政府制订施行的各种章程、规条、示谕等。[3] 这些例案虽因常为办事依据而被称为"成规""定章"，但尚未经正式编纂程序升格为正式制度，严格来说尚处于"未经著为定例，成案不得援引"[4] 的阶段，本章认为可将之归为非正式制度。这些未经编纂的"例"是随时因事而为定制做补充的，如司法领域的"例"，与作为成法的"律"之间的关系："律者一定之法，例者无定之权。以一定教无定，而使万变而不越乎范围，则成案之有助于官幕，尤大彰明较著者矣。"可见，未经国家认定的

---

[1] 陈炽：《庸书·例案》，载氏著《陈炽集》，北京：中华书局，1997年，第11页。

[2] 于敏中等纂：《钦定户部则例（乾隆朝）》，海口：海南出版社，2000年，第1页。

[3] 谷井阳子：《清代则例省例考》，载杨一凡、寺田浩明主编《日本学者中国法制史论著选（明清卷）》，北京：中华书局，2016年，第104页。

[4] 《新例要览》，载《四库未收书辑刊》第1辑第26册，北京：北京出版社，1997年，第778页。

"例"不过是成案。[1] 一般来说，"案"比"例"的制度化水平更低，相比而言，虽点明办事规则，可指制度不足之迷津，但毕竟更具参考色彩而非规则性质。例案的稳定性不如定例，但具有很强的变通性和权宜性，化解了正式制度的不足，并且因为其实用性，若干《成案集》编纂流通，成为行政实践中有用的参考书和指导手册，从而其应用的地域范围也更广。例案经过梳理和编纂，从而正式化（"修纂入例"），并取代与之矛盾而不适时的则例："旧例有与现行之案不符者，逐条逐案详查折衷。例均，舍案存例；案均，改例从案。"[2]

乾隆《漕运则例》的编纂，就体现了自乾隆以降逐渐明确的定例与例案制度分等模式。雍正时的《漕运全书》"先例后案，例有未尽者，于案查考"，乾隆三十四年钦定的《漕运则例》乃"将成案细核，有应入例者，俱行摘入"，不能入例的"一切成案无庸复载"。[3]嘉庆二十一年重订《礼部则例》，礼部奏折循"各部则例，每届十年纂修一次"之例，径称"经臣部议准者积案已多，应照例续行编纂，以便画一遵行"。[4]

例案虽看似繁多无章，但仍需政府批准方可确定。如高培源建议漕粮海运"仍照商船纳税之例，赴各关完纳关税，舵工水手回空，本无带货之例，今海行危险，似宜酌许回带若干石，一体免税，并免船税，以示优恤"，便是对照《户部则例》关于重运粮船的免税例，

---

[1] 孙士毅：《序》，载马世璘《新增成案所见集》，嘉庆十年三余堂刻本，第1页。法律体系中"律"与"例"的区别和联系，可参见苏亦工：《论清代律例的地位及其相互关系（上、下）》，《中国法学》1988年第5、6期。

[2] 《凡例》，载龄等纂《钦定户部则例（同治朝）》卷首，同治十三年校刊本，第1页。

[3] 杨锡绂：《漕运则例纂·凡例》，乾隆三十五年杨氏刻本，第1页。

[4] 礼部奏折，见萨迎阿总纂《钦定礼部则例（嘉庆朝）》卷首《原奏》，嘉庆二十一年江宁藩司藏版，第1页。

斟酌照顾海运商船的办法。[1] 从中可见，六部则例、现行例案与创行例案之间的制度距离与可行空间。臣子以建议的语气请求允准，可见立案的程序化要求。

第四类级，是各种尚未成为具有文书载体支撑的例案，但在行政中实际执行的规则。如今人习知的"陋规"所示，法外成"规"，本或非法，而又与法并行，就是这些溢出制度之外的行为规则的生动写照。

需要说明的是，以上只是基本的制度分类，彼此的边界和等级并非清晰不变。因为与今人边界清晰的"制度"概念不同，清人对何为"成法""定制""成规"的认识是不一致的，"成案"也有被称为"成法"的可能，省例和例案也都有冠以"成规"之名的，坊刻本《定例全编》更是将《大清会典》、私辑本《定例成案》等与各种则例一网打尽[2]，制度冠名的实指须于具体语境中甄别。

清代制度体系的成长，呈现为法典之外生出定例，定例之外再生出成案和规则的膨胀之势。例案到定例的删订、编纂进程，完全抵不过例案的生长速度。这个较为宽泛的制度体系，按照正式程度排列开来成为一个光谱。在光谱的一端，它们表现为政府正式颁行的制度法典；在另一端，则表现为约定俗成而又有约束力的行为规则。制度体系分层分类，又彼此相连、边界模糊，在具体场域中各具实际的权威性，在很多事务上，会典和定例无从参考，例案甚至约定俗成的规则大行其道。"一事也，例应驳，书吏受贿，无难觅一

---

[1]　高培源：《海运论》，载贺长龄辑《清朝经世文编》卷 48《户政二十二·漕运下》，《清朝经世文正续编》第 1 册，第 475 页。

[2]　谷井阳子：《清代则例省例考》，载杨一凡、寺田浩明主编《日本学者中国法制史论著选（明清卷）》，第 167 页。

可准之案以实之；一事也，例应准，书吏索赇未遂，无难觅一可驳之案以倾之。"[1]

清代制度体系突出的繁复与不稳定性，聚焦在"例"上。"例"成为认识清代制度史特质的枢纽。王锺翰曾指出："有清一代三百年间的政治制度，大约例之一字，可以概括无余。"[2]这正提示我们，"例"在清代政治制度中的普遍性和重要地位。韩书瑞等视之为清政府"推行规范行为"，后果是"官僚化程度的加深"："在政府内，规范官员行为法令的数量在1800年前至少增加到五倍，并在清王朝后来的日子里继续激增。在18世纪编典的规章和成例数量巨大，结果成了后面几代人的沉重负担。"[3]

无论是否编典，"沉重负担"尚可分而析之。

这个正式制度与非正式制度结合的制度体系，虽然因其原则性与灵活性相结合，为以制度管事留下了非常大的空间和便宜行事的弹性，从而便于政事施行，但也有繁复芜杂的一面。

嘉道时期，定制体系齐备，例案层出不穷，正是制度体系由完备而繁多，予人复杂、束缚甚至无所适从之感的时期。[4]我们从会

---

[1] 陈炽：《庸书·例案》，载氏著《陈炽集》，第11页。

[2] 王锺翰：《〈清会典〉的官制史资料价值》，载氏著《王锺翰清史论集》第3册，北京：中华书局，2004年，第1882页。

[3] 韩书瑞、罗友枝：《十八世纪中国社会》，陈仲丹译，南京：江苏人民出版社，2008年，第229页。

[4] 杨一凡认为："清代则例的纂修经历了三个重大发展阶段，即顺治、康熙时期是则例的草创和奠基阶段，雍正、乾隆时期是清代则例纂修逐步走上系统化、制度化和规范化的阶段，嘉庆至清末是则例继续发展和完善阶段。"（《清代则例纂修要略》，载氏主编《中国古代法律形式研究》，北京：社会科学文献出版社，2011年，第520页。）谷井阳子指出，乾隆后，由于行政中"作为依据的标准密度进一步提高的问题"，造成各部则例作为行政运营依据的权威性下降，出现依据成案胜过则例的发展状况。（《清代则例省例考》，载杨一凡、寺田浩明主编《日本学者中国法制史论著选（明清卷）》，第176页。）

典编纂的厘定中可见例案之繁复："例案宜分办也。此次增修会典，皆系现行事例，查核案牍，最为紧要。""敕下在京大小各衙门分饬所司，将乾隆二十三年以后一切案件逐细清查，凡于典例有关者尽数检出，呈送该堂官详加查核，果无遗漏，然后分年按月纂辑成编，移送到馆，馆臣更加详核。其中微文胜义、小有抵牾，不妨即行订正，倘有格碍难行，及未能画一之处，应声明原委，请旨定夺。所送案件如有舛错疏漏，应由馆臣驳回更正。"[1] 甚至，"新旧例案参差互陈，繁冗疏漏诸未能免。备载闲文者，既艰于检阅，掺合数款者，又苦于笼统"。[2]

在这样的制度体系和制度观念中，观照"例"与各式各样的规则规矩，便更能理解其在当时的行政情境中，官民未必满意却都能接受的滋生与蔓延。"始为偶行，继成常例。"[3] 一方面，定例不断编纂增加；另一方面，例案等非正式制度不断随政事施行而滋生增附。漕政中充斥着大量的例案："漕粮遇有改折，其随漕轻齐席木赠截等项，例应按数折征。又，起运漕粮正米一石，例有耗米，并给军行月赠耗等米，如遇改折，一例按照特价折征。"而"额漕折色，顺治、康熙、雍正、乾隆年间均经行之有案"，各有关州县"均因距水次窎远，奏准永远征收折色，官为采办兑运，久经遵行各在案"。"其征收折色银两，乾隆年以前多系因灾改折，其折价多不逾二两，至各省永远征收折色者，系按照月报粮价，加以牙行运脚折耗等项，其折价则自三两数钱至四两数钱不等，悉归民户摊征，此系历年报部

[1] 王杰等奏折，见托津等纂：《钦定大清会典事例（嘉庆朝）》，沈云龙主编《近代中国史料丛刊》第 3 编第 631 册，第 12 页。

[2] 书麟等纂：《钦定宗人府则例（嘉庆朝）》，海口：海南出版社，2000 年，第 121 页。

[3] 王芑孙：《转般私议》，载贺长龄辑《清朝经世文编》卷 47《户政二十二·漕运中》，《清朝经世文正续编》第 1 册，第 463 页。

积弊：清朝的中叶困境与周期感知

成案。"[1]

例案丛生标识的"法弊"本身就是积弊的组成部分，也成为积弊的重要原因。分层分类的制度体系将规范性与灵活性结合一体，"定"与"不定"成为制度体系的两个极端。"例"对制度的细化与过程化放大了这种两极性，在定例的法定规范一极上，细密的"例"让人束手束脚，行政效率低下，政事滑向琐细因循一路；在例案的变通灵活一极上，参差交错又给钻营者逐利留下了深邃的空间。于是，对"例"之充溢的批评，亦即对法弊的批评，成为当时政治与制度批评的焦点。

龚自珍的《明良论四》可谓标识了例案积弊导致政事因循琐碎、滑离治道治体之时代的一篇大文字。据龚自珍的观察，嘉庆时期已是"天下无巨细，一束之于不可破之例，则虽以总督之尊，而实不能以行一谋、专一事"。律令是尚，这就形成"束缚之病"，官员动辄得咎，不能行政道、举大政。[2] 这种情况体现在政事的方方面面，不一而足，其结果是"治道不清"。如徐继畲所见之考成：

> 考功、职方，议功议过，使百僚知劝惩也。现行之条，苦于太繁太密，不得大体。尝见各直省州县有莅任不及一年，而罚俸至数年、十数年者，左牵右掣，动辄得咎。且议处愈增愈密，规避亦愈出愈奇，彼此相遁，上下相诡，非所以清治道也。（《清史稿·徐继畲传》）

---

[1]　英和：《再筹海运折漕章程疏》，载贺长龄辑《清朝经世文编》卷48《户政二十三·漕运下》，《清朝经世文正续编》第1册，第482页。

[2]　龚自珍：《明良论四》，载氏著《龚自珍全集》，第35页。

由此而成一吏胥之天下：

> 其不罚不议者，例之所得行者，虽亦自有体要，然行之无大损大益。盛世所以期诸臣之意，果尽于是乎？恐后之有识者，谓率天下之大臣群臣，而责之以吏胥之行也。一越乎是，则议处之，察议之，官司之命，且倒悬于吏胥之手。彼上下其手，以处夫群臣之不合乎吏胥者，以为例如是，则虽天子之尊，不能与易，而群臣果相戒以勿为官司之所为矣。[1]

吏胥弄权，与贪腐相通，更严重的是行政因循琐碎，不求政道，不得大体，不能振作，龚自珍对大臣与吏胥的政治分等体现了这个问题："律令者，吏胥之所守也；政道者，天子与百官之所图也。守律令而不敢变，吏胥之所以侍立而体卑也；行政道而惟吾意所欲为，天子百官之所以南面而权尊也。"[2] 吏胥之道与君臣之道的区分，并非仅仅是身份等级的反映，更不是守不守律令之别，而是是否追求治体的等差与是否持守治道从而努力达致理想政治状态的分歧。

具体行政实践中，制度之密的积弊不只是束手束脚、琐屑低效。吏胥乃至官绅只要有权在手，就不会"守律令而不敢变"，"上下其手"的一面从而放大。道光五年（1825），户部尚书英和认为，漕运中的种种成例已经到了"未可稍事拘泥，必须破除"[3] 的地步。徐继畬认为则例与例案的繁复导致政事琐碎，导致书吏弄权："六部则例

---

[1] 龚自珍：《明良论四》，载氏著《龚自珍全集》，第 35 页。

[2] 龚自珍：《明良论四》，载氏著《龚自珍全集》，第 34 页。

[3] 英和：《筹漕运变通全局疏》，载贺长龄辑《清朝经世文编》卷 48《户政二十三·漕运下》，《清朝经世文正续编》第 1 册，第 481 页。

日增，律不足，求之例；例不足，求之案：陈陈相因，棼乱如丝。论者谓六部之权，全归书吏。非书吏之有权，条例之烦多使然也。"他认为可以裁掉一半以上："当就现行事例，精审详定，取切于事理者，事省十之五，文省十之七，名曰《简明事例》，使当事各官得以知其梗概，庶不至听命于书吏。"（《清史稿·徐继畲传》）王庆云建议"省例案"，亦是将吏胥积弊归因于定例具文、例案繁复、制度体系芜杂，又引人联想或许是吏胥的私利驱动着例案参差芜蔓地生长：

> 夫古之《周礼》，今之《礼部则例》也；古之《吕刑》，今之《刑部则例》也。无如今日之例，愈修愈多，愈析愈歧，而愈不足于用，于是有例者用例，无例者用案。夫案者何也？偶办一事，而与例不符，非斟酌尽善，而奏明立案者也。故不特堂官不能周知，即司官亦何尝记忆，独吏胥得以窟穴其中、高下其手。夫外省胥吏舞文，犹有部臣驳正，各部胥吏舞文，更谁复驳正者？此所谓城狐社鼠者也。[1]

实则外省胥吏与官绅通同一局，亦难驳正。所以，嘉庆六年重修《两浙盐法志》，便系有鉴于旧例"纂成之后，迄今七十余年，今昔情形递有兴革，钱粮额引既增减之不同，场灶户籍亦多寡之互异。事绪分歧，条例参错。若不亟为续修，恐蠹吏奸商因经制多未画一，不免有乘机舞弊情事"，以保证"不致例案混淆"。[2] 但是，盐课已经

---

[1] 王庆云：《正本清源疏》，载盛康辑《清朝经世文续编》卷10《治体三·政本上》，《清朝经世文正续编》第3册，第106页。

[2] 延丰奏折，见延丰编：《钦定重修两浙盐法志（嘉庆朝）》，杭州：浙江古籍出版社，2012年，第1页。

是一个层层累加的规则："自岁输正赋及各属分征之外，名目纷繁，又今昔情形随时递易"，虽然"赢缩增减，要归定额"[1]，但重修也不能遏制法外之法。漕运中，"丁船借口一次，即加费一次。今岁所加，明岁成例，则复于例外求加"，州县甚至有"明加""暗加""横加"不同名色，久之便成"积重难返之势"。[2]到了嘉庆时期，"折色"之例已经演化成"州县预买恶米垫仓勒收折色之弊"。[3]"例"便意味着"加"，"加"便是"弊"，加而无已，即成积弊。浙江盐课有动垫之例，"遇有紧款待放，而本款尚未征完，不得不于现在征存银内，无论正杂，通融动垫，以济急用"，"而商捐用之款，亦系随引轮存运库"，便导致"每遇交办公事，奸商即借此为名浮支冒领，始犹以正款垫用杂款，继且以正款垫用商捐，年积一年，愈垫愈巨"。[4]山东漕运"向例皆系冬兑冬开"，但各州县距离运河水次近者一二百里，远者三四百里，或因粮额较多尚未收足，或因车少赶运不及，未能足额之米就不得不在水次附近买补垫兑，但恰有"不准买米上兑之

---

[1] 《凡例》，载延丰编《钦定重修两浙盐法志（嘉庆朝）》，第6页。

[2] 魏源：《上江苏巡抚陆公论海漕书》，载氏著《魏源集》上册，第436页。魏源《钱漕更弊议（上李石梧中丞）》介绍道："江苏漕费之大，州县之累，日甚一日。其弊曰：明加，暗加，横加。始也帮费用钱不用银，其时洋银每圆兑钱八百文，故州县先漕每喜舍钱用洋以图节省。其后洋银价日长，而兑费亦因之而长，其用洋银之费已不可挽回，此暗加之弊也。自道光五年行海运，停河运一岁，旗丁以罢运为苦累。道光六年，河工大挑，空船截留河北，旗丁又以守冻为苦累。每苦累一次，则次年必求调剂一次，此明加之弊也。又道光十九年间，四府粮道陶廷杰挑斥米色，骄纵旗丁，于是二三载间，各州县约加帮费三十万两，此横加之弊也。皆苏、松之情形也。"（《魏源集》上册，第439页。）

[3] 蒋攸铦：《拟更定漕政章程疏》，载贺长龄辑《清朝经世文编》卷46《户政二十一·漕运上》，《清朝经世文正续编》第1册，第453页。

[4] 帅承瀛：《清查浙省盐课疏》，载贺长龄辑《清朝经世文编》卷50《户政二十五·盐课下》，《清朝经世文正续编》第1册，第511页。

例"，旗丁就借此索诈。由此，贺长龄只得请旨允准相关州县于各水次就近买补垫兑，希望定下新例，以革旗丁勒诈之弊。[1]

改变或许破坏了成法和定例，而生长出来的例案或行政规则，更被认为是恶之大者。自雍正年间至乾隆初年，福建盐课按本省盐务章程形成了"年无定额"之"例"，"税课日增，民生日裕，官无缉私遗课之虞，民无欠税犯科之事，诚为法良意美"。到乾隆七年（1742），福建富民、外省客贩呈请归商办理，改行盐引制，以当年现收银数为准，即直至嘉庆九年（1804）仍在执行的定额"现行之例"。不料此举带来严重的成本负累，导致完不成税额："此法一行，既多运脚之繁，复有请引、挂号、设馆、设哨及一切公私杂用，浮费既已增多，课额遂渐形支绌。"[2] 两江总督孙玉庭据"雍正年间定例，漕粮未受兑以前，一切责之州县；既兑以后，责之弁丁。又例载，交兑漕粮应令监兑官秉公查验，兑完，出具通关米结，不得勒掯推诿"，但这样又逐渐形成了弁丁兑后以米色潮杂为由刁制州县之弊，即破坏定例的"名色"："漕米兑竣，运弁应给通关，而通关出自尖丁。尖丁者，积年办事旗丁也。众丁及运弁皆听其指挥。尖丁索费，必先议定私费，再议通帮公费，故有尖丁后手及程仪等项名色。州县不遂其欲，则通关勒折不交，至使州县枉惧迟延处分。"[3] 行政实践中衍生的规则和规矩也有载于"案"，有成为"例"直至"法"的可能。如淮盐行销于江西价格过高，便是"正课之外"的加派甚

---

[1] 贺长龄：《东省闸内州县兑漕苦累酌量变通疏》，载盛康辑《清朝经世文续编》卷48《户政二十·漕运中》，《清朝经世文正续编》第3册，第532页。

[2] 裘行简：《闽盐请改收税疏》，载贺长龄辑《清朝经世文编》卷49《户政二十四·盐课上》，《清朝经世文正续编》第1册，第496页。

[3] 孙玉庭：《恤丁除弊疏》，载贺长龄辑《清朝经世文编》卷46《户政二十一·漕运上》，《清朝经世文正续编》第1册，第454页。

至私赃成为例行之"公捐""正项"所致：

> 淮盐之贵，则以成本之独重于各场，亦非该商故为高抬之过。如正课之外有织造银两，有铜觔银两，有开河银两，有义仓银两，屡屡加派，日重日深。然此犹曰"公事""公捐"，取之有名。至如近来因清查之故，各衙门陋规、使费本属向来积弊，当年查出，自宜汰革，而乃按数归公，既大失政体，且昔年之可以九折、八折市绝馈送，而犹有或收或不收者，今转为足平纹色矣。且在大员，必无私行再取之理，而此下厅佐等员岂能别无交际，其为病商孰甚？即如本道（**江西驿盐道**）衙门引费一项，乃当年墨吏之私赃，今为解部之正项。本道每当兑收之际，不胜为之叹息。所以盐本日重，盐价日昂，而食私者如蝇之附膻而不可禁也。[1]

久而久之，奏请新订成例便往往被怀疑"不过为浮勒筹出路，一经允准，则迹近加赋"。[2]

陈宏谋曾论道："迩来漕政，半由于例之太多。偶有未善，即设一例。究竟法立弊生，所除者一二人之弊，而所苦者多矣。"[3] 为除弊而开例，又难免成为新的制度弊薮。严如熤指四川盐务中增引改配为恶例，其生成过程折射了本有一定合理性之制度创设如何被

---

[1] 沈起元：《上督院赵公论淮盐书》，载贺长龄辑《清朝经世文编》卷50《户政二十五·盐课下》，《清朝经世文正续编》第1册，第513页。

[2] 包世臣：《中衢一勺》卷7下《答桂苏州第三书》，载氏著《包世臣全集》第2册，合肥：黄山书社，1993年，第203页。

[3] 陈宏谋：《论漕船余米书》，载贺长龄辑《清朝经世文编》卷46《户政二十一·漕运上》，《清朝经世文正续编》第1册，第456页。

转化为弊薮，进而成为弊端："改配之议，因川北井枯课亏、改配代销，名曰'通融调剂'。嗣即援以为例，各州县旧额，本地之商殷实者少，大半皆西商租引代销，认给引课，然后察地方之光景，改配引张之多寡。本商贪得引利，西商之增引于彼无涉，所配盐觔不特浮于定额，且有重照两三次之弊。"此前"商人各照定地行销，即有盐贩卖私，与商引无损，不致争竞"[1]，但增引改配之后情况有变："盐贩所卖仍系商人私盐，论其事系此邑买引之商与彼邑买商盐之贩争利，乃商人改配之引既多，各欲自顾口岸，即以别县贩子挑至者为私盐。"由商人利欲之心而生出本地坐商与外来行贩的矛盾，商人便巧借私盐之名将行贩的商业行为污名化："设立巡丁，遇零星盐贩捕拿到官，辄以私贩充斥、阻滞官引为词。地方官课税为重，不得不为禁止。"利欲之心是没有止境的，"商人如果照原引定地配盐，则禁私尚为有词。今商人未免挟私而专欲禁贩，是以燕伐燕矣。"[2]最终的结果，如包世臣论盐法所指："盐为天地之藏，官为立法，归利于商以病齐民。"[3]

这些在成宪、定制之外，因应制度不足、制度缺陷等各种需要而创生的定例、例案乃至规则，在行政实践中发挥了补充和润滑的作用，也带来了严重的问题，成为积弊的标识，佐证了"法立弊生"的制度观念。

---

[1] 严如熤：《论川盐》，载贺长龄辑《清朝经世文编》卷 50《户政二十五·盐课下》，《清朝经世文正续编》第 1 册，第 515 页。

[2] 严如熤：《论川盐》，载贺长龄辑《清朝经世文编》卷 50《户政二十五·盐课下》，《清朝经世文正续编》第 1 册，第 516 页。

[3] 包世臣：《说储》，载氏著《包世臣全集》第 1 册，第 184 页。

第二节　弊弊相因与积习相沿

非正式制度的财政负担与因循腐坏，不仅是感受与观念，更是事实，是制度与政府、社会化合之后的积弊与积习。"国家承平百六十年，法久弊生，老奸宿蠹，窟穴其中。"[1]嘉道时期，积弊成为集中讨论的议题。积弊之"积"是增量概念，这个增量首先是定例、例案不断衍生标识的制度增量，社会因素进而增附于制度体系之上。种种行政和社会力量沿着制度链条，寄居于制度空间，逐利而动，由法例而生利，由利又进一步催生更加有利的"法""例""案"，循环往复，漫无际涯。制度与行政、社会力量结合产生的问题愈演愈烈而颇具整体性、系统性，其情形有非制度体系本身所可尽言者，时人所谓"法外之弊"庶几近之。

道光二年，江苏学政姚文田在《论漕弊疏》中，对制度、行政、官民如何困成一局，以"不能不如此者""不能上达之实情"推动积弊的雪球越滚越大，进行了生动的论述。姚氏感慨积弊之逐渐滋生："乾隆三十年以前，并无所谓浮收之事。是时无物不贱，官民皆裕，其后生齿愈繁而用度日绌，于是诸弊渐生，然犹不过就斛而浮收而已。"新的法例打开了积弊的大门："未几有折扣之法，始而每石不过折扣数升，继乃五折六折不等。小民终岁勤动，纳赋之外，竟至不敷养赡。"这就"势不能不与官吏相抗"，官吏从而形成了制民之术："其道有三：一曰抗粮，一曰包完，一曰挜交丑米。"即通过不良手段陷齐民于不法，如抗粮："今之所谓抗粮者，如业户应完百

---

[1]　王苬孙：《转般私议》，载贺长龄辑《清朝经世文编》卷47《户政二十二·漕运中》，《清朝经世文正续编》第1册，第462页。

石，彼既如数运仓，并外多赍一二十石，以备折收。书吏等先以淋尖、踢脚、洒散多方糜耗，是其数已不敷。再以折扣计算，如准作七折，便须再加三四十石。业户心既不甘，必至争执不肯再交，亦有因书吏刁赖，复将原米运回者。州县即以前二项指为抗欠。此其由也。"由此可知，为何折交之例貌似合理，却成为百姓沉重负担，这也是众口一词批评"例"之多之弊的缘由。这三种制民之术，说明官吏攀援法例从而形成了牟利为恶的行政模式，极大地加剧了漕运之弊："官吏非执此三者，则不能制人，故生监则详请暂革、齐民则辄先拘禁，待其如数补交，然后以悔悟请释，竟成一定不移之办法。"官吏的欺压讹诈，导致存在上述"民不能上达之实情"，而"在州县亦有不能不如此者"。在清代的原额主义财政体制下，州县办公经费紧张，需要体制外的财政支撑，漕运在加重了行政支出负担的同时，也提供了利薮：

> 近来诸物昂贵，所得廉俸公项即能支领，断不敷用，州县自开仓至兑运日止，其修整仓厫，芦席、竹木、板片、绳索、油烛百需，及幕友、家人、书役、出纳、巡防，一应休馆工食，费已不赀，加以运丁需索津贴，日甚一日。至其署中公用，自延请幕友而外，无论大小公事，一到面前，即须出钱料理。

而在可开利源的诸项公务中，漕务加征舞弊尚非侵夺正项，处分较轻，州县官"熟思他弊一破，获咎愈重，不如浮收，尚为上下皆知，故甘受民怨而不恤"。虽然有借此自肥身家的，但"不得已而为此者差亦不少"，这便是"州县不能上达之实情"。州县开销中，显系为漕运相关私弊支出的"运丁需索津贴"，当时"州县受揩克之名，而运丁阴受其益。故每言及运丁，无不切齿"，然而"其中亦有不能不然者"：

> 运船终岁行走，日用必较家居倍增。从前运道深通，督漕诸臣只求重运，如期到通，一切并不苛察。各丁于开运时多带南物，至通售卖，复易北货，沿途销售，即水手人等携带梨枣蔬菜之类，亦为归帮时糊口之用。乾隆五十年后，黄河屡经倒灌，未免运道受害。于是，漕臣等虑其船重难行，不能不严禁多带货物。又如从前商力充裕，军船回空，过淮时往往私带盐斤，众意以每年不过一次，不甚穷搜。近因商力亦竭，未免算及琐屑，而各丁之出息尽矣，丁力既困，加以运道之浅，反增添夫拨浅之费。且所过紧要闸坝，牵挽动需数百人，使用稍省，船即虑其受伤。道路既长，期限复迫，此项巨费非出之州县，更无所出。

这便是"运丁不能上达之实情"。总之，从官吏到运丁，似乎都有营私舞弊的理由，但问题是无人对积弊负责。而利心催生新例，"法"外的既有定例复成"虚名"：

> 数年前，因津贴日增，于是定例每船只给银三百两，然运丁实不济用，船不能开，迟久不开，则州县获戾，故仍不免私自增给，是所谓"三百两"者乃虚名耳。顷又以厚收过甚，严禁收漕，不得过八折，然州县入不敷出，强者不敢与较，弱者仍肆胺削，是所谓"八折"者亦虚名耳。

例上加例，费上加费，"民间执词抗官，官必设法钳制，而事端因以滋生，皆出于民心之所不服，若将此不靖之民尽法惩处，则既困浮收，复陷法网，人心恐愈不平"，由积弊而生出重要的行政问题和政治隐患："若一味姑容隐忍，则小民开犯上之端，将致不必收漕，而亦目无官长，其于纪纲法度，所关匪细。"

姚文田自认并无"万全之术"可解此一局。[1]

积弊是"法弊"，冗员冗费与冗法冗例结合，利用对体制外财政[2]的默认而积弊，放大了其时的财政制度问题。政府的体制外财政需求，是"不能不然"的主要理由。不唯姚氏作如是观，时人大都对此表示理解与支持。包世臣论改革盐法：

> 每引盐肉价约银一两，则经手已大有沾润。其大使分司坝员监掣批验子盐各官吏引费（场额盐少者，若一例减费，则不敷办公，法当于减分司坝掣费时取齐，使官缺之肥瘠略同，而商本多寡划一，以昭平允），及运使首领官，司房请发验挂诸费，减浮裁冗，一以办公从容为度。[3]

在讨论漕运改革时，包氏也提出："酌减道府总运漕规，以足敷办公为度，并仓用，津贴徒阳河，酌雇县剥，约银万余两，尚有万余两

---

[1]　姚文田：《论漕弊疏》，载贺长龄辑《清朝经世文编》卷46《户政二十一·漕运上》，《清朝经世文正续编》第1册，第451—452页。

[2]　何平称清朝"不能因事设费，在制度上即存在支出缺口的财政"为"不完全财政"。（《清代赋税政策研究：1644—1840年》，北京：中国社会科学出版社，1998年，第109页。）王业键称之为清朝财政结构中的"非法定制度或非正规制度"（《清代田赋刍论（1750—1911）》，高风等译，北京：人民出版社，2008年，第63页）。

[3]　包世臣：《中衢一勺》卷5《小倦游阁杂说三》，载氏著《包世臣全集》第2册，第135页。

可资州县公费。"[1] 蒋攸铦也认为："帮丁长途苦累，费实不资。若竟丝毫不给津贴，则势必不能开行；若责令州县颗粒无浮，亦势必不能交兑。"[2] 在当时，满足体制外财政需求，是正常"办公"所必需，也是维持"官缺之肥瘠略同"而不致畸轻畸重、引发官场失序的要求，略知基层行政诸影响要素者，便不会轻易提出"水至清"的制度方案。如此看来，积弊确有一部分是由清代财政制度不合理的部分而起，是原额主义财政体制的问题，为时人之共识，故皆默许之。

但这并非问题的全部，积弊是体制外财政引发的问题，不是非正式财政制度之本身。政事积弊，是制度增量与冗员冗费合力而生成的，意味着行政支出的冗员冗费与冗例冗规是相互伴随增加的，贪弊从中滋生。包世臣指出，州县收漕，本有"例定耗米"，贴补各项公费，"办漕有余，即留为该州县办公之资"，"无如十羊九牧，为人择官，多方以耗剥之。各卫有本帮千总领运足矣，而一缺两官，间年轮运。漕臣每岁委本帮官为押重，又别委候补一人为押空。每省有粮道督押足矣，又别委同、通为总运。沿途有地方文武催攒足矣，又有漕委、督委、抚委、河委，自瓜洲以抵淀、津，不下数百员。"只要有冲破制度的体制外财政之共识，谋利冲动便会顺流直下，扩大利薮并为私有，于是冗官冗员也与权力腐败相关联：

> 各上司明知此等差委，无济公事，然不得不借帮丁之脂膏，以酬属员之奔竞，且为保举私人之地。淮安盘粮，漕臣亲查米

---

[1] 包世臣：《中衢一勺》卷7《复桂苏州第二书》，载氏著《包世臣全集》第2册，第201页。

[2] 蒋攸铦：《拟更定漕政章程疏》，载贺长龄辑《清朝经世文编》卷46《户政二十一·漕运上》，《清朝经世文正续编》第1册，第453页。

数，而委之弁兵。通州上仓，仓臣亲验米色，而听之经纪。两处所费，数皆不赀，一总运所费万两，一重运所费二三千两，一空运，一催攒，所费皆数百千两。又沿途闸坝有漕夫头，每一船过一闸，需索百般。是故帮丁专言运粮，其费取给于官则有余，合计陋规贿赂，虽力索州县之兑费而尚不足。[1]

积弊不止步于衙门之内，财源一旦成为弊薮，诸种社会公事及相关人员都会附着其上。以致陶澍讨论两淮盐务"裁减浮费"，只能按照支出属性和轻重缓急分为数等。一是"无可酌减"的："两淮杂费，有'外支''办贡''办公'等款，在科则内带征，为文武衙门公费，并一切善举、辛工、役食、杂费等用。踵事递增，益多糜费。除养廉、兵饷、水脚、部饭等项，共银三十三万余两，向系作正开销，无可删减。"二是公事支出不可减，而人员费用则应"概行裁汰"的："如普济、育婴、书院、义学等项，亦应酌从其旧。惟各堂董事，滥厕多名，与书楼、务本堂、孝廉堂等处，岁需银二十余万两，俱系情面伙助，并非紧款。此时无项可发，应概行裁汰。"三是"大加删除"的："其余各衙门公费，及盐政运司员下书役、辛工、纸饭，并乏商月折等项，每年共需银八十余万两，难免浮冒，应分别大加删除。其实存应领之款，亦酌减十分之四五，不准商人溢领私增，致滋浮滥，有累成本。"应删减的浮费，有的虽不属于"科则"，但仍久而愈高，导致盐务运行不畅，为积弊之添累："汉口地方，乃商船聚售分销湖南北引盐之所。各岸商按引捐银，专为当事各衙门

---

[1]　包世臣：《中衢一勺》卷3《庚辰杂著三》，载氏著《包世臣全集》第2册，第65—66页。

公费等用。近因该岸商伙，恣意浮开，并滥为酬应，每引捐至一两三钱之多。虽不征于科则，而本重价昂，以致滞销绌课，实为淮纲之患。"[1]

各种为时所默许的贴补办公规费一旦成例，更会随着时间而"积累愈重，需费愈繁"。如漕运中给帮丁、旗丁的贴费本来每船"不过百余至二三百两不等"，但后来人数增多，且"路费正用之外，或偿还旧债，或任意花销，或帮弁需索，皆所必有，亦非尽由于路费不敷。伊等知州县浮收有加五六之多，遂得借口多索。运弁、奸丁连成一气，州县惟恐误兑，不能不受其刁勒。是以帮费竟有递增至五六百两、七八百两者，而苏松为尤甚"。在此势下，取之于百姓已不足用，遂延至财政亏空，继由亏空之平常而生财政贪腐，行政积弊便衍生出普遍的财政积弊："民强官懦之处，仅得良善之赢余，不足供奸丁之讹索。遂至亏空挪垫，固属实情。即民情较淳之地方，牧令任意朘削，仍借口于兑费繁多，故作亏空，亦所难免。稍借民力以济运，尚属因公；又因济运而亏挪，弊将何底？"[2]

曾指引包世臣治河之法的郭大昌，于乾隆三十九年（1774）将治河经费从钱粮五十万两压缩到十万二千两有零；嘉庆初治河，工员请款一百二十万两，河督议减半，郭氏认为应再减一半："以十五万办工，十五万与众工员共之，尚以为少乎？"[3] 郭氏并非不食人间烟火之人，然在考虑"与众工员共之"之后，尚能再减治河经

[1] 陶澍：《会筹盐务章程折子》，载氏著《陶澍全集（修订版）》第2册，长沙：岳麓书社，2017年，第296—297页。

[2] 蒋攸铦：《拟更定漕政章程疏》，载贺长龄辑《清朝经世文编》卷46《户政二十一·漕运上》，《清朝经世文正续编》第1册，第453页。

[3] 包世臣：《中衢一勺》卷2《郭君传》，载氏著《包世臣全集》第2册，第36—37页。

费，引人想见除了治河与财务管理水平之外，该工程贪腐积弊的经费空间。此类案例皆提示今人，弥补制度不足的补充性的非正式制度（如体制外财政规则之于原额主义财政制度），虽为积弊的部分原因，但不应将两者画等号，积弊是制度病，故即便是持改革主张的政治家和思想家亦于体制外财政有相当共识度的默许，但对于积弊则非祛除不可。

"两淮盐务，为游民衣食之场。平时依倚衙门、苟图温饱者，蚁附蝇营，不可胜数。"[1] "法弊"的另一表现是，制度内外的诸般行政与社会力量沿着制度空隙进入行政运转体系，成为大大小小的"食私者""仰食于弊之人"，造成"利出多孔"之格局，进一步放大了积弊。

法例之钻营谋利空间，逐渐为有心者所掌握，他们影响主政者增添新的"例""案"来扩大这个空间。漕、盐这些大政执行链条上的各个环节都成为利源弊薮，时人有很多生动的描述：

> 方其赴场重盐也，每票千引，需七屯船，前后牵制，不能分拆。且钱粮分四次完纳，又有窝单，有请单，有照票，有引目，有护照，有桅封，有水程，有院司监掣批验子盐五次公文，委曲烦重，徒稽守候，而滋规费，大弊一。

> 及商盐到岸也，有各衙投文之费，有委员盘包较柤之费，有查河烙印编号之费，守候经年，然后请旗开封。又有南北两局员换给水程之费，三关委员截票放行之费，名色百出，不可

---

[1] 陶澍：《覆奏仪征掣捆夫役跪求折子》，载氏著《陶澍全集（修订版）》第2册，第310页。

胜胪。例费岁七十万，每引约计一两。江西则不问盐之多寡，例费四十余万。安徽三府食盐官费亦三十余万两，每引均摊二两。屡奏裁汰，有名无实，大弊二。[1]

可见，"食私者"与程序对应，或曰程序及附加程序即意味着吸附寄食者，导致程序复杂拖沓，滋生费用。这些环节之间又相互"挟制"，交相为害，变本加厉。行政链条上的每个程序节点都可因责任而生挟制："漕之与仓相表里也，吏倚仓为奸，而多方以苦运军。于是，运军依船为难，而多方以苦州县之吏；州县之吏倚漕为暴，而多方以苦民。"[2] "私盐之多，实由官受商制，而纵商夹私，商被船挟，而纵船买枭私随带赴岸。运司又受商愚。"[3] 这个链条不是单向传导的，由责任也可以生反制："以收漕论，官与民相持，花户略为观望，而漕误矣；以兑漕论，县与帮相持，弁丁故为涣散，而漕误矣；又或漕行限迫，必参州县以迟延，地方累深，必指漕帮为挑斥。"[4] 最终，各程序环节都成为"窟穴"："漕一也，而蠹之所穴有六：征漕之州县一，司漕之官一，领运之官一，催运之官一，仓场一，尖丁一。一穴而蠹常数十百出其中，於戏！漕之弊尚可言哉！"[5]

---

[1] 魏源：《筹艖篇》，载氏著《魏源集》下册，第444—445页。

[2] 孙鼎臣：《论漕一》，载盛康辑《清朝经世文续编》卷47《户政十九·漕运上》，《清朝经世文正续编》第3册，第521页。

[3] 包世臣：《中衢一勺》卷5《小倦游阁杂说二》，载氏著《包世臣全集》第2册，第129页。

[4] 李星沅：《办漕各清各弊片》，载盛康辑《清朝经世文续编》卷48《户政二十·漕运中》，《清朝经世文正续编》第3册，第535页。

[5] 孙鼎臣：《论漕一》，载盛康辑《清朝经世文续编》卷47《户政十九·漕运上》，《清朝经世文正续编》第3册，第521页。

在行政制度本有之官吏人役之外，社会势力逐利而动，滋生了形形色色的"仰食于弊之人"，他们推动积弊深植于社会生活的土壤之中。"弊之难去，其难在仰食于弊之人乎？"[1]如漕、盐大政，除了官吏、书役、经纪、运军、尖丁等行政体系内的诸般职目以外，还有商人，盐商分为甲商、副甲商、经公商、肆商四等，"公商以上，身不行盐，食用豪侈，一衣一馔，数百十金，皆出入公门，攀援官吏，乘上下之间，托名垫发，影射虚吓，徒手攫取，转瞬起家，以次相承，吞索商本，致令贫商竭蹶"。[2]再如，"扬商向来有江广融销之例，故得任其择利而趋，不思民食所关"。[3]如上节所述，一部分私盐就是在商人恶性竞争中制造出来的。在尚属与行政事务直接相关的官商之外，豪民劣绅等社会势力也跻身营弊。如河工中的"滩棍"，苇营"弁目渔侵无度"，便被其"挟持短长"，最终"地则官营，料为私荡"。[4]漕运中的"衿棍"[5]更为普遍现象：

> 缙绅之米谓之衿米，举贡生监之米谓之科米，素好兴讼之米谓之讼米。此三项内，缙绅之米仅止不能多收，其习生劣监、好讼包揽之辈，非但不能多收，即升合不足、米色潮杂，亦不

---

[1] 魏源：《淮北票盐志叙（代）》，载氏著《魏源集》下册，第448页。

[2] 吕星垣：《盐法议》，载贺长龄辑《清朝经世文编》卷50《户政二十五·盐课下》，《清朝经世文正续编》第1册，第501页。

[3] 沈起元：《上督院赵公论淮盐书》，载贺长龄辑《清朝经世文编》卷50《户政二十五·盐课下》，《清朝经世文正续编》第1册，第513页。

[4] 包世臣：《中衢一勺》卷1《复戴师相书》，载氏著《包世臣全集》第2册，第21页。

[5] 包世臣：《中衢一勺》卷7《复桂林苏州第二书》，载氏著《包世臣全集》第2册，第201页。

敢驳斥。并有无能州县，虚收给串，坐吃漕规，以图买静就安。遂致狡黠之徒，视为利薮，成群包揽，讦讼不休。州县受制于刁衿讼棍，仍取偿于弱户良民。其安分之举贡生监，所加多少不一，大约总在加二三之间。[1]

积沿之下，则有"善堂、学租、营田曰公户，大小乡官曰绅户，曾告讦漕弊者曰讼户"等特殊群体，"三户大约皆完折色，其价率半于民户"。这个链条也是不断延长、有加无已的："旗丁累，则讹索州县益力；旗丁讹索甚，则州县诛求民户亦益多，诛求无已，则讦控愈多，讦控多则讼户日增。"[2]"仰食于弊之人"也是最懂制度利薮所在之人，如盐务中"枭徒与船户交密，洞悉各弊"。[3]诸势力从积弊中谋利，负担最终都加在了百姓身上，并且政府制度之外的缴纳轨道竟成了小民百姓减轻积弊勒收的求生之门："乡僻愚民始则忍受剥削，继亦渐生机械。伊等贿托包户代交，较之自往交漕加五六之数，所省实多。愚民何乐而不为？是以迩年包户日多，乡户日少。不特刁民群相效尤，即良民亦渐趋于莠。"[4]"愚民"与"包户"共生，是小民在积弊一局中"两害相权取其轻"的结果，"良民"则日"少"日"莠"，积弊改变了社会的群类构成和关系机制。

各色人等都被制度罅隙利诱而变形而塑型，生长出"盗臣""劣

---

[1] 蒋攸铦：《拟更定漕政章程疏》，载贺长龄辑《清朝经世文编》卷46《户政二十一·漕运上》，《清朝经世文正续编》第1册，第453页。

[2] 包世臣：《中衢一勺》卷4《海淀问答》，载氏著《包世臣全集》第2册，第89页。

[3] 包世臣：《中衢一勺》卷5《小倦游阁杂说二》，载氏著《包世臣全集》第2册，第130页。

[4] 蒋攸铦：《拟更定漕政章程疏》，载贺长龄辑《清朝经世文编》卷46《户政二十一·漕运上》，《清朝经世文正续编》第1册，第453页。

矜""豪奸""绅户"[1]，这就造成了"利出多孔"的格局。"休养日久，生齿炽而机变滋，人心日趋于利，利出于二孔，则不归于上，不归于民。"[2]"利出三孔者，民贫；利出二孔者，国贫。"[3]弊由利生，积弊势必养成"积利"。[4]"仰食于弊之人"便成为根深蒂固的势力，遂有所谓"内外管粮衙门之巨蠹，以及京通二仓之积棍，数百年来，寝食于此"。[5]如其修饰词"巨""积"所示，这些随着时间聚力积势而成的"巨蠹""积棍"，也一定会拥有"日久积威"。[6]

这些与积弊伴生的社会势力，虽依托政务且与官吏有着千丝万缕的联系，但也对政府和政府中人形成挟制之势，使积弊更加严重。"盐商之势张，有自来矣，非仅能左右贪黩已也。其以廉能著声跻显要者，则为之奔走御侮也尤力，故与商为难者无不败。"[7]在当时这般积弊牟利的生态中，真正的廉能之吏反而不易维护名声，节制属下的漕督便遭遇了"漕弁之谤蚩起"的困境。[8]

利出多孔之下，与不断增长的"例"相应，以陋规为代表的，名目繁多、非正式的办事规则也成为行政过程中有约束力的"制度"

---

[1] 包世臣：《齐民四术》卷5《说课绩事宜》，载氏著《包世臣全集》第3册，合肥：黄山书社，1997年，第317页。

[2] 魏源：《御书印心石屋诗文录叙》，载氏著《魏源集》上册，第245页。

[3] 魏源：《筹鹾篇》，载氏著《魏源集》下册，第441页。

[4] 魏源：《海运全案序（代贺方伯）》，载氏著《魏源集》上册，第421页。

[5] 蔡士英：《请罢长运复转运疏》，载贺长龄辑《清朝经世文编》卷47《户政二十二·漕运中》，《清朝经世文正续编》第1册，第466页。

[6] 包世臣：《书饶啸渔文后》，载盛康辑《清朝经世文续编》卷12《治体五·治法上》，《清朝经世文正续编》第3册，第140页。

[7] 包世臣：《中衢一勺》卷4《记畿南事》，载氏著《包世臣全集》第2册，第100页。

[8] 包世臣：《中衢一勺》卷6《闸河日记》，载氏著《包世臣全集》第2册，第141页。

性安排。

　　花样翻新的"浮收"成为当时行政中富有特色的高频词汇，标识了法外之法弥漫性的存在。"引有引费，程有程费，捆有捆费，拼有拼费。"[1]"规"和"费"是一体两面，作为陋规的组成部分，"浮收"之费成为"规费"（如"漕规"之名），可见其"制度"属性。破坏定法、定例，形成新的例案或其他不同程度的非正式制度、行政规则之后，这些从州县到胥役、旗丁的不同等级、不同节点的"浮收""浮折"，就是此制度体系衍生之财政和贪腐后果，成为积弊的作用逻辑和直接表现形式。[2] 如"河运有剥浅费、过闸费、过淮费、屯官费、催儹费、仓胥费，故上既出百余万漕项以治其公，下复出百余万帮费以治其私"。[3] 漕运旗丁面临的"费之浮甚"就来源于"遇浅拨载之费、过闸缴关之费、回空守冻之费、屯弁押运之费、委员催儹之费"。[4] 实际上，各种"浮"本身就意味着非正式而又制度化、常规化的征收添累。有的是新例导致，有的是破坏定例的后果。"浮收勒折"一旦成例，官僚体制就会推动其自我膨胀，"例定耗米"确定之后，官僚体制中人便在程序上做足文章，陋规、贿赂不一而足，"浮勒日甚"从而在所难免[5]，由"浮费""浮勒"进而生出常规财政体系内的"浮冒"。漕粮盘坝接运有"坐粮"一项，"本属浮费"，事

---

[1]　吕星垣：《盐法议》，载贺长龄辑《清朝经世文编》卷 50《户政二十五·盐课下》，《清朝经世文正续编》第 1 册，第 501 页。

[2]　林则徐：《议复筹画漕运事宜疏》，载盛康辑《清朝经世文续编》卷 48《户政二十·漕运中》，《清朝经世文正续编》第 3 册，第 533 页。

[3]　魏源：《道光丙戌海运记（代）》，载氏著《魏源集》上册，第 426 页。

[4]　魏源：《筹漕篇下》，载氏著《魏源集》上册，第 416 页。

[5]　包世臣：《剔漕弊》，载贺长龄辑《清朝经世文编》卷 46《户政二十一·漕运上》，《清朝经世文正续编》第 1 册，第 452 页。

竣可以报销，但如果稽查限制不严，就会"浮冒开销"。[1]

久而久之，行政过程中就出现各种集"制度"与程序于一身的"名目"，即陋规千变万化的化身："领运旧例，有请、呈、加三项名目，又有平、上、去、入四处截角名目，其余'朱单''皮票''桅封'等名目甚多，不可弹述。"数不胜数的名目，寄寓着繁冗的程序和管理者，更意味着需索和低效："以致运司衙门，书吏多至十九房。商人办运请引，文书辗转至十一次之繁，经盐务大小衙门十二处，节节稽查，而并无稽查之实，徒为需索陋规之具。"[2]

由增例引发的积弊，降低了行政效力，甚至紊乱了制度体系。如"浮收"与京仓亏空相关联：

> 近日京仓缺米，支放不敷，皆由南漕岁岁缺额。而南漕所以缺额之故，则由于岁岁报灾，所以报灾之故，则由于兑费岁增，所以亏空之故，亦由于兑费岁增。[3]

盐法中的掣规引发官吏和商人伙同营弊：

> 定例每引三百斤，包卤耗二十斤、胥役工食统增三十五斤。官费商本，并无缺乏。缘商人捆运引盐，重至七八十斤、百余斤不等，是以奉部颁掣子，索重一斤八两、钩重十七斤六两，严掣清查，设有重斤，全船铳毁。乃场官不查捆发，朦隐多斤，

---

[1] 英和：《驳议盘运章程疏》，载贺长龄辑《清朝经世文编》卷48《户政二十三·漕运下》，《清朝经世文正续编》第1册，第483页。

[2] 陶澍：《会筹盐务章程折子》，载氏著《陶澍全集（修订版）》第2册，第297页。

[3] 魏源：《上江苏巡抚陆公论海漕书》，载氏著《魏源集》上册，第434页。

第二章　"积弊"：嘉道时期的制度病与变法论　　　　85

引盐未到掣亭，胥吏已通线索，名掣签点验，皆暗记提包，假为多斤，一律至三四斤而止，抽验一包，全船照罚，但罚重斤，不行全毁。官利其罚，商隐其余。十引之中，挟带四五引，掣期焉得不压？引课焉得不亏？[1]

"弊有相因，因官病灶，因灶病商，因商病而私集，私集引壅，而商愈病，课愈亏。"[2] 万物联动，诸弊相因，终如多米诺骨牌"一倒无不倒"一般，成"一弊无不弊"之局："民食壅则商资困，商资困则国课绌。"[3] 在全国的格局上则表现为"弊常相因，而事难独善"："政事只求官与民两相安而已。独漕务则粮户输之州县，州县兑之旗丁，而旗丁领运于南、斛交于北，则又有沿途闸坝与通仓经纪操其短长。"[4] 银钱比价等金融环境因素也卷入，既在客观上加重了积弊，也为营私提供了说辞："（公商）借加价名色，媚商病民以自渔利。饰词银贵钱贱，并与州县报司钱价不符。地棍因之觊觎规例，索诈不遂，诘讼朋兴，公费纷繁。"[5]

弊弊相因，便不会及身而止，势必延伸、渗透、弥散到整个政治与社会体系并内化于其中。由官员谋利，具体政务之弊便引发职

[1] 吕星垣：《盐法议》，载贺长龄辑《清朝经世文编》卷50《户政二十五·盐课下》，《清朝经世文正续编》第1册，第500页。

[2] 吕星垣：《盐法议》，载贺长龄辑《清朝经世文编》卷50《户政二十五·盐课下》，《清朝经世文正续编》第1册，第501页。

[3] 汪甡：《盐法刍言》，载贺长龄辑《清朝经世文编》卷50《户政二十五·盐课下》，《清朝经世文正续编》第1册，第506页。

[4] 林则徐：《议复筹画漕运事宜疏》，载盛康辑《清朝经世文续编》卷48《户政二十·漕运中》，《清朝经世文正续编》第3册，第533页。

[5] 吕星垣：《盐法议》，载贺长龄辑《清朝经世文编》卷50《户政二十五·盐课下》，《清朝经世文正续编》第1册，第501页。

官的结构性异动。河工旧例以文官司钱粮、武官司桩埽，"后文官知做工系利薮，乃与武官分工"，最后"工程全归文官，武官几同虚设"，贪腐随之机制化。[1] 案例繁多，亦是吏役幕友繁多的原因之一。吏役情形前已备述，幕友亦有相似处："论文章则不如著作承明，论经济则不尽茂材异等。然而明习律令，灼知情伪，机牙足以应变，智计足以解纷。其贤者能驭吏而不为吏所愚，其不肖者则与吏联为一气，而犹能弥缝无迹，为主人规避处分。"[2]

政务之弊又引发司法与社会问题。行政积弊与移民等社会现象发生关联，淮北盐务中的掣签之弊就与土客问题搅在一起。[3] 包世臣论山东漕弊引发讼弊：

> 东省官之受累，必以讦告条漕，而讦告条漕之源，则以平日不能受理民事，以郁民气，上控之后，曲意拖累，以积民怒。于是一二棍徒，乘间阎郁怒之气，出头讦告条漕，合属良懦，敛资以助之，故棍徒讼虽不胜，而所获已多，且得美名于乡里。[4]

讦告条漕会加深民气郁结，因积弊而致民变是普遍的忧虑。"盐贩怀怨于商，遂有打盐店之事。"为了对付巡丁，盐贩便结伙成群，日聚

---

[1] 包世臣：《中衢一勺》卷1《策河四略·守成总略》，载氏著《包世臣全集》第2册，第28—29页。

[2] 许同莘：《公牍学史·牍髓》，第233页。

[3] 包世臣：《中衢一勺》卷7上《上陶宫保书》，载氏著《包世臣全集》第2册，第178页。

[4] 包世臣：《中衢一勺》卷4《山东西司事宜条略》，载氏著《包世臣全集》第2册，第113页。

日多，肆无忌惮，"实商人激之使然也"。严如熤担心，像四川这样人口成分复杂、流动性较强的地区，"无赖恶少……或竟激而蜂起，必先扰害地方"。[1] 在漕运中，此顾虑已经成为现实，甚至发生了小规模的民变：

> 国家转漕七省，二百载来，帮费日重，银价日昂，本色折色日浮以困。于是把持之生监与侵渔之书役，交相为难，各执一词，弱肉强食，如圜无端。及其痈溃，俱伤两败，虽有善者亦未如何，而或代受其祸。近年若浙之归安、仁和，苏之丹阳、震泽，江西之新喻，屡以漕事兴大狱，皆小用兵，而崇阳则大用兵。不宁惟是，距崇阳事未二载，而湖南耒阳复以钱漕浮勒激众围城，大吏至调两省兵攻捕于瓦子山、曾波洲，弥月始解散，俘生员欧阳大鹏等于京师，论功行赏，与湖北崇阳一辙。[2]

"幕友能神明于例案，不能屏例案而不用，则例案之积弊自若也。"[3] "仰食于弊之人"，谋生寄托于积弊。这些深植社会之中的组织机理和经济利益，与自然条件、行政生态搅在一起，成为积弊的深厚土壤和内在逻辑，令人心忧改革，而行新法亦难逃此土壤。包世臣论漕粮由河运而改海运，"行之不得其术，则亦诚有难焉者"二端，颇可为了解此中情形之一参考：

---

[1] 严如熤：《论川盐》，载贺长龄辑《清朝经世文编》卷50《户政二十五·盐课下》，《清朝经世文正续编》第1册，第516页。

[2] 魏源：《湖北崇阳县知县师君墓志铭》，载氏著《魏源集》上册，第347页。

[3] 许同莘：《公牍学史·牍髓》，第237页。

沙船，每一州县之船为一帮，共十一帮。而通州、海门、崇明三帮为大，俱有船五七百号。其船多之大户，性必畏事，每有船数较少、以人稍解事、为同帮排难解纷、致众人信服，因而求利者。若承办之员稍怀自私，则人心不附。其操守清洁者，又或水清无鱼，不得惠以使人之道。夫海运虽少漂复之虞，然砑桅松仓，事属常有，不能不议赔偿章程，以防奸弊。以宜通力合作，通帮分摊。而帮内素称解事之人，无利可牟，微言阻挠，众心便惑。且本年春间，事虽驳阻，而上海、乍浦一带，尚封锢海船数百，颇为忧累。又海中自五月至七月风暴无常，船悉下碇，名为守冻。现值其期，船未归埠，其难一也。改河由海，若使弁丁押船交米，强人浮海，实非乐从。且不能移州县津贴旗舵之费以供沙船水脚，自宜仍照该处豆商成例，令船商自管交卸。而经纪花户，需索粮艘，为数不赀，人所共晓，虽有严禁，事同具文。船商畏阻，其难二也。[1]

比具体政务的积弊更让人忧虑的是随之而来的"积习"，而在看到弊弊相因、深植行政社会土壤的生动情形后，吾人不难理解积习

---

[1]　包世臣：《中衢一勺》卷4《上英相国书》，载氏著《包世臣全集》第2册，第102页。咸丰时期的柯悟迟感慨漕弊"坚不可破"。包氏以降的顾虑得到研究证实，如从政府角度着眼分析，漕粮海运"与道光后期的漕务图景相对照，除了旗丁不再参与运粮、勒索帮费，其余州县浮收勒折、大小户负担两歧以及漕粮正项亏缺等积弊基本未见改观。这是由于，户部、督抚关注的只是短期内中央与省级政府间漕粮收入的分配格局，他们无意从最基本的州县一级收支入手，改革漕粮制度，而后者（漕务）才是前者（仓储、库储）之基础。故户部借海运集中财权的努力，尽管一度颇具成效，终因太平天国运动的影响及基层州县官吏的制约而告失败"。（以上参见周健：《仓储与漕务：道咸之际江苏的漕粮海运》，《中华文史论丛》2015年第4期。）

之必成。积弊是能够"延害心术"[1]的，"法令一多，则内外衙门，在大官惟成例是遵"[2]，所奏"或非大体所关，或非时务所急"，甚至即便嘉庆帝下诏求言，诸臣也"积习疲玩已久，煌煌圣谕，漠不经意，轻亵甚矣。"（《清史稿·徐继畬传》）于是，由具体政务的"势成积重"，带来行政风气的"积疲"。[3]到嘉庆朝，政务积弊与官场积习成为朝堂与士林讨论的焦点和普遍用语。嘉庆帝自己也意识到"方今大弊，在因循怠玩"。桂芳解说原因："无才与识，则有因循而已矣；无志与气，则有怠玩而已矣。"[4]缺乏才识与志气，官僚群体就出了大问题。这是政治效力的"内卷"，也是政治文化的积弊。鲁一同亦从"气"与"习"的关系来论积习之生成与影响，颇具哲学意味，且殊可反映时人的思想认知："天下有气、有习，二者相乘，鼓荡还转一世于不自知。今天下多不激之气，积而为不化之习。在位者贪不去之身，陈说者务不骇之论，学者建不树之帜，师儒筑不高之墙，寻寻常常、演迤庸愞之中，叨富贵、保岁暮而已矣。""大臣恭俭在位，而天下恶言病"，这样的官僚群体不敢直言进谏，却敢于作奸犯科，"非勇于彼而怯于此也。天下卑贱之于尊贵，必有所自伸，不伸于正，必伸于邪；不伸于刚直，则机巧伸焉"。[5]鲁一同说

---

[1]　包世臣：《中衢一勺》卷3《庚辰杂著三》，载氏著《包世臣全集》第2册，第65页。

[2]　卢崇俊：《法令应归简易疏》，载贺长龄辑《清朝经世文编》卷12《治体六·治法下》，《清朝经世文正续编》第1册，第121页。

[3]　林则徐：《议复筹画漕运事宜疏》，载盛康辑《清朝经世文续编》卷48《户政二十·漕运中》，《清朝经世文正续编》第3册，第533页。

[4]　桂芳：《御制遇变罪己诏恭跋》，载贺长龄辑《清朝经世文编》卷9《治体三·政本上》，《清朝经世文正续编》第1册，第97—98页。

[5]　鲁一同：《复潘四农书》，载盛康辑《清朝经世文续编》卷9《治体二·原治下》，《清朝经世文正续编》第3册，第103页。

得很明白，积习的背后，是政治的不振作与贪弊的思有为。"不难于祛百载之积患，而难于祛人心之积利。"[1]"积利"一入人心，便幻化出无尽的逐利之言与行。在"流弊""挟制"与"效尤"等效应的辐射和影响下，久处积弊之中，吏治、民风、士习都因此而"日坏""日弊"，进而"弊相因而成，积重无已"。[2]

积习表现为一种风气，也表现为相应的政府行为方式。如"设法"："情知亏空为患，而上下相与讲求弥补，谓之'设法'。天下未有盈千百万已亏之项，只此有无出纳之数，而可为弥补之法者也。"这就是一种政府行为模式，首先表现为财政行为模式："既讲设法，上下不能不讲通融。州县有千金之通融，则胥役得乘而牟万金之利；督抚有万金之通融，州县得乘而牟十万之利。"对于民生基础工程，"官吏往往先为设法起见，度其可以侵渔若干，然后奏请兴举。不特上司通谋，抑且贿属部议亦云设法不得不然"。财政后果是"所设之法，聚敛于民，十之七八；侵盗于国，亦十之二三也"。此法在官僚体系中，上下相承，顺延进入吏治领域，成为识别人才的价值观念："自有设法以来，而督抚不能不以设法之巧拙，定为人地之相宜。而才地之与政俗未必果相宜也，为属吏者，亦多以善于设法为获上有道，而有用之才不肯尽心于吏治民生为急务也。"这就败坏了吏治，融入了官场积习。所以，章学诚认为，设法不仅是"巧取于民之别名耳"，还损国家、伤吏治、坏人才。[3]"弥补""挪移"与"设法"

---

[1] 魏源：《海运全案序（代贺方伯）》，载氏著《魏源集》上册，第421页。

[2] 蒋攸铦：《拟更定漕政章程疏》，载贺长龄辑《清朝经世文编》卷46《户政二十一·漕运上》，《清朝经世文正续编》第1册，第453页。

[3] 章学诚：《上执政论时务书》，载氏著《章学诚遗书》，北京：文物出版社，1985年，第327—328页。

配套使用，又如包世臣所论："近日大吏颇勤图治，而治之大端，则曰弥补。上达者日事追迫，密饬相劝挪移。夫亏空之罪至重而牵连之狱至多，凡属主守官员，皆若朝不保暮，自救身家，遑恤政体？"[1] 如果说"设法""弥补"和"挪移"从字面上即凸显了灵活周挪，"循例"则寓机巧于因循之中："吏曰：例如是。则不得不如是。吏曰：例不当如是。则虽有志于兴利除弊而不能行也。"[2] 再如"上下相蒙"，对行政积弊习以为常："津贴帮费久已上闻，而州县犹为运丁出结曰并无需索，是上下相蒙也，是积久相沿，以为固然，一成而不可变也。近年则水手讧运丁矣，索加身工，纠众殴官，习以为常，恬不为怪。"甚至，"水手之在漕船，年貌、姓名皆诡托也，腰牌、册籍皆具文也"。[3] "设法""弥补""挪移"等项，都与嘉道时期的重大财政问题——"亏空"密切相关，而由亏空积弊，又生出"做亏空"[4]的手段。支撑着这些行为模式的，正是财政收支中充溢的各种名目："商课入库，向来不分正杂，笼统动支。迨遇紧饷应解，百计挪凑，因有'预纳''减纳''贴色''贴息'及'印本抵课'等弊。库款之纠缠，亏耗一空，皆由于此。"[5] 此等从行政体制的缝隙和不尽人意处滋生出来，由具体心思做法而固化下来的行为模式，不一而足，兹不赘述。

积弊之成为议题，是因为身处其中的官绅人等既有利可图，又

[1] 包世臣：《中衢一勺》卷7下《上篇序目》，载氏著《包世臣全集》第2册，第222页。

[2] 许同莘：《公牍学史·牍髓》，第233页。

[3] 陈文述：《漕船递年减造议》，载盛康辑《清朝经世文续编》卷47《户政十九·漕运上》，《清朝经世文正续编》第3册，第527页。

[4] 倪玉平：《清朝嘉道财政与社会》，第213页。

[5] 陶澍：《会筹盐务章程折子》，《陶澍全集（修订版）》第2册，第297—298页。

身不由己，"有书役之挟制，有绅士之包揽，昔之浮收利于官，今之浮收又害于官"[1]，"上下交弊"，困成一局。当积弊给绝大多数士大夫都带来困扰，并且影响国计民生时，讨论积弊就提上了政治议程，但在积弊深入政治与社会机理内部的生态下，革弊在宏观上达成共识的同时，仍在具体问题上困难重重。有些积弊沉重，规模巨大，确实难以解决，如"设法"之难除："朝野通知，又值圣主（嘉庆帝）虚怀纳谏，何所疑畏？而未有直陈其事者，盖恐禁止'设法'，则千百万之亏项将何措尔。"[2]朝野亦深知，"设法"的政府行为模式一旦形成，便只会遇事生风，例外加例。道光时，英和提出陋规酌定其数为公用，广东巡抚康绍镛即表担心："贪官污吏，视所加者为分内应得之数，以所未加者为设法巧取之数。闻之雍正年间，议将地丁火耗酌给养廉，当时议者，谓今日正赋之外，又加正赋，将来恐耗羡之外，又加耗羡。八九十年以来，钱粮火耗，视昔有加，不出前人所虑。"若再化陋为公，难免渐成积弊："浮者已浮，数已定而难改；减者非减，事甫过而复加。此时毫发未尽之遗，即他年积重难返之渐。"[3]

但积弊之不能解决，除了政治和行政智慧的限制，更因为在积利与积习之下，直面问题不如"狃于积习，视同局外，漫无责成"[4]，互相推诿，进而成为官场积习之一种：

---

[1]　王芑孙：《转般私议》，载贺长龄辑《清朝经世文编》卷47《户政二十二·漕运中》，《清朝经世文正续编》第1册，第462—463页。

[2]　章学诚：《上执政论时务书》，载氏著《章学诚遗书》，第328页。

[3]　陈其元：《庸闲斋笔记》，北京：中华书局，1989年，第91页。

[4]　陶澍：《请敕湖广河南江西安徽各督抚一体巡缉疏销折片》，载氏著《陶澍全集（修订版）》第2册，第308页。

即论病根所起，南北亦各执一词，以北言南，则谓州县浮收以致旗丁勒索，旗丁勒索以致到处诛求；而以南言北，又谓旗丁既被诛求，安得不勒索？而州县既被勒索，安得不浮收？每以反唇相稽，鲜能设身处地。于是，官与民竞，丁与官竞，即官与官亦各随其职掌，以顾考成而无不相竞。而凡刁生劣监、讼棍包户、奸胥蠹役、头伍尖丁、走差谋委之徒，亦皆乘机挟制，以衣食寝处于漕，本图私也，而害公矣，本争利也，而交病矣。[1]

以至于似乎唯有极少数"无欲则刚"者方可言改革："今夫天下大利，惟天下无欲者理之。无欲则明，明则去积弊。"[2]

而一旦言及改革，便会受到积弊、积习中人的抵制：

渐摩既久，以推诿为明哲，以因袭为老成，以奉行虚文故事为得体。恶肩荷，恶更张，恶综核名实。若靳文襄之创中河，鄂文端之改土归流，皆力战群议，屡踬屡奋而后胜之；以怡贤亲王之畿辅水利，犹不旋踵而泯荡。故便文畏事窭陋之臣，遇大利大害则动色相戒，却步徐视而不肯身预。自仁庙末年，屡以因循泄沓申戒中外，而优游成习，卒莫之反也。

东南大计，无如漕、盐，二百载来，文法委曲烦重，致利不归下，不归上，而尽归中饱，官民交困。间有讲求刷剔，芟

---

[1] 林则徐：《议复筹画漕运事宜疏》，载盛康辑《清朝经世文续编》卷48《户政二十·漕运中》，《清朝经世文正续编》第3册，第533页。

[2] 吕星垣：《盐法议》，载贺长龄辑《清朝经世文编》卷50《户政二十五·盐课下》，《清朝经世文正续编》第1册，第500页。

剃更革者，则中饱蠹蚀之人轰起而交持之。[1]

"仰食于弊之人"成为阻挠改革之人，其间有明显的利害关系："初议海运，则南漕、北仓挠之；议裁艖费，则窝商、蠹吏挠之；议截粮私，则长芦、总漕挠之；议改票盐，则坝夫、岸吏挠之；群议沸腾，奏牍盈尺。"[2]"所不利者亦有三，曰海关税侩，曰通州仓胥，曰屯丁水手。而此三者之人所挟海为难者亦有三，曰风涛，曰盗贼，曰黩湿。"[3] 魏源生动地将这些"仰食于弊之人"划分为面对改革的"挠者"和"默者"：

> 何谓除弊之利？天下大政，利于国利于民者，必不利于中饱之人。天储所仰，莫如漕盐，行之二百岁，百窦千蠹，昼夜腹蚀。苟有人焉，曰：江、楚曷改小粮艘乎？江、浙曷改行海运乎？则和者百，哗者亦百。哗者何人？曰：在南则漕丁、水手持之，在北则通仓、胥吏持之矣。又有人焉，曰：纲盐曷变行票盐乎？省改捆，省岸费，省私耗，省守候，省加派，省缓纳，曷为不行？则默者百，挠者万。挠者即默者之人，曰：岸盐恐跌价则持之，岸吏恐裁费则持之，书吏、捆工恐清弊则持之矣。[4]

"挠者即默者之人"，可谓洞见。观时人笔下积习何等深广不可测，

---

[1] 魏源：《太子太保两江总督陶文毅公神道碑铭》，载氏著《魏源集》上册，第336页。

[2] 魏源：《太子太保两江总督陶文毅公神道碑铭》，载氏著《魏源集》上册，第337页。

[3] 魏源：《筹漕篇上》，载氏著《魏源集》上册，第413页。

[4] 魏源：《军储篇一》，载氏著《魏源集》下册，第474页。

"默者"气势之厚且大，可以想见。积弊甚至成为攻击改革的说辞："当事难其议（海运）者，凡以海关税额为数较少，关东豆货登税册者，十不二三，胥吏干没日久，恐以搭运漕粮。"发为此议的原因是"抚臣道员素被蒙蔽，及其利害切己，不能不饰词护前"，于是"胥吏干没日久"之积弊竟成为阻挠改革的理由。[1]

在这个弊弊相因、积习为常的行政困局中，论者对比治河与治漕，认为治河尚属天事，"患之偶也"，且"无往不复"；治漕则系人事，"患之常也"，且"有加靡已"。[2] 这是至为沉痛而无奈的总结。

第三节　回归"法意"与"易简"之道

"救弊之道，贵乎立法。"[3] 面对何以除弊的问题，清人虽受"有治人而无治法"的制度观念影响，但对策仍主要在于制度而非人事。同时，他们对待制度的态度又很纠结。例案丛生的法弊，未尝不因以法救弊而起："利之所在，弊即丛焉。兴利革弊，恃有法而已。故律以制其一定，而例以酌其变通。"[4]"然天下因弊而立法者，甚且法久而弊生。"[5] 汪辉支持以制度手段除弊，也只能把除弊与兴利分开

---

[1]　包世臣：《中衢一勺》卷4《上英相国书》，载氏著《包世臣全集》第2册，第102页。

[2]　王芑孙：《转般私议》，载贺长龄辑《清朝经世文编》卷47《户政二十二·漕运中》，《清朝经世文正续编》第1册，第463页。

[3]　《户部盐法志·历代盐政沿革》，载贺长龄辑《清朝经世文编》卷50《户政二十五·盐课下》，《清朝经世文正续编》第1册，第503页。

[4]　《敕修两浙盐法志》卷8《律例》，台北：学生书局，1966年，第933页。

[5]　《户部盐法志·历代盐政沿革》，载贺长龄辑《清朝经世文编》卷50《户政二十五·盐课下》，《清朝经世文正续编》第1册，第503页。

以立论。他认为："除其弊，兴其利，则恃乎法。……即使法久弊生，更端肆起，加盐、加课，壅困时闻，而弊犹是弊，利犹是利。……除弊兴利之意，依然莫逃乎法也。"[1] 汪氏的讨论实则凸显了清人面对制度时的两难：他们知道唯有靠制度才能祛除制度之弊，但又忧心新制度带来新问题，如汪牲只能通过强调制度兴利的一面，来弥合必然的法弊观念。

这种矛盾的态度，既有"法立弊生"原罪式的制度观背景，亦有随之而来的以制度增量吊诡为主要表现的制度体系生长顾虑，即除弊之法必将引发新的积弊的悖论。"天下因弊而立法者，甚且法久而弊生"便是此意。这是因为，基于实践教训总结，"多一防弊之法，即多一索费之门"，从而多一致弊之孔。以制度救积弊，如同为病在膏肓者医治，难免缓急不当、纷乱致危："即令和缓医调，尚未必无他虑。若加攻伐之剂，遽求旦夕之功，诊候各殊，纷如聚讼，始则以药治病，继且以药治药。势将动触危机，不可救药而后已。"[2] "始则以药治病，继且以药治药"，这一观点对制度副作用的比喻非常形象。

总体来说，积弊、积习之根源在于制度体系的生长，即"法繁"，法繁则源于防弊之念：

> 政非能慢也，法为之也。法非能慢也，法繁者为之也。立法以防弊，法固不能胜弊也，在神明其意而已。谓法不足防弊，

---

[1] 汪牲：《盐法刍言》，载贺长龄辑《清朝经世文编》卷50《户政二十五·盐课下》，《清朝经世文正续编》第 1 册，第 506 页。

[2] 李星沅：《办漕各清各弊片》，载盛康辑《清朝经世文续编》卷48《户政二十·漕运中》，《清朝经世文正续编》第 3 册，第 535 页。

朝取一法焉增设之，暮取一人焉增置之。立法外之法，又立法外之人，互相程督，互相检校，事功在簿书，殿最在奏报，赏罚进退在稽覆，法愈繁密，奉法者愈受牵制，举动日在咎过中，知有法而不知有政。

这就会给胥吏开利端："胥吏之黠者，乘其牵制，反得高下比附，罔利营私，无所不至。"于是更加导致积习败坏，成为"政慢"的天下：

以言乎纪纲，非不日求整饬也，而旷废偷堕者如故；以言乎财赋，非不日求撙节也，而侵冒耗减者如故；以言乎农田、水利、户口、保甲，非不日求修举也，而饰虚词寡实效；以言乎军戎，非不日求蒐练也，而将贪士懦、器甲朽钝，战守无可任。中外上下皆务为宽靖周详，一切爱民、课吏、澹灾、恤刑诸美政，大抵取具文而已。甚者，大臣无敢为独任之誉谤，人主不能为破格之威惠，而匹夫反得以恣睢无忌，自行其意。嘻！其慢甚矣！是岂非法繁不能举其政，积渐以至于此欤？[1]

为了治弊而使制度丛脞，是弊之大者，这便成为重要的制度设计共识，从而弥漫在具体政策与制度的讨论中："天下无积久无弊之法，法日积，弊亦日积，法名存而实亡，则法胥化为弊。更立法以制弊，而弊之中人者已深，弊不可去，法终不可行，则法穷。"[2] 而"患乎

---

[1] 王柏心：《续枢言·纠慢篇》，载盛康辑《清朝经世文续编》卷 12《治体五·治法上》，《清朝经世文正续编》第 3 册，第 135 页。

[2] 陈文述：《漕船递年减造议》，载盛康辑《清朝经世文续编》卷 47《户政十九·漕运上》，《清朝经世文正续编》第 3 册，第 527 页。

承法者，衿革弊之名，而无益于法，尤患于救法者，贻法外之弊，而徒有其名"[1]，则已将法繁之弊的视野延伸到制度施行中的问题，而有"法外之弊"的概念，也就是制度增量问题的表现。

基于这样的制度观，时人对积弊与积习背后的问题进行了总结与反思。他们的言说中展示了"名实""文质""本末"等思想概念和思维结构，这是他们据以分析制度问题的理论依据，也是制度积弊引发的哲学思考，从中可见时人对制度及政治分析的逻辑范式。

制度之积弊渐成，就是其实效渐失，引人思考名实之背离及"综核名实"之必要。"域中之言，名实其大端。"名实一致是理想状态，因此"必也正名"。[2] 而制度与行政之积弊皆表现为有名无实："天下之事，有本非格令之所限，而蹈常习故。若限于格令，而不可稍变者，按其名则是，究其实则非也。"名实不符之表现，"一曰循例，一曰避嫌"。循例直接与制度相关，从此类名实论述中可进一步理解"例"在当日政治思想中的歧出处境。论者以为："古无所谓例，断之以义而已矣。……世道既衰，上不能无疑于下，下亦不能无疑于上，于是事之有例者，非例不敢为也。其无例者，以他事之例例之，亦非例不敢为也。"这就将以"例"弥补定制之不足的制度发展逻辑，转化成了政治衰败的叙事。也就是说，在理想国衰落、政道不彰的政治中，才会除了"先王之法"和各种"成宪"外，还有具体的"例"。与君臣之"义"的正当性相对，"例"是衰世戒备人心的工具而已。古亦"无所谓'嫌'，出之以公而已矣"。但在深受"例"影响的"格令"政治中，人受私心指引，必以循例、避嫌为自我保护的行为方

---

[1]　彭銔：《粤东盐政议》，载贺长龄辑《清朝经世文编》卷50《户政二十四·盐课下》，《清朝经世文正续编》第1册，第516页。

[2]　龚自珍：《上大学士书》，载氏著《龚自珍全集》，第323页。

式："令之所当避嫌者，固不敢不避矣。即非令之所当避者，亦一切避之。何则？天下明毅之人少，而庸懦之人多。二事不利于明毅之人，而最利于庸懦之人。夫不循例、不避嫌而遇事奋发，有补于国家者，未必加赏，而循例、避嫌者，虽逡巡畏缩，亦不加罚，则人臣何为而不循不避哉？"[1]这就导致了名实不符甚至相悖，成为积弊的重要表现形式。高延第认为，在不同国家的不同发展阶段，名实关系也随之不同："开创之国务实，治平之国修名；中夏之国务名，僻陋之国修实；中兴之国修实，积衰之国则实与名两亡。"对于当世而言，首先要提防空名致衰："实与名交致者，上也。否则先其实后其名，犹足以自强而致理。若夫事事存其名，而无一事有其实，欲以起积衰、振极敝，是犹以南辕适燕，终古必无之事也。"只是，言名易，求实难："实者，中人所不易尽；而名者，中人以下皆可托之以邀利。有为核实之说者，必群起而众訾之，至于阻格废罢而后已。"[2]

"综核名实"是中国传统政治思想中扫除积弊与积习的惯用利器，虽然执行不易，落到实处亦会受到食私者的攻击，但嘉道积弊已彰之际，成为朝政议论中常见的套式概念而反映共识，如"徒有征课之名，而无收课之实"[3]，"原非核实办法"[4]，"非核实办理之

---

[1] 张士元：《名实论》，载贺长龄辑《清朝经世文编》卷11《治体五·治法上》，《清朝经世文正续编》第1册，第118页。

[2] 高延第：《名实论中》，载盛康辑《清朝经世文续编》卷8《治体一·原治上》，《清朝经世文正续编》第3册，第86页。

[3] 裴行简：《闽盐请改收税疏》，载贺长龄辑《清朝经世文编》卷49《户政二十四·盐课上》，《清朝经世文正续编》第1册，第496页。

[4] 方维甸：《请改汉中盐课归地丁疏》，载贺长龄辑《清朝经世文编》卷49《户政二十四·盐课上》，《清朝经世文正续编》第1册，第497页。

道"[1]，"非名实"[2]，等等。黄爵滋便上《综核名实疏》，从天道与人道的感应角度来论名实必符："圣道法天，天心爱民。天有四时，圣有四德。气感于虚，事征于实。有名无实者，天下之大患也。"清朝则经历了从名实一致到名实背离的积渐发展过程。"赏罚出于是非，是非出于名实。"为了回到良好的政治状态，必须"综核名实"："名实正则是非明，是非明则赏罚公，赏罚公则民志安，民志安则天心顺。"如此，方能使制度真正得以执行："申明旧章，终属空言；遵行善法，乃为实证。"[3]

高延第所论国家发展与名实的关系，已道出其对"文质"的关注。"文质"与"名实"相关，也是对积弊问题带有形而上色彩的反思之一，从而更引人思考制度文化与政治文化层面的风格特质。"文"与"名"相呼应："上下相求以文，而不究其实。"于是，"巧伪萌起，丛脞眩瞀"。这是很难改变的困局："从而更张之，防奸而奸愈滋，救敝而敝愈甚。"这种政态，是英主励精图治之后的阶段，也是一片因循怠惰、但求无过的衰相："励精之末，化为因循。英察之过，积为壅蔽。问其君，则早朝晏罢也；视其臣，则循理奉职也。典章文物无阙也，号令条教无失也，然而人才呰窳，民心浇漓，一旦祸起变生，仓卒不知所应，鱼烂瓦解，驯至于不可为。"[4]法繁、政慢也是"文质"的矛盾，"文胜则法胜，救文之弊必在质断"。须将"质"

---

[1] 帅承瀛：《清查浙省盐课疏》，载贺长龄辑《清朝经世文编》卷50《户政二十五·盐课下》，《清朝经世文正续编》第1册，第512页。

[2] 龚自珍：《上大学士书》，载氏著《龚自珍全集》，第323页。

[3] 黄爵滋：《综核名实疏》，载盛康辑《清朝经世文续编》卷13《治体六·治法中》，《清朝经世文正续编》第3册，第142页。

[4] 孙鼎臣：《史议一》，载盛康辑《清朝经世文续编》卷9《治体二·原治下》，《清朝经世文正续编》第3册，第91页。

与"断"结合，方能祛除"文""名"之弊："上者莫如断，其次莫如质。断则果而必行，政斯肃矣；质则简而易行，政斯达矣。"以"质"纠"文"，除"弊""慢"，亦属"综核之术"。[1]

"止弊之道，贵正本，不贵持末。"[2] 与"文质""名实"问题勾连在一起的，是制度乃至政治的"本末"被淆乱了。"万事莫不有其本，守其本者常有余，失其本者常不足。"如同建筑的本意是居住，应以建筑质量为本，然而"风雨已庇而求轮奂，轮奂不已而竞雕藻，于是栋宇之本意亡"，所以"祸莫大于不知足，不知足莫大于忘本"。[3]

身处这样一个文胜于质、名浮于实、末高于本而又似乎无从改变、无从跳脱的制度困境之中，"易"道和"忠""质""文"的因革损益成为时人推动制度变革的思想资源。

虽然积弊表征了"法穷"的地步，但"穷则变，变则通，易道也。即万世不易之常道也"。[4] 这是当时政论中常见的变法除弊哲学，如协办大学士英和奏折中作为改革的哲学和历史经验依据，后为魏源所引用的："治道久则穷，穷必变，小变之小益，大变之大益，未有数百年不敝且变者。"[5] 或魏源代贺长龄所作的《海运全

---

[1] 王柏心：《续枢言·纠慢篇》，载盛康辑《清朝经世文续编》卷12《治体五·治法上》，《清朝经世文正续编》第3册，第135页。

[2] 王芝成：《云南盐法议》，载贺长龄辑《清朝经世文编》卷49《户政二十四·盐课上》，《清朝经世文正续编》第1册，第491页。

[3] 魏源：《默觚下·治篇十四》，载氏著《魏源集》上册，第77页。

[4] 陈文述：《漕船递年减造议》，载盛康辑《清朝经世文续编》卷47《户政十九·漕运上》，《清朝经世文正续编》第3册，第527页。

[5] 魏源：《道光丙戌海运记（代）》，载氏著《魏源集》上册，第424页。

案》序中所言："（敝）不极不更，时不至不乘。"[1] 以及他在"经世文编"明确选文标准时强调的："时易势殊，敝极必反。"[2] 这便是革弊的时机到了，承接"法久弊生"的，便是因时制变，也是时人的共识。[3]

变法的哲学，就是损益的哲学："损酒益食，损文益质，损名益实。"[4] 制度损益的哲学源头之一是"三代"制度因革的历史："礼乐野人从先进，欲反周末之文于忠、质也。炳兮焕兮，日益之患兮；寂兮寞兮，日损之乐兮；能知损之益、益之损者，可以治天下矣。帝王之道贵守一，质俭非一也而去一近，故可守焉，非若奢、文之去一远也。《诗》曰：'不思其反，反是不思，亦已焉哉！'"[5] 因前代政治发展与"道"乖离，而损益调适，便通往改制除弊的思想逻辑："忠质文皆递以救弊，而弊极则将复返其初。孔子宁俭勿奢，为礼之本，欲以忠质救文胜。是老子淳朴忠信之教，不可谓非其时，而启西汉先机也。"[6] "忠""质""文"的政治风格因革损益链条，并不限于今文经家法的"通三统"，还因其融于传统中国的制度思想体系，而作为一般性的"弊极穷变"的制度变革思想，广为当时所

[1] 魏源：《海运全案序（代贺方伯）》，载氏著《魏源集》上册，第421页。

[2] 魏源：《皇朝经世文编五例》，载氏著《魏源集》上册，第157页。

[3] 魏源：《道光丙戌海运记（代）》，载氏著《魏源集》上册，第427页。

[4] 魏源：《李希廉墓志铭》，载氏著《魏源集》上册，第353页。

[5] 魏源：《默觚下·治篇十四》，载氏著《魏源集》上册，第77页。

[6] 魏源：《论老子二》，载氏著《魏源集》上册，第261页。

运用。[1] 如杨绍文论道："夏之敝，蠢而愚，乔而野，朴而不文，是非质无以救之，故商人易之以尊神。商之敝也，荡而不静，胜而无耻，文而不惭，贼而敝，是可无以易之乎？孔子曰：'殷周之道，不胜民。'殷之敝，流为无耻，故以礼养其廉。周之敝，流为诈，则不得不探其隐而除其垢。"这就是"三代圣人之治天下也，通其变，使民不倦"的制度变革之道。[2]"三代"损益思想使得在不同属性的制度之间的选择成为正当的："古之王者存三统，国有大疑，匪一祖是师，于夏于商，是参是谋。"[3] 这种因革损益的逻辑，成为具体改革举措的思想依据。王芑孙认为："古后王作则，莫不周复其终始，与后人以不改，或垂之三世、五世、十世，其运量远矣，卒未有五百年不变者也。"[4]

"周复其终始"的制度哲学暗含回到制度原点之意。栋宇有"本意"，制度也有"本意"，这就是"法意"的制度思想。传统中国的政治思想认为，制度（即"法"）都有其内在精神原则（即"意"）

---

[1] 如《大清会典（乾隆朝）》卷首的纂成进表中便有"事阅两朝，或质文异用"之说。周启荣在《从"狂言"到"微言"——论龚自珍的经世思想与经今文学》一文中指出，龚自珍在进入经今文学的堂奥之前，是通过《史记》《汉书》接触到公羊学及经今文学的，这是因为经今文学是西汉学术的主流，而《春秋》居"五经"之"冠冕"，故公羊学及经今文学的思想已通过《春秋公羊传》等融于中国的史论传统之中。（"中央研究院"近代史研究所编：《近世中国经世思想研讨会论文集》，台北："中央研究院"近代史研究所，1984 年，第 296 页。）笔者赞同周启荣的洞见，经今文学的思想有其特殊且独有者，亦有虽曾特殊而已融于中国传统的史学观念、政治思想之中者，成为中国普遍性的思想传统之组成部分，而不必循经今文学的某些概念，以其为"家法"而断论者之门墙，这或是思想史研究中值得注意的一点。

[2] 杨绍文：《商鞅变法论》，载盛康辑《清朝经世文续编》卷 12《治体五·治法上》，《清朝经世文正续编》第 3 册，第 137 页。

[3] 龚自珍：《古史钩沉论一》，载氏著《龚自珍全集》，第 23 页。

[4] 王芑孙：《转般私议》，载贺长龄辑《清朝经世文编》卷 47《户政二十二·漕运中》，《清朝经世文正续编》第 1 册，第 464 页。

存焉。[1]"断之以义","法固不能胜弊也，在神明其意而已"，制度讨论中在在可见对法意，即支配制度之精神内涵与义理目标的重视，这与对具体制度的恶感恰成对比。积弊是萌发于"法"的生长过程且与制度体系一同成长起来的制度病，在从法繁到积弊再到积习的发展逻辑下，弊端丛生的制度与其创制之初意已有相当大的距离。以制度改革积弊，便要回归"法"中应有之"意"。包世臣所谓"实举法意"，就是这个意思。[2]此法意亦是"立法之始意"。[3]"弊极则将复返其初"，面对积弊，龚自珍认为应"援据立法之初意，而求其鼍理，核其名实"。[4]他由此质问中枢制度："立法之初，岂不以丝纶之寄，百僚之总，不直日者，无日不直也乎？"[5]曾国藩亦曾批评"承平既久，法意寖失"，现行之法造成积弊，"原国家所以立法之意，岂尔尔哉"。[6]此一逻辑指引今人，名与实、文与质、末与本之间的距离都是"法繁"与法意之间的距离。

讲求法意而得善法善治的制度思想，进一步化解了不信任制度而又必赖制度革弊的两难。回到本章开头征引的黄式三《变法说》："历朝之法律，未尝非先王之道也。道有偏而不起之处，政始有眊而不行。善持法者，修举废堕，次第复之，其于时弊，不已去泰去甚

---

[1] 参见孙明：《"设法"：中国制度思想史中的"假设"意涵》，《学术月刊》2019年第3期。

[2] 包世臣：《中衢一勺》卷7下《上篇序目》，载氏著《包世臣全集》第2册，第222页。

[3] 《清朝文献通考》卷77《职官一》，第5569页。

[4] 龚自珍：《上大学士书》，载氏著《龚自珍全集》，第323页。

[5] 龚自珍：《上大学士书》，载氏著《龚自珍全集》，第323页。

[6] 曾国藩：《送江小帆同年视学湖北序》，载氏著《曾国藩全集（修订版）》第14册，长沙：岳麓书社，2012年，第240页。

乎？"[1] 其所言实亦是"法"渐失其"始意"，而通过变法复之的思维链条。

在"变而不离其宗，渐复本原，渐符名实"[2] 的制度更革价值取向中，最能代表制度"始意"的，当然是"始法"，是相对于当下之弊而言，是在历史的不同阶段生成的成法。于是，制度便以成法为尚，从中"讲求先人创制之遗意"[3]，而斥衍生积弊之制度为"法外之法"，逐渐增生的财政负担为"法外之累"[4]，积弊由此成为"法外之弊"，"复其初"也就成为胜于法繁的、能为时人接受的制度变革目标："君子不轻为变法之议，而惟去法外之弊，弊去而法仍复其初矣。"[5] 与之相对应的，则是对积重难返的担忧。[6] 其间的制度更革逻辑同样如此。

这又与崇尚"成宪"的政治思想相呼应。当日自皇帝以下均认法弊为积弊的重要原因，但成法、定制本身是善法，法弊是制度体系芜杂生长之弊，表现为成法被积习架空，为"案""例""规"等衍生的制度淆乱。道光帝便认为："当今之势，宪章具在，法令森然，若能大法小廉，奉行以实不以文，何患政事不理、百姓不安乎？无如世风日下，人心益浇，官不肯虚心察吏，吏不肯实意恤民，

[1] 黄式三：《变法说》，载盛康辑《清朝经世文续编》卷12《治体五·治法上》，《清朝经世文正续编》第3册，第136页。

[2] 龚自珍：《上大学士书》，载氏著《龚自珍全集》，第323页。

[3] 徐子苓：《与王给事书》，载盛康辑《清朝经世文续编》卷8《治体一·原治上》，《清朝经世文正续编》第3册，第89页。

[4] 章学诚：《上执政论时务书》，载氏著《章学诚遗书》，第328页。

[5] 魏源：《默觚下·治篇四》，载氏著《魏源集》上册，第50页。

[6] 朱昌颐：《奏陈清除漕务积弊折》，转引自李文治、江太新：《清代漕运（修订版）》，北京：社会科学文献出版社，2008年，第274页。

遇事则念及身家，行法不计及久远。"[1] 整顿积弊，恢复"宪章"的本来面目并使之发挥实效，当然是题中应有之义。这是去弊的重要政治原则之一。遵循成法是当时的普遍观念，改革现行制度则必坏现行之成法，也是攻击改革者的重要说辞："是时众议朋兴，或谓成法一更将不可复，或谓巨万税课责诸何人，或谓捆工千百失业必器，或谓引枭入场沿途必劫。"[2] 在这样的政治氛围中，朝堂之上的官员对制度革新极为警惕，如对于陶澍推广淮北票盐的建议，户部便警告："变通票盐章程，必须毫无窒碍，方可行之久远。应仍令该督随时体察情形，不使稍滋流弊，庶于盐务实有裨益。"[3]

成法、定制、定例这些位于变动不居的制度原点的祖宗之制，由此获得了胜过"法外之法"的绝对优势。改革者也就将自己的改革建言与回归成法相结合，政治上比较安全，也易于说服君主："尚系遵循旧章，并非轻更成法。"[4] 陶澍便是在成法与现行法弊之间，为制度改革塑造合法性。他深知当时的积弊情况与改革形势是"山穷水尽，不可收拾，实非补偏救弊所能转机"。[5] 这实为时人的共识，如曹振镛也认为："淮北盐务之敝极矣，势非更张不可。"[6] 陶澍对盐

[1] 《清宣宗实录》卷172，第21页，转引自魏秀梅：《陶澍在江南》，"中央研究院"近代史研究所（专刊51），1985年，第271页。

[2] 魏源：《淮北票盐记》，载氏著《魏源集》下册，第863页。

[3] 陶澍：《推广淮北票盐折子》，载氏著《陶澍全集（修订版）》第3册，第187页。

[4] 方维甸：《请改汉中盐课归地丁疏》，载贺长龄辑《清朝经世文编》卷49《户政二十四·盐课上》，《清朝经世文正续编》第1册，第497页。

[5] 陶澍：《会筹两淮盐务大概情形折子》，载氏著《陶澍全集（修订版）》第2册，第281页。

[6] 《清史馆曹振镛本传》，台北故宫博物院藏，转引自魏秀梅：《陶澍在江南》，第150页。

务等方面的改革也是制度层面的，如魏秀梅所见："淮北盐务疲敝，因素固多，而纲法手续之繁难，要为其重要原因之一，陶澍有见及此，在改票之始，即决定改道不改捆与归局不归商，以轻运输成本，杜亏欠透私之弊。"[1] 但是，刊落从原有制度中衍生出来的不合理的制度规定，如"删减繁文，禁除科派""裁浮费，去根窝"[2]，或是制定新的规章制度，革新运行机制，城使"案""例""规"等滋生前的原有制度框架焕发生机，"整新之后，章程已定"[3]，这些实际上的制度改革，只要可以比附定制，或达到定制的预期效果，就都可以归之为"渐复旧制"。[4] 陶澍总是从恢复与维护定制和成法的重要性说起。他指出，"我朝淮盐定制"本极合理："逐层防范，至周至密。果能实力奉行，自不致有流弊。"可惜，"无如相率因循，积重难返"。这就将积弊的成因归结为人事，而非定制："此非法之敝人，人实废法。"这便构建起了现行制度弊端与定制之间的对立，从而制度改革具有合理性："推求致病根源，实因视成法为具文，久之遂涣散而不可收拾。诚非区区补偏救弊所能转机，惟有将旧章大加厘剔。"[5] 陶澍又曾言："盐务败坏至此，本由数十年来积渐而成，此时整顿旧章，实与重新起造无异，亦必由渐而入，始能复原。"[6] "大加厘剔""重新起造"的制度改革当然会突破定制与成法的范围，如盐政中将纲法改为票法就是典型例证，但他在行文中又称赞定制之善，

---

[1]　魏秀梅：《陶澍在江南》，第 147 页。

[2]　陶澍：《接受两淮盐筴谢恩折子》，载氏著《陶澍全集（修订版）》第 2 册，第 304 页。

[3]　陶澍：《请仍复设两淮盐政折子》，载氏著《陶澍全集（修订版）》第 4 册，第 64 页。

[4]　陶澍：《请仍复设两淮盐政折子》，载氏著《陶澍全集（修订版）》第 4 册，第 64 页。

[5]　陶澍：《会筹盐务章程折子》，载氏著《陶澍全集（修订版）》第 2 册，第 295 页。

[6]　陶澍：《接受两淮盐筴谢恩折子》，载氏著《陶澍全集（修订版）》第 2 册，第 305 页。

标榜目标是"复原"，亦即回到定制与成法，这就化解了对制度革新的警惕。作为"一个传统知识分子在君主专制政体下，获得政治上最高成就的典型"[1]，陶澍可谓深谙当时的政治文化。在《太子太保两江总督陶文毅公行状》中，魏源重申了陶澍对积弊的认识，这也代表了他们二人共同的理念："国家盐法，本来美备，止因事久弊生，有名无实，非法病人，人自废法。今惟有申明旧章，大加厘剔，则除弊即所以兴利。"由此引出裁浮费以轻成本、慎出纳以重库款、严粮私船私以清纲销、革五坝十杠以省淮北等改革举措。[2] 龚自珍则表彰阮元"考有元之成规，得海运之故道"。[3]

陶澍、阮元这样的嘉道名臣不是孤例，其时朝臣在权衡得失利弊、阐明具体改革举措之后，于奏疏中呈现出大量如下表述："伏思本原之中，又有本原，从本原更张，必非一介儒生口舌所敢议。依中书愚见，姑且依雍正中故事。"[4]"应照嘉庆十七年定例。"[5] 甚至有人认为应参照唐人刘晏代表的古代成法："酌古之制，权今所宜，取唐宋转般仓成法损益之，不泥其迹，而师其意。"[6] 更普遍的看法

[1]　这是魏秀梅对陶澍的总评价，见氏著《陶澍在江南》，第 265 页。

[2]　魏源：《太子太保两江总督陶文毅公行状》，载氏著《魏源集》下册，第 878 页。

[3]　龚自珍：《阮尚书年谱第一序》，载张鉴等撰《阮元年谱》，黄爱平点校，北京：中华书局，1995 年，第 277 页。研究认为，道光朝漕粮海运"是漕运制度的一大变革"（李文治、江太新：《清代漕运（修订版）》，第 343 页）；是"制度调整"，"其中的雇用商船海运，在内涵与外延上，均与元明时期的海运有根本的不同，完全是一种创举"，"是清代漕运制度中具有重大意义的改革"（倪玉平：《清朝嘉道财政与社会》，第 258 页）。

[4]　龚自珍：《上大学士书》，载氏著《龚自珍全集》，第 323 页。

[5]　孙玉庭：《恤丁除弊疏》，载贺长龄辑《清朝经世文编》卷 46《户政二十一·漕运上》，《清朝经世文正续编》第 1 册，第 454 页。

[6]　王苍孙：《转般私议》，载贺长龄辑《清朝经世文编》卷 47《户政二十二·漕运中》，《清朝经世文正续编》第 1 册，第 462 页。

是想要古今结合："请照（滇黔）二省旧例参而行之"，以"复旧制""定例"，"仿刘晏之古法，复滇黔之旧例，则与我国家定课之成宪又不相违，似无不可行之法也"。[1] 建议者认为，"查照乾隆七年以前之例"，便"非变更成例，乃系追溯旧规，行之有效"。[2]

对成法的不同理解，成为改革者与保守者乃至不同方向的改革者的理论依据，也是他们辩论的焦点。特别是在清代精妙而又芜杂的制度体系中，在不能以今日之成文制度形态去比照的历时性演进的制度诸形态中，究竟哪个时代的成法才算是成法，除非时人默有共识，否则便是讨论成法的最大分水岭。改革者标榜自己遵循成法、回归旧制，"照例"裁去弊端，因而批评改革对象不符历朝"向来办理章程"和"在案"办法，斥其"原非核实办法""不在额内"，置其于不正当的地位。[3] 包世臣治漕、治盐，一概自标以成法、旧规、旧制、则例为据[4]，丁晏则以当时现存之制度为成法，批评包氏"訾毁成法，变更旧章"，认为"国家之成法也，积久行之，不能无弊，然当其遵行之时，国用殷富，民生蕃庶，利与弊相乘，未见其害之甚也"。[5] 二人对"法久弊生"的认识是相同的，对抽象的成法、旧章的尊奉也一样，但对具体何为成法、旧章的判定则不同。包世臣

[1] 郑祖琛：《更盐法》，载贺长龄辑《清朝经世文编》卷49《户政二十四·盐课上》，《清朝经世文正续编》第1册，第490页。

[2] 裘行简：《闽盐请改收税疏》，载贺长龄辑《清朝经世文编》卷49《户政二十四·盐课上》，《清朝经世文正续编》第1册，第496页。

[3] 方维甸：《请改汉中盐课归地丁疏》，载贺长龄辑《清朝经世文编》卷49《户政二十四·盐课上》，《清朝经世文正续编》第1册，第496—497页。

[4] 包世臣：《附录序言》《复戴师相书》《小倦游阁杂说三》《复桂苏州第二书》，载氏著《包世臣全集》第2册，第8、22、136、202页。

[5] 丁晏：《书包倦翁〈安吴四种〉后》，载盛康辑《清朝经世文续编》卷12《治体五·治法上》，《清朝经世文正续编》第3册，第141页。

等认为，成法已被历朝增附之例案破坏，应恢复之，而丁晏则将现存之例案皆视为成法。

回归成法，实即剥落后来衍生的制度体系。而在除弊的具体政策建议中，改革者也都乐于强调"立法较为简捷"[1]"以归简易"[2]"得简易之法"。[3] 与"浮"相对，"清"便成为常用的改革词汇。[4] 所有这些的背后，隐含着"易简"的制度思想，也是评判制度优劣的重要价值观念。对法繁之弊的批评俯拾皆是，相应地，"易简"的改革主张也弥散于论议之中。如徐继畬认为，针对条奏政策纷繁，不关大体，不求落实，"教令宜简"；针对制度繁密，书吏弄权，"则例宜简"；针对考成由规则繁密而生规避，"处分宜简"。(《清史稿·徐继畬传》)

"易简"之道，以魏源所论最为详实。[5] 相对于法繁的，是法的"易简"之道。"易简"之道，主要的思想源头似亦在《易》，而与变通的哲学相联："《易》曰：'夫乾，天下之至健也，德行恒易以知

---

[1] 孙玉庭：《恤丁除弊疏》，载贺长龄辑《清朝经世文编》卷46《户政二十一·漕运上》，《清朝经世文正续编》第 1 册，第 454 页。

[2] 方维甸：《请改汉中盐课归地丁疏》，载贺长龄辑《清朝经世文编》卷 49《户政二十四·盐课上》，《清朝经世文正续编》第 1 册，第 497 页。

[3] 孙玉庭：《盐法隅说》，载贺长龄辑《清朝经世文编》卷 50《户政二十五·盐课下》，《清朝经世文正续编》第 1 册，第 518 页。

[4] 如包世臣所言"清灶""清前案"，见包世臣：《中衢一勺》卷 5《小倦游阁杂说三》，载氏著《包世臣全集》第 2 册，第 134 页；"清漕"，见包世臣：《剔漕弊》，载贺长龄辑《清朝经世文编》卷 46《户政二十一·漕运上》，《清朝经世文正续编》第 1 册，第 452 页。

[5] 韦政通在《中国十九世纪思想史（上）》(台北：东大图书公司，1991 年，第 231 页)中论到魏源思想时，将"易简"与"除弊"视为"变法在理念层次上的两个准则"，而"易简又比除弊为根本"。本章与韦著从宏观政治思想层面立论不同，从魏源及时人对积弊的制度认识出发，"易简"正是作为除弊之道而具有"变法准则"之意义的。

险；夫坤，天下之至顺也，德行恒简以知阻。'又曰：'穷则变，变则通。''神而化之，使民宜之。'故知法不易简者，不足以宜民；非夷艰险而勇变通者，亦不能以易简。"[1] 魏源也引史事来说明："周公训鲁公曰：'平易近民，民必归之。'平，地道也；易，天道也。易则易亲，简则易从，易简天下之理得矣。"[2]"儳然不终日之中，必无易简良法，而事之可久可大者，必出于行所无事也。"[3]"弊必出于烦难，而防弊必出于简易；裕课必由于轻本，而绌课必由于重税。"[4] 于是，法繁、法穷、变法，其间的因革逻辑便可归纳为：

> 天下无数百年不敝之法，无穷极不变之法，无不除弊而能兴利之法，无不易简而能变通之法。与其使利出三孔二孔病国病民，曷若尽收中饱蠹蚀之权，使利出于一孔？出一孔之法如何？曰：非减价曷以敌私？非轻本曷以减价？非裁费曷以轻本？非变法曷以裁费？夫推其本以齐其末，君子穷原之学也。宜民者无迂途，实效者无虚议，大人化裁通变之事也。[5]

---

[1] 魏源：《海运全案序（代贺方伯）》，载氏著《魏源集》上册，第 420 页。

[2] 魏源：《默觚下·治篇九》，载氏著《魏源集》上册，第 63—64 页。

[3] 魏源：《海运全案跋（代）》，载氏著《魏源集》上册，第 423 页。

[4] 魏源：《淮北票盐志叙（代）》，载氏著《魏源集》下册，第 449 页。

[5] 魏源：《筹鹾篇》，载氏著《魏源集》下册，第 442 页。几乎同样的表述，亦可见于《淮南盐法轻本敌私议自序》："天下无数百年不敝之法，亦无穷极不变之法，亦无不易简而能变通之法。求诸末者烦而难，反其本者顺而易。利出于三孔者民贫，利出于二孔者国贫，利出于一孔者国与民交利。必曰尽收中饱旁蠹之利权以归于上下，必轻成本以减岸价，减岸价以敌邻私，鹾务终无大绌之时，计臣终无报功之日。故推其本原，核其赢绌，切其事证，著为四议。"（《魏源集》下册，第 453 页）魏源反复表达，亦可见此为其一以贯之的思想。

包世臣也自道："生平所学，主于收奸人之利，三归于国，七归于民。"这亦可视为其在实践层面的追求。[1]

"易简"不仅意味着制度体系的简约化，还意味刊落增附其上的寄食者及其食利机制。魏源并以"易简"之道来分析制度体系的衍生发展过程，即"繁法"与"易简"之不同：

> 票盐即刘晏收税之法，其要在于以民贩之易简，变纲商之繁重。然繁重而弊愈滋甚，易简而弊无从生，是易简之中严密存焉。故税课征收，始由局商局员，继归场官，又继总归分司，此法之由宽而渐严也。买盐交易，始听池丁自售，继而归局派引，又继而验赀派号，此法之由简而趋密也。

在"君子穷原之学"的推演下，较诸"法之由宽而渐严""由简而趋密"的机械发展，"易简之中严密存"当然是良好制度的状态。票盐法即要回归制度本意，绕开复杂的主体而产生的浮费，祛除积弊附着的复杂程序，这便合乎"易简"之道："兴利由于除弊，必知弊之所由，而后知利之所在。北纲积弊之由，一由淮所运本太重，一由口岸钱价太昂、官费太多，以致场私、芦私充斥滞销。知纲盐之弊，而后知票盐之所以利。"[2]

于是，在中国传统政治思想的统摄之下，从法繁到"易简"，通过成法复初来祛除立法之弊、回归法意的制度变革逻辑便告成，如王鎏在《变法论》中所总结：

---

[1] 包世臣：《齐民四术》卷 2《答族子孟开书》，载氏著《包世臣全集》第 3 册，第 235 页。

[2] 魏源：《淮北票盐志凡例》，载氏著《魏源集》下册，第 450—451 页。

万世不可变者，道也；随时有必变者，法也。操不变之
道，以御必变之法，此圣人所以尽裁，成辅相之功，而天下可
以久安而长治。何者？王者之立法也，有利必有弊，方其立法
之初，但见其利，而未见其弊，行之既久，则利尽而弊生。故
自古无不弊之法，而贵乎有救弊之人。小弊则小变，大弊则大
变。……夫为政之道，莫善于易。易有三义焉：不易者，道也；
变易者，法也；易简者，道寓于法也。[1]

小结：制度的时间性

在被曾国藩"叹为嘉道以来治国闻者所不及"[2]的《校邠庐抗议》
中，冯桂芬指一体而相成因果的"吏也、例也、利也"为普遍认可
的"今天下三大弊"："任吏挟例以牟利，而天下大乱，于乎尽之矣。"
其病根在于例案太繁，而制度体系的无序生长，也被一语道破："夫
例何以设？曰为治天下也。例之大纲，尚不失治天下宗旨，至于条
目，愈勘愈细，其始若离若合，其继风马牛不相及，其终则郑声
谵语，不知所云，遂于宗旨大相背谬，偶一道破，无不哑然失笑
者。"[3]

从制度的视角来看，积弊的形成包括三个层次，从"笔之于

---

[1] 王鎏：《变法论》，载盛康辑《清朝经世文续编》卷12《治体五·治法上》，《清朝
    经世文正续编》第3册，第137页。

[2] 曾国藩题识语，见《校邠庐抗议》谢章铤抄本，转引自熊月之：《冯桂芬评传》，
    南京：南京大学出版社，2004年，第186页。

[3] 冯桂芬：《省则例议》，载氏著《校邠庐抗议》，上海：上海书店出版社，2002年，
    第14页。

书"[1]到例案和规矩的多个形态、关联互通的制度体系，从"法立弊生"到行政和社会各方面卷入、"蠹积"的政治社会结构，身处此制度与结构中的人的观念和行为模式，积弊就是三者形成的政治与社会现象。三者渐次衍生又循环推演，既是形塑积弊的要素，也是积弊的基本内涵。既有制度基础，又根植于社会土壤，氤氲于行政与社会文化之中，所以积弊就成为政治与社会痼疾，时人也都从"法弊"的层面来反思。制度体系特别是非正式制度的生长，每一项的产生都有其具体需求背景和应用效果，但久而久之，层堆累积，随之成为缺乏内在精神贯通和秩序整合、逐利而生而用的制度丛林，只有靠法意来重行收拾。由此来看，清代的正式制度与非正式制度在宏观上虽有相互补充甚至"互为依存、并行运作"[2]的一面，却不能忽略非正式制度在政治与社会中吸附、发酵从而导致制度生命体败坏的问题。[3]

对于制度的生长，龚自珍构建了一个"法、例、势、风"的总体性言说逻辑："自古及今，法无不改，势无不积，事例无不变迁，风气无不移易。"欲知"法改胡所弊"，即必在"法改胡所弊，势积

---

[1] 《续修大清会典序》，载《光绪会典》，沈云龙主编《近代中国史料丛刊》第 1 编第 129 册，台北：文海出版社，1966 年，第 3 页。

[2] 周雪光：《从"黄宗羲定律"到帝国的逻辑：中国国家治理逻辑的历史线索》，《开放时代》2014 年第 4 期。

[3] 宏观上，正式制度与非正式制度"互为依赖，相互转化"，但在历史的当时，也存在不容忽视的非正式制度紊乱整个制度体系和行政过程，甚至由积弊与积习导致严重政治问题的现象。从本章的论述来看，如何评估"非正式制度在国家治理中扮演了一个重要的角色""作为国家治理的一个有机组成部分"，尚需更加多面而辩证的观察和讨论，如何认知历史长河中宏观鸟瞰与微观透视之关系，也耐人寻味。（以上引文见周雪光：《寻找中国国家治理的历史线索》，《中国社会科学》2019 年第 1 期。）

胡所重，风气移易胡所惩，事例变迁胡所惧"的格局中一并考量。[1] 在这个具有结构意义的关联格局中，他对相对于"法"的事例之正当性持有深深的怀疑："一时权宜之法，岂以为例？""局势全变，旧章不难立复。"然而，一旦"其势遂成，遂不可反"。[2] "不激之气，积而为不化之习"，说的也是风气。制度既已造就"势"和风气，问题便已从制度层面进入政治层面。法会生例，例又成势、成风，甚至复成为法，从法到风，是当时政治思想中对制度生长规律的认知。

"法、例、势、风"的展开是时间性的。从始意到风习，制度走过了漫长的生命周期。"世之论者以为法积久而必弊。"[3] 积弊也是时间线上的问题。按清人的政治与历史观念，开国之初是"天下之由乱而治"之时，也是"祖宗环视天下"而"创制之世"："法制苟尚有因仍前代之未尽善，则必为之思所以刬削诛钼、因革损益之道，皇皇焉朝夕不暇，措天下于泰山之安、磐石之固，使子孙可以世世遵守，而无复有仓卒意外之变。"但"时易势殊"是祖宗预防不了的，制度积弊、积习坏政也是势所必然："及子孙席祖宗之业，守先代之法，数传而后，国用广而财赋空虚、风俗久而习尚偷薄、科目之制坏而贤才屏弃、资格之弊重而官吏因循，疆土愈广，民人愈众，事变愈多，上下蒙蔽，文武恬嬉，乱形未著，而乱机已伏。"进而便有亡国的危险："此时之为治者，犹循循然不求所以振作改易，一切因陋就简，任其废坠败坏而不为之所。然后乱亡随之，而天下乃不可为。"虽然在"天为之"与"人为之"之间，戴棋选择了"人为之"，

---

[1]　龚自珍：《上大学士书》，载氏著《龚自珍全集》，第 319 页。

[2]　龚自珍：《上大学士书》，载氏著《龚自珍全集》，第 320 页。

[3]　《陈康瑞序》，载吉同钧纂辑《大清律例讲义》，闫晓君整理，北京：知识产权出版社，2018 年，第 6 页。

希望通过为治者"求治"来化解。[1] 但是，将问题上升到"天"的层次，则提示今人重视制度的时间性，重视"法、例、势、风"的制度生长，重视制度生长中潜移默化又积重难返的积弊问题。许同莘认为，嘉庆帝有意振作激励政治风习，但途径和办法是"深名法之言，明察刑狱，穷极毫芒"，遂导致"条例滋多，处分益密""举督抚州县束缚于例案之间"。[2] 这就是深处制度之中的为治者，为制度生长之势裹挟而"不可反"的显例。岩井茂树强调，清代原额主义的财政体制为财政及社会、政治问题之滥觞所在，精道地总结了客观存在的历史因果，笔者并无异议，只是本章更侧重制度体系生长而积弊的维度。如前文所述，清代原额主义的宏观财政结构确为积弊的重要原因，但并非全部因果所在。制度体系背离精神，秩序的芜杂生长与社会力量的化合，终致积弊一局，缘"例"而生的因循之习与钻营手段，即便抹去原额主义的财政体制，也会积累而成，这也是嘉道以后的积弊不限于财政领域的重要原因。[3]

清人以时间性理解制度的利弊，也从时间性入手革除制度的积弊。以"易简"之道化约庞杂的制度体系，应对人口繁衍、经济增长、社会复杂与政事烦冗，达到改革制度、祛除积弊的目标，就是在制度生长的时间线上的应对策略，虽然有些"反其势而为之"的逆时意味。

"易简"之道为回归法意提供了哲学支持。而站在制度的本位

---

[1] 戴楫：《求治》，载盛康辑《清朝经世文续编》卷 8《治体一·原治上》，《清朝经世文正续编》第 3 册，第 86 页。

[2] 许同莘：《公牍学史·牍髓》，第 232 页。

[3] 岩井茂树：《中国近世财政史研究》，付勇译，南京：江苏人民出版社，2020 年，第 15 页。

上看，则居于"易简"思想背后的，实为法意的追求。法意是有价值属性的，特指法中应有之义，即"先王之道"，或与其大体相似而又包含稍逊一筹意思的"先人创制之遗意"，它指向良好的制度与理想的社会。而对"立法之始意"（即"先人创制之遗意"）的崇尚，则说明时间性是法意之价值属性的重要维度。返本开初，回归制度本来，就是回归法意。同时，法意的时间性与穷变逻辑相通，从而可以在制度之始意的指引下达到制度再生的效果。祖宗成法和初始精神就是最好的吗？它们是否还可以随着社会的发展而发展，不断趋于完善？复返始意与成法是不是退化的历史观和制度观？魏源认为："天下事，人情所不便者，变可复；人情所群便者，变则不可复。"[1] 一语道出了"复"背后的革新向度。"易简"与回归不等于被机械地打回原形，而是在此过程中完成制度革新与完善，从而达到近似于制度再生的目的，以群便的人情，适应形势要求。在"师其意，不师其迹"的法意逻辑下，返本开初的"易简"之道是一种制度智慧，对其认知不可拘于行迹，而是有些辩证的意味。研究者在具体问题的考察中指出清中叶以降，存在惯例胜过旧章、通过奏明立案而重订定制的现象。[2] 基于法弊和法意的制度观，则为观察此类现象提供了制度体系生长的视角，而制度由"易简"而再生，更为我们提供了另一种制度变迁的思想资源。这个"易简"与制度再生的过程，也在当代学界于央地关系视角下常论的中央从地方收权、将非正式制度转化为正式制度之外别开天地，具体情形还有待更多案例的深度挖掘与对话。

---

[1] 魏源：《默觚下·治篇五》，载氏著《魏源集》上册，第 53 页。

[2] 周健：《道咸之际的地丁银制度——以湖北各州县收支结构为中心的考察》，《近代史研究》2013 年第 4 期。

钱穆讲传统中国政治制度曾论道：

> 政治制度是现实的。每一制度，必须针对现实，时时刻刻求其能变动适应。任何制度，断无二三十年而不变的，更无二三百年而不变的。但无论如何变，一项制度背后的本原精神所在，即此制度之用意的主要处，则仍可不变。于是每一项制度，便可循其正常轨道而发展。此即是此一项制度之自然生长。[1]

此生长论是就制度之宏观而言，无论九品中正制如何积弊，其所蕴涵的法意毕竟与科举制或现代文官制大相区别。但若就某一制度而言，随着制度的"自然生长"，其与"背后的本原精神所在，即此制度之用意的主要处"则或有相当距离，或大相乖离，便已不能"循其正常轨道而发展"。取清人制度思想合而观之，可对钱穆先生之制度生命体论有所补益。

刘广京曾言，以嘉道为重点的研究清代经世思想之意义在于"发掘我国制度改革及思想进化之内在根源。此大题目乃研究儒家思想今日尚未发明之关节""着手处总以《经世文编》（1826）及鸦片战前之思想为起点。不然则又入西潮'老套'也"，可谓有所得之见。[2]站在嘉道时期这个时间点来看，尽管有白银流动等全球性因素的复杂影响，积弊仍主要是中国制度内在的问题。从当时积弊议论场的前后瞻顾，就可愈发看得清楚，朝野的思与行，是传统政治思想和行政智慧绽放的幽光，它由来有自，也将站在下一段历史的舞台上。

---

[1] 钱穆：《中国历代政治得失》，北京：九州出版社，2014年，第56页。

[2] 刘广京致王尔敏信（1982年4月13日），见王尔敏：《中国近代思想史论续集》，第26页。

这是一个在传统中求变，试图应对政治困局的时代。穷变的哲学，法意的逻辑，开启了"变法"的希望。传统政治思想与历史经验中行之有效的旧制度碰撞，激发而出的解题思路启发时人斟酌新的办法，"天下皆知刘晏旧法为澄源上计，不为纲法所缚持者自此始"。[1] 在包世臣、魏源等人的辅佐下，陶澍、贺长龄等经世名臣在盐、漕、河等具体政事上的改革举措不可谓无效，亦非成法可以涵括。"与古为新"的运用与实践，在当时也遭到"仰食于弊之人"立足成法的批评和阻挠，这恰从反面说明了其开新之可能。论者多以龚自珍诗句"何敢自矜医国手，药方只贩古时丹"批评其旧的一面。龚氏实亦曾借苏轼之言"药虽呈于医手，方多传于古人"，引出"至夫展布有次第，取舍有异同，则不必泥乎经史。要之不离乎经史，斯又《大易》所称神而明之，存乎其人者欤"。[2] "神而明之"似乎不大容易把握，但提示了应对积弊的一种可能的智慧与前程。

时间性的制度哲学由来有自。嘉道时期，时人感到积弊已达极点，但对积弊与制度关系的相关议论却不是全新的。清初，顾炎武便曾批评"法愈繁而弊愈多"的问题：

> 夫法制繁，则巧猾之徒皆得以法为市，而虽有贤者，不能自用，此国事之所以日非也。……
>
> 前人立法之初，不能详究事势，预为变通之地。后人承其已弊，拘于旧章，不能更革，而复立一法以救。于是法愈繁而弊愈多，天下之事日至于丛脞，其究也"眊而不行"，上下相

---

[1] 魏源：《太子太保两江总督陶文毅公神道碑铭》，载氏著《魏源集》上册，第337页。

[2] 龚自珍：《对策》，载氏著《龚自珍全集》，第117页。

蒙，以为无失祖制而已。此莫甚于有明之世，如勾军、行钞二事，立法以救法，而终不善者也。

他也认为法应"易简"而行：

> 法制禁令，王者之所不废，而非所以为治也。其本在正人心、厚风俗而已。故曰："居敬而行简，以临其民。"[1]

康熙四年（1665），卢崇俊曾上《法令应归简易疏》，说的也是类似道理，强调政治归于简易，方可"端治原"：

> 国之大利在于政治简易，而国之大弊在于法令繁多。……一法立则一弊生，故法愈多而弊愈滋。夫滋弊缘于法多，则救弊惟在减法，有不辨而自明者矣。向来立法之密，其意在于除弊安民，奚知弊反从此而滋，民又从此而扰乎？[2]

一百五十年后对积弊与法繁的议论，不仅基本没有超出这些思想资源的框架，连用词也高度重复。

以例案增多为表征的法弊（即法繁之弊）之感，于嘉道政论中成为重点，也一直延伸成为《清史稿》中的评价："盖清代定例，一如宋时之编敕，有例不用律，律既多成虚文，而例遂愈滋繁碎，其

---

[1] 顾炎武著，黄汝成集释：《日知录集释》卷8，栾保群等校点，上海：上海古籍出版社，2006年，第488—490页。

[2] 卢崇俊：《法令应归简易疏》，载贺长龄辑《清朝经世文编》卷12《治体六·治法下》，《清朝经世文正续编》第1册，第121页。

间前后抵触，或律外加重，或因例破律，或一事设一例，或一省一地方专一例，甚且因此例而生彼例，不惟与他部则例参差，即一例分载各门者，亦不无歧异。辗转纠纷，易滋高下。"（《清史稿·刑法志一》）尽管在法史研究中，究竟"因例破律"之说是否以偏概全，抑或总体来看仍是"律以定罪，例以辅律"，还是存疑的公案[1]，这段评价还是从实际上反映了清人的普遍认知，即例案破坏了成法。

以法意而求革弊，嘉道之际的"变法"呼吁成一时之潮流。此时，经世派大吏与士人主导的改革主要是在行政制度与政策法规层面，以祛除积弊且辩证地回归成法为大框架。如姚莹所论盐务的改革，就是"票法"这个具体层面的调整："嘉庆、道光间，两淮盐法之敝极矣。淮北无商，陶文毅力行票法而转盛；独淮南未及变法，仅奏请数端，减轻课本以恤商而已。当时虽云恤商，而病根未去，淮南盐法仍未有瘳也。"虽然日后"淮南盐法为当事者败坏久矣。陶文毅未及整理，至于今日，已成涣散之势"，而且"至今日，文毅之法又穷于淮南矣"，他认为改革亟应大幅推进："此诚危急存亡之秋，更甚于道光八九年间矣，尚能无变法乎！变法奈何？曰法半敝者，犹可补救图全，今敝十之八九，如病者仅存一息耳，非大泻大补之不可。"[2] "亟求变法，岂可朝夕待乎？"[3]但凡此之"变法"，皆以去弊为目的与内核。去弊是第一义，"变法"只是第二义的、工具性的，并非以"变法"为尚。

---

[1] 参见黄源盛：《中国法史导论》，桂林：广西师范大学出版社，2014 年，第 305 页。

[2] 姚莹：《中复堂遗稿》卷 1《变盐法议》，载施立业点校《桐城派名家文集 6·姚莹集》，合肥：安徽教育出版社，2014 年，第 696 页。

[3] 姚莹：《东溟文外集》卷 1《覆黄又园书》，载施立业点校《桐城派名家文集 6·姚莹集》，第 378 页。

"易简"的制度更革思想也向后延伸，特别是沿着经世派的血脉，继续未竟的去弊使命。冯桂芬论盐、漕改革，批评"凡事委曲繁重，皆弊薮也"，而以"从简易"[1]、"最为简法"[2]为标榜。

这些"变法"，即便落到实处，也都是见招拆招式的行政改革，而非制度体系的系统再造，与光绪朝的戊戌"变法""维新"虽有交集，但有本质的不同。

制度的时间表征着政治的时间，制度的问题最终都是政治的问题。当制度批评说到了积习和风气的时候，便已触及政治深处。论政者关心制度的生长增附，亦是因为与制度积弊伴随的官习与民风，是政治的题中必有之义。包世臣曾由漕政积弊而感慨及于国是："漕为天下之大政，又为官吏之利薮。贪吏之诛求良民，奸民之挟制贪吏，始而交征，继必交恶，关系政体者甚巨。"嘉道两朝是一个"说者皆谓某弊已极"的时代，议论之所以繁兴，不仅在于为国理财、为民疏困，更因积弊"大失政体"，危及政治。[3]这个逻辑一直延续到"同治中兴"时代，反观因果，薛福成认为太平天国运动就是积弊与积习的结果："廷臣黼黻右文，鲜遑远略，各行省大府迄郡县吏，懵于利弊，恪守文法，以就模式，不爽铢寸。泰极否生，兆于承平。"[4]

盛世与"中兴"之间，是王朝的"中叶"。在"政体"周围，是

[1]　冯桂芬：《利淮鹾议》，载氏著《校邠庐抗议》，第 22 页。

[2]　冯桂芬：《折南漕议》，载氏著《校邠庐抗议》，第 18 页。

[3]　包世臣：《剔漕弊》，载贺长龄辑《清朝经世文编》卷 46《户政二十一·漕运上》，《清朝经世文正续编》第 1 册，第 452 页。

[4]　薛福成：《中兴叙略上》，载周中明点校《桐城派名家文集 10·薛福成集》，合肥：安徽教育出版社，2014 年，第 31 页。

人才、言路、吏治、民风、士习。在这"民力物力之盛衰，人材风俗进退消息之本末"中，名实论已指向"治平""积衰"之国。龚自珍、魏源和同时代的有识者们将积弊与制度发展的阶段属性关联起来，也由此将自己身处的时代定位为本朝"中叶"或"中世"，穷形尽相地勾勒"中叶"的衰靡气象。

针对积弊与积习弥漫之象，魏源提出"战胜于庙堂"。[1] 这正反映了积弊语境中的应对之道与时代话语。就在这样的"中叶"，中国遭遇了近代新世界，仅靠"战胜于庙堂"，已经不足以应对新旧问题叠加的时代困境了。但积弊的逻辑并未戛然而止，一直延伸过去，草蛇灰线般成为变了的时代中不变的一部分。

---

[1]　魏源：《圣武记叙》，载氏著《魏源集》上册，第 165—166 页。

第三章

"审积"：嘉道士人对积弊运势的认知逻辑

嘉道两朝，世势渐变，思想与学术的呼应是"道咸以降之学新"。[1] 学界向来所瞩目的"汉宋融合""今文经学复兴""西北边疆史地学兴起"等议题，是其具体展开。与政治关系最为直接而密切者当属经世学，经世士人对时政时弊的议论与改革的主张是此段政治思想史的特色篇章。[2] 钱穆以"始于议政事，继以论风俗，终于思

---

[1] 王国维：《沈乙庵先生七十寿序》，载氏著《王国维论学集》，傅杰编校，昆明：云南人民出版社，2008 年，第 485 页。

[2] 贡献了系统研究的主要是刘广京（见下文注）、黄克武（《〈皇朝经世文编〉学术、治体部分思想之分析》，台湾师范大学历史研究所硕士学位论文，1985 年；《经世文编与中国经世思想研究》，《近代中国史研究通讯》1986 年第 2 期）、冯天瑜与黄长义（《晚清经世实学》，上海：上海社会科学院出版社，2002 年，第 46—311 页），并参见"中央研究院"近代史研究所：《近世中国经世思想研讨会论文集》，台北："中央研究院"近代史研究所，1984 年；龚书铎：《清嘉道年间的士习和经世派》《道光间文化的特点》，载氏著《清代学术史论》，北京：故宫出版社，2014 年，第 96、113 页；严寿澂：《道光朝士风与学术转向——读沈垚〈落帆楼文集〉》，载氏著《近世中国学术思想抉隐》，上海：上海人民出版社，2008 年，第 207 页。

人才，极于正学术"的四层次概括，大抵可以反映总体情形。[1] "学变"的内在动力实为治道求索。王汎森勾勒了此期"不同层次互相竞合"的复调思想格局，拎出"政治变革与道德风俗重整的主题"。[2] 而在思想格局辨析之外，于时人的政治分析逻辑亦即认识论层面则仍有待发之覆。刘广京曾深入探讨经世人物及其经世学之思想观念基础。他从"《大学》八条目之具体发挥"来总结"经世之学"的理论基础[3]，重视"中国传统知识分子有其自发之实事求是之态度与自基本思想上创新之精神"，从宇宙观、伦理观、历史观等"基本价值观念"维度探析魏源的哲学与经世思想。[4] 这一深挖政治思想之认知基础的研究理路似颇应引起今日学界的关注。重返当日之思维世界，虚心理解面对渐启困境之"历史意见"，或可为深化此段哲学与思想史研究之应有路径。

另一值得反思的是，从"道咸以降之学新"的断论开始，既有研究以晚清衰世与近代新变局这一线性发展（"以降"）为出发点，不同程度地回望与逆推嘉道时期思想学术之"新"。针对此基调，王汎森曾指出："道咸思想比较大的成分，仍是在旧框架中思索，人

---

[1] 钱穆：《自序》，载氏著《中国近三百年学术史》上册，北京：商务印书馆，1997年，第3页。

[2] 王汎森：《嘉道咸思想界的若干观察》，《思想史》2022年总第11期，"清中晚期学术思想"专号。

[3] 刘广京、周启荣：《〈皇朝经世文编〉关于经世之学的理论》，载刘广京《经世思想与新兴企业》，第160页。

[4] 刘广京：《十九世纪初叶中国知识分子——包世臣与魏源》，载《"中央研究院"国际汉学会议论文集·历史考古组》中册，第995页；刘广京：《魏源之哲学与经世思想》，载氏著《经世思想与新兴企业》，第25页。孔飞力曾言，关于魏源思想的分析，最有帮助的是刘广京《十九世纪初叶中国知识分子——包世臣与魏源》（孔飞力：《中国现代国家的起源》，第29页脚注2）。

才、人心才是最重要的关怀。”[1] 回到当时历史的讨论中，我们可以发现，忧心的背景不限于“衰败”这一向度；“旧框架”固然所见不虚，但高频出现的“人才”“人心”“忠义”等或只是表象，经世与变革等主张之下仍有更深层次的思维逻辑，办法亦不尽归于道德、忠义或更具整体性的风俗。康雍乾三朝盛世之后，积弊与“治平既久”共同成为行政与议政中常用的语汇，“积”是颇具标识性的时代观感、世势判断与因果归纳，是时人对时代问题的认知逻辑，他们对“积”的因果与应对又自有一套思想观念。明乎此，或有助于“看清鸦片战争以前中国社会、经济、文化、思想、学术、行政、政治的根柢和趋势”，这些旧思维、旧观念虽然在当日未能除旧布新，却能够引导今人更好地体会面对近代新世界时“中国的经济、文化、思想、学术、行政、政治自有历史悠久、性格独特的基础”。[2] 它们既不是宇宙观、历史观等现代哲学视域的问题，也不是政治思想的直接呈现，而是政治与治理问题的“治道化”，是具有实践属性、指导治理实践的哲学工具。

第一节　承平忧心中的积弊、积习与积势

《说文解字》训“积”：“积，聚也。从禾，责声。”段玉裁注：“禾与粟皆得称积，引申为凡聚之称。《淇奥》诗叚箦为积。”[3] 在嘉道

---

[1] 王汎森：《嘉道咸思想界的若干观察》，《思想史》2022 年总第 11 期，“清中晚期学术思想”专号。

[2] 刘广京：《序》，载“中央研究院”近代史研究所编《近世中国经世思想研讨会论文集》，第 1 页。

[3] 许慎撰，段玉裁注：《说文解字注》卷 13，上海：上海古籍出版社，1988 年，第 325 页。

士人的议论中，作为"凡聚之称"的"积"带上了浓重的时势观感意味。"积"是社会经济长期发展之下，在太平积聚的同时形成的治理挑战，也是治理中负面因素的长期累聚和日益彰显。"持盈忧盛"，"积"还表征着政治与社会的整体运势及其动力。具体表现为积弊、积习、积势诸层面环环相扣的逻辑链条。

"积"的前提是长期承平。"乾嘉之间，文治盛矣"[1]，盛世太平，是嘉道士人论说的时势背景和起点。"国家承平日久"[2]，尤为士人所强调和不断重申。龚自珍称："承乾隆六十载太平之盛。"[3] 国运亦表现在学术上，方东树批评太过偏重汉学时也要承认："国家景运昌明，通儒辈出，自群经诸史外，天文、历算、舆地、小学，靡不该综载籍，钩索微沉，既博且精，超越前古。至矣，盛矣，蔑以加矣。"[4]

盛世而有衰颓之感，成为特定的反思起点。汤鹏认为，嘉道时期是太平之后的"渐消耗之时"：

> 凡天下国家之运，有亟太平之时，有渐销耗之时，有大震荡悲骇之时，有小从容苏息之时。凡为天下国家者之心，有亟太平而料危乱；有渐销耗而坐娱嬉；有大震荡悲骇而保任戒惧，卒赖以全；有小从容苏息，而侈然自足，暨于不枝。是故忧

---

[1] 楚金：《道光学术》，载存粹学社编《中国近三百年学术思想论集》，香港：崇文书店，1971年，第342页。

[2] 沈垚：《落帆楼文集》卷5《松筠公事略》，载《清代诗文集汇编》第598册，上海：上海古籍出版社，2010年，第69页。

[3] 龚自珍：《西域置行省议》，载氏著《龚自珍全集》，第106页。

[4] 方东树：《上阮芸台宫保书》，载氏著《考槃集文录》，黄爱平、吴杰编《中国近代思想家文库·方东树卷》，北京：中国人民大学出版社，2015年，第278页。

> 多于乐者祥，乐多于忧者殃；乐生于忧者昌，忧生于乐者亡。[1]

时人固往往"乐多于忧""忧生于乐"，"渐销耗而坐娱嬉"。沈垚惊呼"海宇清晏"而风俗、人心败坏如是，为书契以来仅见，尤可见清中叶承平之忧的特殊性：

> 垚览观史册，于古今利病亦略识其梗概，今日风气备有元成时之阿谀，大中时之轻薄，明昌、贞祐时之苟且，海宇清晏而风俗如此，实有书契以来所未见。呜呼！非细故也！叔鱼之贿，孟孙之偷，原伯鲁之不说学，苏张之不信，古人有一于此即不可终日，今乃合成一时之风俗、一世之人心。呜呼！斯岂细故也？[2]

当日，有识者多感知到在承平日久与积弊日重之间存在因果关联。李兆洛便曾论积弊从"极太平"中来。

> 先生与邹润庵论天下时势曰：今隆冬，麦苗已秀，长者尺余，比亩敷华，宛如三月光景，此麦苗即今天下之人心也，知觉早开，嗜欲早奋。今世非不平安，如有病之人肥白壮长，皆痰所为，痰不治，不久将溃。

"痰"就是积弊，"知觉早开，嗜欲早奋"是太平世所养就的人心弊

---

[1]　汤鹏：《浮邱子》卷12《释忧》，载氏著《汤鹏集》第1册，第345页。

[2]　沈垚：《落帆楼文集》卷8《与张渊甫》，载《清代诗文集汇编》第598册，第110页。

病，"治痰"即去弊。

> 润庵曰：自汉及明，未有如本朝太平之久者。先生曰：
> 然。莫盛于汉，然汉自宣帝以下方为太平，孝武以前事变丛出。
> 譬如人当幼时，奔驰往复，手足胡乱，不肯安顿，乃正其血气
> 盛时，至于不肯乱动，则血气将衰矣，天下亦然。我朝当乾隆
> 时万事并作，天下扰扰，乃其极盛，如今极太平，衰机已伏。[1]

乾隆时"极盛"，道光时"极太平"。"极盛"与"极太平"的气运和
发展阶段不同。从"血气盛时"到"血气将衰"，太平之极亦是"衰
机已伏"之时，这是道光朝与乾隆朝的不同。而何以至此，还是在
于"积"，各种积弊、风习的累加，像"痰"一样。

本朝今日之积弊是承平而来，并非治国无道。盛世与明主相应，
治平之感与对皇帝的观感相表里。李兆洛评道光帝："皇上原非元、
明骄王，不纳良言。"[2] 当左逸民针对"国家取利多途，政源不清，
下流易浊"，因而提出"清心寡欲，以风天下"的建议时，鲁一同认
为文不对题：

> 陈议甚高伟，纠时甚直切。抑足下徒观前世之失，未睹今
> 日之弊，若陈此论于汉太初、宋大观、明万历之世，岂不识时
> 务、明政体、豪俊士哉？惜乎献暗主之规于有道之世，绳墨虽
> 切，肯綮未得，譬奏刀于无用之地，虽不缺折，亦无解焉。

---

[1] 李兆洛述，蒋彤辑：《暨阳答问》卷4，载《丛书集成续编》第88册，上海：上
　海书店出版社，1994年，第628页。

[2] 李兆洛述，蒋彤辑：《暨阳答问》卷3，载《丛书集成续编》第88册，第625页。

积弊：清朝的中叶困境与周期感知

清朝的实际情况是："国家列圣相承，世德继美。皇上御极以来，躬行节俭为天下先。"根据自己"闻诸近臣"的事迹来判断，当朝亦"可谓恭俭矣""可谓兢业矣"。[1] 姚莹慨叹虽逢圣君而无所作为："所自念者，生逢圣明之主，侧席向治，不能及时有所陈建，坐困于风尘忧患中，渐以衰老，为可悲耳！"[2]

盛极而衰，要有忧思之心，但持盈忧盛，是承平之忧：

> "桑之未落，其叶沃若"，其文、武、成、康之盛乎！"桑之落矣，其黄而陨"，其周室之东乎！文王有《二南》而歌颂始拱把矣，成王有《雅》《颂》而歌颂始寻丈矣；至康王而颂声寝，珮玉有晏起之刺，《伐木》有鸟鸣之刺；宣王中兴而《沔水》《鹤鸣》《庭燎》《祈父》《白驹》《黄鸟》，刺诗半于变《雅》。何诗人之责备贤辟若此哉？汉武建元之盛，未闻其再建元也，唐玄开元之盛，未闻其再开元也。《乾》六爻不言古而悔亢，《泰》六爻不言泰而忧陂，《丰》之象曰："勿忧宜日中。"盈虚消息，天地四时鬼神不能违，而况于人乎？汉文帝日谨一日以考终为幸，光武日谨一日以十年为远，三代既往，圣贤兢业之心，惟二君有焉。……功业之心，不胜其爱民之心也；才智自雄之心，不胜其持盈忧盛之心也。《颂》声寝于康王，《二雅》变于宣王，其道德之终，而功业才智之竭乎！故不明四始、五际之义，不

---

[1] 鲁一同：《与左君第二书》，载氏著《鲁通甫集》，郝润华辑校，西安：三秦出版社，2011年，第27—28页。

[2] 姚莹：《东溟文集》卷4《覆马元伯书》，载施立业点校《桐城派名家文集6·姚莹集》，第73页。

可以读《诗》。[1]

忧悔兢业，通往中兴。际承平，仍感承平之可久，在太平，仍以太平为可期，并非不可扭转之衰危。譬诸盐政积弊："有嘉庆中年之极盛，斯有道光初年之极敝，相去不三十年，前人之所以得，正前人之所以失也。"[2]因怀有得失盛衰再度循环之预期，故虽论极而衰却颇为从容，而非单线衰败之惶惶不可终日，这正是承平日久再望太平的心态。李兆洛对克服积弊、继续太平满怀希望："予与郑樵仲论将来必有数百年太平天下，天下情势、利弊将已件件穿透，无所容一点伪饰尔。我不能相欺，自然明白，自然安顿。"[3]张穆憧憬："生不愿封万户侯，愿诸公致治太平，我永为太平之民。"[4]这种望太平的心态，显著表现于他们自许与明季不同。鲁一同对比顾炎武与自己作文交际之别："夫亭林亲见有明之季，歔歔訾訾，文章道穷，故重自锢闭。今国家文治昌明，士大夫以其时涵泳、沐浴、歌咏、颂祷。"[5]士人们虽怀"忧盛"之"忧"，更有"持盈"之"持"。

"每询土风，接人士，未尝不叹幸天下之太平也。"[6]与末世乱世迫在眉睫的动荡不同，治平之虑是很难得到共识的。"山居难与论舟

---

[1] 魏源：《默觚下·治篇二》，载氏著《魏源集》上册，第44—45页。

[2] 姚莹：《东溟文后集》卷6《覆陶制军言盐务书》，载施立业点校《桐城派名家文集6·姚莹集》，第236页。

[3] 李兆洛述，蒋彤辑：《暨阳答问》卷4，载《丛书集成续编》第88册，第628页。

[4] 张穆：《月斋文集》卷2《太平有象研铭》，载氏著《张穆全集》第3册，太原：三晋出版社，2019年，第55页。

[5] 鲁一同：《与黄通判书》，载氏著《鲁通甫集》，第33页。

[6] 姚莹：《东溟文集》卷5《游榄山记》，载施立业点校《桐城派名家文集6·姚莹集》，第76页。

积弊：清朝的中叶困境与周期感知

行之险，泽居难与论梯陟之难。处富不可与论贫，处暇不可与虑猝，处亨不可与言困，处平世不可与论患难。"[1] 在太平而论忧危，必然不被共情，这也说明了承平之忧与末世危机的不同。

"文治"就是仁治，政令和缓，休养生息。承平首先表现为社会经济、人口之积聚，亦即意味着治理对象之繁复。"人未有不乐为治平既久之民"，但时人转身发现，"积"的困境不知不觉已随之而来，这就是洪亮吉"为治平之民虑"的题中之义。

康熙以来对承平人口殷繁而地利不足以供养的忧心，到此时终于成为难以化解的真问题，作为政治与社会经济问题的催化剂，成为衰颓的标识。

人口数目空前巨大，给社会经济乃至自然资源带来巨大消耗和物力负担。洪亮吉在《治平篇》中的逼仄感最为典型：

> 人未有不乐为治平之民者也，人未有不乐为治平既久之民者也。治平至百余年，可谓久矣。然言其户口，则视三十年以前增五倍焉，视六十年以前增十倍焉，视百年百数十年以前不啻增二十倍焉。……要之治平之久，天地不能不生人，而天地之所以养人者，原不过此数也；治平之久，君相亦不能使人不生，而君相之所以为民计者，亦不过前此数法也。……此吾所以为治平之民虑也。[2]

"土狭人稠，何法以处？"这是时人共同的关切与疑虑。"方今天下，

---

[1]　魏源：《默觚下·治篇四》，载氏著《魏源集》上册，第 50 页。

[2]　洪亮吉：《治平篇》，载氏著《洪亮吉集》第 1 册，第 14 页。

生齿极繁，游食日众，物产凋敝，风俗狙偷，向所称富庶之邦皆疲困不可支。"[1] 较晚开发的台湾亦已"生齿日繁，地利尽辟，久无旷土"。[2] 对于"自魏晋来，北方日就萧索，而南方日盛，天下地气久已自北而南，物极必反，地气将终自南而北否"之问，李兆洛答曰："天下地气南北皆发泄已尽。"[3]

"天下困穷如此，将何以富之？"应对此地气不足养育之局面，龚自珍提倡"农宗"，李兆洛重视"睦婣任恤"，但他们都知道传统的家族、乡里组织之道实难提供有效之法，"如有周公出，恐亦没奈何"[4]，才是真实的惶惑。

> 今中国生齿日益繁，气象日益隘，黄河日益为患，大官非不忧，主上非不咨，而不外乎开捐例、加赋、加盐价之议。譬如割臀以肥脑，自啖自肉，无受代者。自乾隆末年以来，官吏士民，狼艰狈蹷，不士、不农、不工、不商之人，十将五六；又或饫烟草，习邪教，取诛戮，或冻馁以死，终不肯治一寸之丝、一粒之饭以益人。承乾隆六十载太平之盛，人心惯于泰侈，风俗习于游荡，京师其尤甚者。自京师始，概乎四方，大抵富户变贫户，贫户变饿者，四民之首，奔走下贱，各省大局，岌岌乎皆不可以支月日，奚暇问年岁？

---

[1] 姚莹：《东溟文集》卷4《与李永州书》，载施立业点校《桐城派名家文集6·姚莹集》，第74页。

[2] 姚莹：《东溟文后集》卷3《台湾山后未可开垦议》，载施立业点校《桐城派名家文集6·姚莹集》，第189页。

[3] 李兆洛述，蒋彤辑：《暨阳答问》卷3，载《丛书集成续编》第88册，第626页。

[4] 李兆洛述，蒋彤辑：《暨阳答问》卷4，载《丛书集成续编》第88册，第628页；龚自珍：《农宗》，载氏著《龚自珍全集》，第48页。

洪亮吉极论传统治理手段之无效，龚自珍则意识到，要解此一局唯有别开天地："令西徙。"[1] 虽然"现在所费极厚，所建极繁，所更张极大"，但二十年的建设时间"非朝廷必不肯待之事，又非四海臣民望治者不及待之事"，对于一个"极太平"的国家来说，二十年可以等待，也只有通过空间、时间的延展推扩，才能再致太平："所收之效在二十年以后，利且万倍。""一损一益之道，一出一入之政，国运盛益盛，国基固益固，民生风俗厚益厚，官事办益办，必由是也，无其次也。"[2] 这也是在太平、望太平之世，士人心胸从容、放眼长远、格局宏阔的表现。

"国家承平日久，生齿日繁"，积聚不仅是人口、社会经济的繁众，还意味着与规模扩大相伴随的品类不齐，"秀顽杂出"。[3] "为乱之人，则皆无业之游民也。生齿日繁，无业可以资生，游荡无所归束，其不为匪者鲜矣。"[4] 地利耗尽，不能立业养人，游民乃至"匪"从中析分。群类也源自承平积就之恶俗："今海内承平久矣，人心佚则淫，淫则荡，荡则乱。"[5] "富庶极则淫佚萌，奢侈盛则物力耗，不待水旱兵役，间阎已自蹙其生。"[6] "淫佚萌"与"物力耗"并置，

---

[1] 龚自珍：《西域置行省议》，载氏著《龚自珍全集》，第 106 页。

[2] 龚自珍：《西域置行省议》，载氏著《龚自珍全集》，第 111 页。

[3] 沈垚：《落帆楼文集》卷 5《松筠公事略》，载《清代诗文集汇编》第 598 册，第 69 页。

[4] 姚莹：《东溟文后集》卷 3《上督抚请收养游民议状》，载施立业点校《桐城派名家文集 6·姚莹集》，第 185 页。

[5] 姚莹：《东溟外集》卷 1《郑云麓诗序》，载施立业点校《桐城派名家文集 6·姚莹集》，第 113 页。

[6] 姚莹：《东溟文集》卷 4《上韩中丞书》，载施立业点校《桐城派名家文集 6·姚莹集》，第 71 页。

秀与顽、贫与富分化。士人亦如是，如姚莹笔下"党类渐分，浮嚣日竞"的桐城派：

> 吾桐昔时风气淳朴，友朋聚处，上者相劘以道德，次者相励以文章，然皆彬彬各有礼叙。十数年来，弟子轻其先师，后生慢其长老，党类渐分，浮嚣日竞，此其病患甚深，有心之士窃相与忧之。然则时事盛衰，岂独离合之迹哉！[1]

由俭入奢易，承平培养了不能耐受艰苦的习性，成为地利耗尽后社会异动的加速器："吾特有惧焉。惧夫更十年后，地利尽辟，户口殷富，老者死而少者壮，民惟见其乐而不见其艰也，则将有滋为淫佚而乐于凶悍暴乱者，人祸之兴，吾安知其所极耶？"积久则为人祸，这是一般规律，并无"久安而不为灾"的必然办法。[2] 承平既导致人众疲困，也自然引来人心思变，两者结合起来，就会挑战国家兵财之承受能力：

> 海内承平久矣，人心静极思动，亦必然之势也。幸天子圣仁，宵旰民事，内外臣工皆循循谨慎，无敢纵侠。然土宇太广，财力竭耗，西域甫一用兵，中枢已形竭蹙，况四方水旱，偏灾不时，安危祸福之机，岂不在于今日耶！[3]

---

[1] 姚莹：《东溟外集》卷1《北园宴集诗序》，载施立业点校《桐城派名家文集6·姚莹集》，第115页。

[2] 姚莹：《东溟文集》卷5《噶玛兰台异记》，载施立业点校《桐城派名家文集6·姚莹集》，第82页。

[3] 姚莹：《东溟文集》卷4《与李永州书》，载施立业点校《桐城派名家文集6·姚莹集》，第74页。

行政积弊，亦是承平日久的治理演成之物。天下长期太平，治道与国策自信，稳定而不自我否定，少有更张，制度一以贯之、累积丛脞，行政风格贵守成、小心而失于琐细，遂有治理因循之积。鲁一同总结道，本朝二百年皆讲"相继"，而"未尝一议更革"：

> 因时立政，与世推移，斯为善守。……周公承文武之德乃作《周官》，及其所用，又不尽合，夜而思之，坐以待旦。孔子告颜渊四代礼乐，帝王御世如日御天，历年既久，必有差忒，动烦推算。

> 足下乃谓守成之世，一切不宜更改，则周公不当兼三王，孔子不当论四代矣。……不求其端，不责其是，而曰故事。故事，此汉唐中主饰非拒谏之常谈。……一代之兴，规模大体万世不易。其小小节目日变月易，自以不同。宣成之制已殊文景，开元之礼变于贞观，推移渐故也。且如本朝二百年来列圣相继，未尝一议更革，然冗官渐多，岁出浸广，文法浸繁，准之开国，已难悉合，而论者不以为非。今汰冗官，省岁出，易文法，则以变易为罪，不知变者为变乎，不变者为变乎？天下安常习故，庸人乐其无事，而不肖有所容，彼自全躯畏祸耳。[1]

这正是清人常讲"圣圣相承""列圣相继"的题中一义，亦是龚自珍"一祖之法无不敝"之所指。制度之因循积弊，亦如孙鼎臣对漕运之法终致于敝的总结：

---

[1]　鲁一同：《与左逸民书》，载氏著《鲁通甫集》，第 24—25 页。

国家岁漕东南之粟，四百万以实京师，行之二百余年，军之役者久而益罢，民之输者久而益困，吏之蠹者久而益深，上下交受其病。夫器虽良，有时而败；法虽良，有时而敝。至于其敝，欲无通之，不可得已。[1]

"久而益罢""久而益困""久而益深"正是积弊成敝的困局。

时人亦取盛朝为对照物，从明史总结应时"整顿"而不生积弊的机制。明代固非无积弊之世，如此总结只是为本朝镜鉴。李兆洛指出："世宗之精明，得张江陵等数人搜剔利弊，整顿法度，再求数百年太平何难？"[2]魏源在《明代食兵二政录叙》中也讨论了明代"随弊随治"而未成积弊的原因：

（无）一岁不虞河患，无一岁不筹河费，前代未之闻焉；江海惟防倭防盗，不防西洋，夷烟蔓宇内，货币漏海外，病漕、病盐、病吏、病民之患，前代未之闻焉。内外既无两漏卮，仕途又无两滥竽；无漏卮则国储财，无滥竽则士储才。故虽以宗禄、土木、神仙之耗蠹，中珰、廷仗之摧折，而司农柄兵诸臣，得以随弊随治，病患迭出，人材亦迭出，不至有仰屋呼庚之虞，不至有拊髀乏材之叹。[3]

行政颓风之"积"也是从"太平数百年"出发的问题意识。最

---

[1] 孙鼎臣：《论漕一》，载氏著《刍论》卷1，咸丰十年五月武昌节署刻本，第41页。

[2] 李兆洛述，蒋彤辑：《暨阳答问》卷4，载《丛书集成续编》第88册，第628页。

[3] 魏源：《明代食兵二政录叙》，载氏著《魏源集》上册，第161页。

直接的是军事与行政方面，长期承平形成了恬然之风："国家承平于今且二百年矣，鼠窃狗盗，间发即诛，故天下恬然，鲜言兵事。"[1]其固有重文轻武的一面："天下承平久矣，武事渐弛，人不知兵，一旦有急，被难无足异。"[2]"国家以文治天下，承平岁久，自王侯下至庶人，皆以科目为荣，文武两科制同，世乃重文轻武，四方有事，卒赖天子威灵平定，其以材武勇敢著者罕。"[3]时人更指向"文武恬嬉"，并无二致：

> 地方之习于承平也，兵不识步伐，弁不辨干戈，守汛塘者一二无赖，防门关者三五群儿，文武恬嬉，天下诚无事矣。当斯时也，边徼虽荒，数百年不见烽燧，蛮溪虽野，亿万姓悉安耕樵。恃此不恐，而防御无备，战阵无备，一切纠奸摘伏皆无备。[4]

此乃时代共识，汤鹏以"文武恬嬉"总结"太平数百年之积"：

> 天下之患，不在于雷动飚忽之顷也，在于太平数百年之积也。太平数百年之积，文恬而武嬉，筋弩而肉缓，上壅而下饰，貌是而神浇，朝廷宽而威棱罕，臣僚忔而法令衰。于是轇輵者

[1] 管同：《戎政刍言序》，载施立业点校《桐城派名家文集5·管同集》，合肥：安徽教育出版社，2014年，第94页。

[2] 姚莹：《东溟文集》卷5《游揽山记》，载施立业点校《桐城派名家文集6·姚莹集》，第76页。

[3] 姚莹：《东溟文后集》卷9《雷继贤铜戈记》，载施立业点校《桐城派名家文集6·姚莹集》，第302页。

[4] 唐鉴：《壬辰防瑶五论》，载氏著《唐确慎公集》，黄爱平、吴杰编《中国近代思想家文库·唐鉴卷》，北京：中国人民大学出版社，2015年，第516页。

不可以骤理，崩阤者不可以复振，沉痼者不可以立起，污染者
不可以就新；黎庶杂而良莠并，造化怒而阴阳悠，灾眚数而元
气凋，年谷耗而怨声沸，仓廪虚而流亡盛，城郭坏而奸宄通，
林箐密而聚徒固，川泽广而渔利横，岩岨深而是非荒，舟航捷
而出没奇。然而守土之吏不深谋，柄兵之官无蚤计，左枝而右
吾，朝弥而夕缝，参耦而狡猾，庸众而偯散。[1]

嘉庆十八年（1813）天理教林清之乱后，当年十二月，嘉庆帝御
制《原教》，以文恬武嬉、"自不知教"为痼疾之最，引出"风俗颓坏"
至极，系统总结了中叶生民与治理交加积弊之"大不幸"的时局：

> 承平日久，生齿日繁，物价腾贵，游手之民，不遑谋食。
> 加之以官多疲玩，兵尽怠惰，文不能办事，武不能操戈，顽钝
> 无耻，名节有亏，朕遇斯时，大不幸也。中外已成痼疾，自不
> 知教，焉能教民，而邪教从此起矣。始以造福逃劫，引诱痴愚，
> 终归于灭绝人伦，谋反大逆，因邪教聚不逞之徒，肆行无忌。
> 瞽不畏死，虽严刑峻法，视为泛常。奈何风俗颓坏，至于此极，
> 岂不痛哉！[2]

承平而恬嬉，治理不得要领，琐屑郁积，导致"天下之权归于
吏胥"。这一腾说于时人之口的批评，要义不仅是日常治理之权操于
吏胥，更是与吏胥当道相应共生的治理风格，是吏胥样态的政治文

---

[1] 汤鹏：《浮邱子》卷11《储武上》，载氏著《汤鹏集》第1册，第331页。
[2] 《清仁宗实录》卷281，嘉庆十八年十二月丁巳，《清实录》第31册，北京：中华
　　书局，1986年，第841页。

化。"凡为天下国家者，诚为要，夸为末；大为要，细为末；简为要，繁为末。"此时已积累至于"末"之一端：

> 琐琐乎其态也，陆陆乎其赴事会也，讦讦乎其少可而多怪也，累累乎其绪理而愈棼也，隆隆乎其止而未能也，屑屑乎其晨夜之劳、百举而十弗成、十举而一弗成也，蠢蠢乎其婞直而绳绳乎其积留也，匈匈乎其动扰而墨墨乎其郁忧也。嘻！何其繁也！ [1]

"繁"就是"积"，从"夸""细"铸成之。"弊"只有增量而无减量，不能化解，只能堆积。由此，治理失去了大体，不得款要，没有精神与方向，对民众也失于教养：

> 国家承平百七十年矣，长吏之于民，不富、不教而听其饥寒，使其冤抑，百姓之深知忠义者盖已鲜矣。天下幸无事，畏懦隐忍，无敢先动，一旦有变，则乐祸而或乘以起。而议者皆曰"必无是事"，彼无他，恐触忌讳而已。天下以忌讳而酿成今日之祸，而犹为是言与，夫岂忠臣义士忧国家者之所敢出与？ [2]

在此承平恬嬉、治理烦琐的政治生态中，官员不自理政务，"弊于因意而用法，因法而用例，因例而用案"，于是"用法则吏胥擅周内，用例则吏胥擅苛比，用案则吏胥擅强记"，以致官无礼、吏无学，文

---

[1] 汤鹏：《浮邱子》卷1《三要》，载氏著《汤鹏集》第1册，第21页。

[2] 管同：《上方制军论平贼事宜书》，载施立业点校《桐城派名家文集5·管同集》，第46页。

恬武嬉，终积成"天下之弊"：

> 天下之弊，莫不积于文恬武熙（嬉）也，起于上无礼、下
> 无学也。文恬武熙（嬉），于是官不自领其事，而吏以勤济其悍，
> 以机警济其诈，以屡试辄验济其败。上无礼，下无学，于是通
> 经为吏之脉断，而吏以陋饰其愚，以浅易饰其无他，以摇尾乞
> 怜饰其贪鄙嗜利、无耻。[1]

制度与政风积弊的集中表征是**壅蔽**。"壅"自"积"而成，"郁"
则不能"穷而思转"。壅蔽之积至关紧要，上下不知、不通则相疑，
"疑积"而致"畏""灾""梗"，遂至民变："知者亲之的，疑者畏之
影。疑积成畏，畏积成灾，灾积成梗，则水潦旱干之所以洊至，奸
宄寇贼之所以生心；此道行，无所往而不为害也。"[2] 即所谓"郁为
缓亟非常之变"，而壅蔽之势已成，人君必然刚愎自圣，断绝了"穷
而思转"的可能，终将于"置社稷沦亡于不顾"：

> 君塞群情，则不能与天下为一体之事；不能与天下为一体
> 之事，则天下澹其为君之心；天下澹其为君之心，则骨亦以之
> 折，情亦以之隐；骨折而情隐，则不能作天下敢言之气；不能
> 作天下敢言之气，则忠谋石画、灵机亟智不闻。忠谋石画不闻，
> 则下长优而上长劣；灵机亟智不闻，则下长忧而上长泰。既限
> 于材之劣，又席于势之泰，则耳目隘而心理枯；耳目隘而心理

---

[1] 汤鹏：《浮邱子》卷 10《训吏上》，载氏著《汤鹏集》第 1 册，第 285、287 页。

[2] 汤鹏：《浮邱子》卷 2《白术上》，载氏著《汤鹏集》第 1 册，第 36 页。

142

积弊：清朝的中叶困境与周期感知

枯，则政刑缪而民物焦；政刑缪而民物焦，则郁为缓亟非常之
变；郁为缓亟非常之变，则悔与愎交战于胸中；悔与愎交战于
胸中，则悔必不可以胜愎；悔不可以胜愎，则自功其败而不罪
己；自功其败而不罪己，则自圣其愚而不求人；自圣其愚而不
求人，则拒谏饰非以终其身；拒谏饰非以终其身，则无穷而思
转之一日；无穷而思转之一日，则置社稷沦亡于不顾。[1]

积壅成蔽，天人、上下皆不能和合，国运因而危殆："不去壅，不亲
上下；不去壅，不殖纪纲；不去壅，不成社稷；不去壅，不和天人
阴阳。"[2]

"《折杨》《皇荂》之词，则卑者唱而和者百：其所渐积淫佚
然也。"[3]积弊的影响及于政治文化与行为模式，积淀成为行政中人
的观念态度和行事习惯，就凝化为积习。汤鹏认为，"积"存在于
"念""事""名"的不同阶段与形态之中，"名"是其总称与概化。"名
出于实，实出于事，事出于念。凡积美念，成美事焉；积美事，成
美名焉。凡积丑念，成丑事焉；积丑事，成丑名焉。"[4]当日，积习
已成其若干"名"："五习，曷谓也？一曰滑，二曰忨，三曰陋，四
曰剽，五曰吝。"[5]具体如下：

　　　　蔽积成邪，邪积成利，利积成伎，伎积成名，是谓险诐

---

[1]　汤鹏：《浮邱子》卷 2《白术下》，载氏著《汤鹏集》第 1 册，第 39 页。

[2]　汤鹏：《浮邱子》卷 3《去壅》，载氏著《汤鹏集》第 1 册，第 64 页。

[3]　汤鹏：《浮邱子》卷 8《释用》，载氏著《汤鹏集》第 1 册，第 243 页。

[4]　汤鹏：《浮邱子》卷 8《训名中》，载氏著《汤鹏集》第 1 册，第 232 页。

[5]　汤鹏：《浮邱子》卷 5《五习》，载氏著《汤鹏集》第 1 册，第 143 页。

之名；

习积成柔，柔积成随，随积成名，是谓猗违之名；

法积成惨，惨积成毒，毒积成名，是谓淫酷之名；

贱积成狎，狎积成名，是谓垢玩之名；

侈积成浊，浊积成多，多积成肥，肥积成名，是谓贪婪
之名；

曲积成狭，狭积成窭，窭积成溺，溺积成名，是谓蠖商
之名。[1]

"《书》曰：'兹乃不义，习与性成。'悲夫！习必有其所由萌，
必有其所由极，必有其所由更。"嘉道时期的积习，已是"千万人"
经"数百年"所凝成。"习不可以不更也。……苟礼义之不愆，则庶
乎取千万人之积习而磨洗之乎！苟发愤而不知老，则庶乎取数百年
之积习而熏蒸变化之乎！"[2] 长期的太平、升平，郁积成人数如此之
众、程度如是之深的风习，士风柔弱，"习深气锢"：

今国家太平，度越百祀，而所未复于三代之隆者，独士气
萎而不振。姁孺咕嗫，容容自安，海内升平晏熙，风烈不纪。
独恐一旦猝有缓急，相顾莫敢一当其冲。今之隐忧盖在于此。
而士大夫方容与委蛇，顺风靡波，温颜浮说，更相欺谀。虽无
大患苦，而营卫拥塞、神志恬媮。所谓病在经脉，骨节缓散，
又善睡者，可一药而愈，而举世不以为病，或稔病不敢言，岂

---

[1] 汤鹏：《浮邱子》卷8《训名中》，载氏著《汤鹏集》第1册，第233页。

[2] 汤鹏：《浮邱子》卷5《五习》，载氏著《汤鹏集》第1册，第144页。

积弊：清朝的中叶困境与周期感知

非习深气锢使之然也！[1]

而其为"隐忧"，因仍属太平年景，尚未至概率较小的"一旦猝有缓急"之时。"海内升平晏熙"，故"举世不以为病，或稔病不敢言"。

积习批评指向士大夫，指向臣道。和珅专权而跌倒，批评以其为中心的官场贪腐、阿谀风习是当时常见的议论。汤鹏则认为积习源头并不在和珅一人，端在于君主求仁得仁，臣道舍师儒、丈夫而趋于吏胥、妾妇之道：

> 文法莫烦于吏胥，礼教莫淑于师儒，粉饰莫工于妾妇，骨干莫耸于丈夫。君以师儒之道风其臣，则臣以师儒报其君；君以吏胥之道风其臣，则臣以吏胥报其君；君以丈夫之道风其臣，则臣以丈夫报其君；君以妾妇之道风其臣，则臣以妾妇报其君。於乎！吏胥、妾妇之道而以为制，吏胥、妾妇之报而以为丰，蒙窃惑焉，未见其可也。[2]

但只有当积弊达到了"亟"的程度，才"不可言"：

> 以吏胥报其君，犹可言也；以吏胥蠹蚀其君，不可言也。以妾妇报其君，犹可言也；以妾妇妖孽其君，不可言也。是曷故也？吏胥之亟，则必为鼠狐，为稂莠；妾妇之亟，则必为鬼魅，为阴霾。为鼠狐，为稂莠，则人材斩；为鬼魅，为阴霾，

---

[1] 鲁一同：《复潘四农书》，载氏著《鲁通甫集》，第21页。

[2] 汤鹏：《浮邱子》卷12《乙惭》，载氏著《汤鹏集》第1册，第361页。

则世程晦。

对这些士人而言，当世就是到了"积重"致"亟"的程度，已成难治之习，不臣、不君、不国：

> 惜乎其积重也。积浍成江，积江成河，积河成海，不可障也。积土成阜，积阜成山，积山成岳，不可铲也。积吏胥成蠹蚀，积蠹蚀成忌讳，积忌讳成匿败，不可理也。积妾妇成妖孽，积妖孽成煽诱，积煽诱成沦丧，不可支也。是故鼠狐之亟，则不得复为凤皇鹰隼；稂莠之亟，则不得复为芝草琅玕；鬼魅之亟，则不得复为褒衣博带；阴霾之亟，则不得复为甘露祥霁。於乎！是帅斯代斯人而趋于必不可为臣之涂也。必不可为臣，则必不可为君；必不可为君，则必不可为国。[1]

这就又回到了"积"的生成机理。明末清初的姜宸英曾言："才臣之取败，祸在一时，庸臣得志而潜溃其国家，其祸乃见于数世之后。"咸丰年间，方宗诚避乱时感慨："斯言也，真有识之言哉！"[2]"其祸乃见于数世之后"，正是庸臣"积"庸习所渐成之结果。

"积势则不可以复返，积弊则犹可以为功。"[3]积弊、积习到了深重不化的程度后，制度、社会、思想观念盘根错节，相生为用，共成一体，积而成势。其中道理有似于："古之征于民也粟，今之征于

---

[1] 汤鹏：《浮邱子》卷 12《乙惭》，载氏著《汤鹏集》第 1 册，第 363 页。

[2] 方宗诚：《俟命录》，转引自严寿澂：《道光朝士风与学术转向——读沈垚〈落帆楼文集〉》，载氏著《近世中国学术思想抉隐》，第 213 页。

[3] 汤鹏：《浮邱子》卷 10《医贫》，载氏著《汤鹏集》第 1 册，第 295 页。

民也银。是故银势积重，粟势积轻。"[1] 而积弊之势成，尤在于弊之深重："满生惨，惨生剥，剥生落；烈生辱，辱生蹙，蹙生尽。积生落、生尽之势以至于社稷之不血食，子孙黎民之不能保，则何益之有焉？"[2]

积弊造成政治中的颓态，颓态与积习也成为"势"。汤鹏指出，主政的君子必去"十傲"与"十颓"。十颓包括："滥赏故恩颓""数赦故威颓""陋俗故名颓""浮文故实颓""失道故教颓""失德故养颓""积丑故文颓""积忱故武颓""弱植故气颓""末流故运颓"。举凡"滥""数""浮""积""植"等语汇，都是"积"的表现。针对这种状态："《易》曰：'其柔危，其刚胜。'言去颓从健也。去傲从谦，然后皇心细；皇心细，然后政理入。去颓从健，然后国气旺；国气旺，然后众志成。"归于去"积弛"，以防"骤溃"："众志成，然后无积弛；定，然后无骤溃。无积弛，无骤溃，然后社稷久长必由之。"[3]

积弊、积习而成大势，"势"是"积"的最严重后果，弥漫天下且难以抗拒。在人心积势中，"变法"遭遇了无边无际的阻力，如何"破其久沿之习"就成为棘手的难题。魏源曾形象地援引宋代中叶的改革历史，描绘这一幅积弊历时而成、积势难返的政治图景：

> 方宋中叶，仁宗之世，韩、范、富、杜诸君子相继立朝，石祖徕作《庆历圣德》之诗。其时开天章阁，置笔墨以询治道，

---

[1]　汤鹏：《浮邱子》卷10《医贫》，载氏著《汤鹏集》第1册，第292页。

[2]　汤鹏：《浮邱子》卷3《甲缪》，载氏著《汤鹏集》第1册，第65页。

[3]　汤鹏：《浮邱子》卷2《训终》，载氏著《汤鹏集》第1册，第47页。

天下矫首望太平。及诸公条对十余事，更张阔大，多不便于时人，訾议四起，卒皆不安其位以去。盖人心之难一如此。

本朝"国家承平二百年，视宋庆历时过倍，而漕、盐、河三大政，利弊之所薮，皆萃于江南"。故闻陶澍欲去弊，即"南北交哗"。[1]

有清中叶，一派太平积习的景象，然而"乱生于太康"，积成难逆之势：

> 《蟋蟀》之诗三曰"无已太康""好乐无荒"。荒者乱之萌也，乱不生于乱而生于太康之时。堂陛玩愒，其一荒；政令丛琐，其二荒；物力耗匮，其三荒；人才鬼茶，其四荒；谣俗浇酗，其五荒；边场弛警，其六荒；大荒之萌未有不由此六荒者也。去草昧愈远，人心愈溺，其朝野上下莫不玩细娱而苟近安，安其危而利其灾，职思其居者容有之矣，畴则职思其忧者乎？畴则职思其外者乎？以持禄养骄为镇静，以深虑远计为狂愚，以繁文缛节为足黼太平，科条律例为足剔奸蠹，甚至圜熟为才，模棱为德，画饼为文，养痈为武，头会箕敛为富，"出话不然，为犹不远"，举物力、人材、风俗尽销铄于泯泯之中，方以为泰之极也。[2]

鉴于长期承平积习，张惠言主张严治以去弊：

---

[1]　魏源：《御书印心石屋诗文录叙》，载氏著《魏源集》上册，第245页。

[2]　魏源：《默觚下·治篇十一》，载氏著《魏源集》上册，第70—71页。

嘉庆初，朱文正公珪为相，尝言天子当以宽大得民。武进张编修惠言争之曰："国家承平百余年矣，至仁涵育，远出汉唐宋之上，吏民习于宽大，故奸孽萌芽其间。宜大伸赏罚，以肃内外之政。"文正言天子当优容有过大臣。编修曰："当进内治官府、外治疆场者。"嗟乎！编修可谓救时之论矣！[1]

鲁一同欲借河湖之警洗刷河工积弊：

> 仆窃妄以谓今日之事须小有变动，以振作当路一切愉慢昏娱之习而悔其心。而今日湖运关系重巨……当此之时，朝廷震动，疆吏慑息，视南河若畏途，以挂冠为得计。天其或者大儆百僚，肃恭震惧，以承其敝。转运之机，正在此时。自后逶迤补苴，经营二载，废帑千万，沅可小休。十余年来，优游偃息，向之畏途于然来，仕路膏腴，轸骈辐辏，丛弊如山，治丝愈乱，天使数临不能有以正也。乃更法制，汰拣京曹，明示上意。而积习所趋，众流东下，缁纁染人，一入遂改。总内外大小百职，未有优闲美溢如河员者也。天意将大有所震惧，改革属当景运休隆。

但积势已成，小惊骇之后，"复优游而颂太平"：

> 圣天子寅畏，懋德，不欲上累朝廷，故小小示警。初四、

---

[1] 冯煦：《蒿叟随笔》卷 5 上，载沈云龙主编《近代中国史料丛刊》第 1 编第 64 册，台北：文海出版社，1966 年，第 514 页。

五日之事，天意可知矣。当事诸公不知刷厉振奋，杜门雨泣，望洋叩头，作此瑟缩，成何举动？天下事大于此者万万，变故之来，难可逆睹。一旦猝有缓急，欲恃此等调度，折冲千里，从容而夷大难，岂不难哉？即日天气澄肃，阳候顺轨。窃恐诸君子痛定不思，以宝珪白马为可恃，不知天意所助佑，贪菱芴竹梃为己功，霜陨澜清，复优游而颂太平也。[1]

积势的重要表现是，即使法可变，但积弊难以消除。如漕运：

> 漕运之法变，运军之费去，横征之弊可绝，而民困其自是苏乎？未也。横征与否，不系兑费之有无也。盖漕政之弊，日久加厉，运军之兑费递增，取之州县之吏，州县之吏取之于民，固相因之势也。然使吏之多取，实以兑费之故，虽倍蓰而民犹将谅之，而吏之所以自奉，与所以奉其上官者，无不出于其中，其役于官者又仰之以为食。民一而已，国赋其一，而运军赋其一，吏又赋其一，是朝廷无加赋之条而民被加赋之实也，不可悲哉？[2]

时人感到积势已成，在"势"的层面思考与忧虑是共相。龚自珍所谓的从"一时权宜之法，岂以为例"到"其势遂成，遂不可反"，正是对"积势已重"的感知。[3]魏源将清初钱维城的《养民论》选入

---

[1] 鲁一同：《与吴稼轩书》，载氏著《鲁通甫集》，第117页。

[2] 孙鼎臣：《论漕三》，载氏著《刍论》卷1，第47页。

[3] 龚自珍：《上大学士书》，载氏著《龚自珍全集》，第320页。

《皇朝经世文编》，其文亦重在论"势"，剖析由"渐除势"而"无弊"的道与法：

> 治天下者，势而已矣。势之所在，道、法出乎其中。道一而法不一，则百变而不离其宗；法一而道不一，则与世推移。而要归于无弊，……积之既久，则其势愈重，而其归之也愈大。……若夫积重之势不可骤返，则以渐除之，而先去其太甚。[1]

积势是一条亡国的时间轴。君臣的理想结构是"明良"，士大夫认为臣道尤应自觉："臣道可以扶君，可以扶天。是何也？天道可知而不可知，君道可恃而不可恃。"但在积弊、积习所成之势中，不治天下国家的"慢臣"、不爱天下国家的"疑臣"，会积累成为"荒臣""辱臣""险臣""乱臣"，终致亡国：

> 天在冥冥之中，君在巍巍之上，谓之何哉？唯臣也，则无可以不爱天下国家之时，则无可以不治天下国家之时。不治天下国家，谓之慢臣；不爱天下国家，谓之疑臣；慢而不已，积为流湎，谓之荒臣；荒而不已，成为凌夷，谓之辱臣；疑而不已，积为榛梗，谓之险臣；险而不已，成为倾覆，谓之乱臣。[2]

"积"与"不已"，就是积势的发展逻辑。从慢臣到乱臣，这是积弊、

---

[1]　钱维城：《养民论》，载贺长龄辑《清朝经世文编》卷11《治体五·治法上》，《清朝经世正续编》第1册，第114页。

[2]　汤鹏：《浮邱子》卷3《乙匡》，载氏著《汤鹏集》第1册，第73页。

积习、积势在臣道上的体现。

积势也会从君臣向万民逐渐扩大而倾覆。君臣民上下相应,"上以傲""以颓",则难得臣,必有"傲臣""颓臣",于是而有"傲民""颓民"。君臣之"习",蔓延成"亿万"之势。民生困窘、民变迭起之下,"傲主傲臣生傲民,颓主颓臣生颓民"得到了士议的瞩目:

> 夫傲主生傲臣,颓主生颓臣,犹可说也;傲主傲臣生傲民,颓主颓臣生颓民,不可说也。是何也?国有傲主傲臣,则下必有鞅鞅觖望、谤议沸腾之民,必有重气轻命、结党附俦之民,必有陆梁放肆、猖猲始乱之民,必有生心外畔、捐弃中华之民,是谓傲民。国有颓主颓臣,则下必有顽疏懒慢、不就检括之民,必有耽盘流遁、淫心舍力之民,必有材行朽秽、牵抽作昏之民,必有苟且性命、从乱如归之民,是谓颓民。是故十傲生五傲,十颓生五颓,犹可说也;十傲五傲生亿万傲,十颓五颓生亿万颓,不可说也。国至于有亿万傲、亿万颓而不土崩瓦解、危若朝露者,未之有也。[1]

"亿万傲""亿万颓"如此大规模之"生",就是势;"土崩瓦解、危若朝露",就是此势之下的隐忧。

世道本应为"主衡、民衡、官衡":"主衡差,不可以为人臣子。民衡差,不可以为民父母。官衡差,不可以为有司百执事之长。是故君子知主衡,则知忠;知民衡,则知爱;知官衡,则知严。"然积势至此,却成"三反"之局:"知忠,则一切壅塞乎主者,忠之

---

[1] 汤鹏:《浮邱子》卷2《训终》,载氏著《汤鹏集》第1册,第50页。

反；知爱，则一切朘剥乎民者，爱之反；知严，则一切周容乎官者，严之反。积此三反，则三衡耗乱错缪，不可复问矣。"[1] 这恰是嘉道时期的写照，不断郁积成势，治理与风习都在吊诡地走向反面。

龚自珍论衰世，"天下之积重轻者"如果不变易均平，"京师之气"就会"泄"，与"山中之势"轻重易位，大势转移而致乱甚至亡国："至极不祥之气，郁于天地之间，郁之久乃必发为兵燹，为疫疠，生民噍类，靡有孑遗，人畜悲痛，鬼神思变置。其始，不过贫富不相齐之为之尔。小不相齐，渐至大不相齐；大不相齐，即至丧天下。"[2]

救弊亟需人才，而积势压抑人才，困境自成因果，难以匡正，此尤为士人所大声疾呼。姚莹直指太平晏安的形势压抑公论、压抑人才：

> 天下之患常中于所忽。朝廷晏安，四夷宾服，又且人主聪明，谨守祖法，勤于政事，大臣夙夜恪恭以求无过，甚安也。是时，天下即有奇才而无敢倡为高论、轻议时事，智者无所用其谋，勇者无所用其力，举世以为太平矣。

这就会导致人才走向朝廷的对立面。同时，太平中隐伏的矛盾会爆发出来，也因没有人才而无法应对：

> 而非常之患即伏于其中，何也？奇才智勇不虚生，不能见

---

[1]　汤鹏：《浮邱子》卷8《三衡》，载氏著《汤鹏集》第1册，第247页。

[2]　龚自珍：《乙丙之际箸议第九》《尊隐》《平均篇》，载氏著《龚自珍全集》，第6、87、78页。

于国家，彼将自见于天下，吾恐其荡佚自恣，将伺隙而生端也。且世之所谓太平者，果能风俗不偷，人心朴厚，忠正盈朝，府库充实，四时无水旱之儆，海内无师旅之役乎？将不能也。此数者一有不然，足为大患。况其备之者，乃犹习故常，不以人才为急，吾深为执事者惜之。[1]

他进而区分"开创""承平""艰难"等国势阶段，申论何以承平日久必至于艰难，然而承平所养恭谨之士风不能应对艰难之变局：

> 天下大矣，不可以一言几也。有开创之天下，有承平之天下，有艰难之天下。开创，人才无论矣，承平者，务在休息教养，士大夫言论从容，坐镇风俗，斯谨饰文雅之儒所以垂休声也。及乎承平日久，生齿繁而地利不足养，文物盛而干盾不足威，地土广而民心不能靖，奸伪滋而法令不能胜，财用竭而府库不能供，势重于下，权轻于上，官畏其民，人失其业。当此之时，天下病矣。元气大亏，杂证并出，度非一方一药所能愈也。今夫求马者冀北，蓄蚕者于江南，稼问农，蔬问圃，天下艰难宜问天下之士，而与乡曲自好者谋之，其有济乎？奇才大略不世出，必不在修饰边幅中也。汉明之季，诸君子所为视今何如？吾犹不能无憾，又况其下焉者哉！

此论穷形尽相地描绘了承平造就之士在艰难之际的表现与一派积习

---

[1] 姚莹：《东溟文集》卷1《通论上》，载施立业点校《桐城派名家文集6·姚莹集》，第1页。

的气象：

> 且世之善为修饰者，初亦何能自好，不过视时所尚为之。上以是求，下以是应，犹之夫攻其举业云尔。立身求己之实，盖未究心焉，尚谓有恫瘝于天下乎？夫谦谨者，君子之美德。然既受人之爵，宜忧人之忧，食人之禄，宜任人之事。今于爵禄，则取其大者厚者，而于天下事，则为其微者细者，曰：是能谨慎供职。吾不知所职又何事也。呜呼！一生谨慎，武侯语也，乃以为趋时之具，无怪孔光、张禹者流比迹于千古，是亦大可痛矣。[1]

于是，这就形成了治理极盛与士习极靡两极并置的叙述结构，如"皆甚盛"与"独靡"的强烈对比："本朝书籍之盛，远迈前代，人才学问文章皆甚盛，独气节之士靡焉！非无人也，在上诸公未有能提倡而振作次，在下君子复未能推明而宏宣之也。"[2]"天下全盛"与"元气涣散"有鲜明反差："文章与世高下，的的不谬。非文章关世运，乃世运自兆文章耳。……当天下全盛之时，而元气涣散，有以水抟沙之象，是则深可虑也。默移之道，又不在文章矣。"[3]亦如前文所揭沈垚"海宇清晏而风俗如此，实有书契以来所未见"的慨叹。姚莹如下一段批评也实蕴此意：

---

[1] 姚莹：《东溟文后集》卷6《复管异之书》，载施立业点校《桐城派名家文集6·姚莹集》，第233页。

[2] 姚莹：《东溟文后集》卷8《谢陈子农送重刻逊志斋集书》，载施立业点校《桐城派名家文集6·姚莹集》，第276页。

[3] 姚莹：《识小录》卷6《王维山》，载施立业编《中国近代思想家文库·姚莹卷》，北京：中国人民大学出版社，2015年，第279页。

嗟乎，正直敢言之气于今衰也久矣！自古未有萎靡若此之甚者也。古道亡而后人心坏，人心之坏则自谀谄面谀始，谄谀成风则以正言为可怪，始而惊，继而惮，继而厌，最后则非笑之以为不祥。夫以正言为不祥，其时其事尚可问哉？人心风俗所以为国家之本、盛衰之端，未有不由此也。[1]

中国古代惯以风俗表世运，积势会表现为社会整体风俗层面的颓势，从而彰显积势的严重。愈治理愈敝是其伴生的结果，士风士习被认为是个中关键。汤鹏论士气影响风俗和人心："德行者亡显荣，则士气积于不振。群愚效其为人，则风俗坏；士气积于不振，则人心枝。风俗坏，人心枝，则谁氏之忧也？曷其奈何弗廉？"[2] 从"积"究"弗廉"之因，由此索解蔓成一世之积势的机制。沈垚以"秀才受困于营兵"来论"里中风俗"，可见风俗之坏蔓于乡里，而士大夫乃有责者：

来谕又述吴秀才受困于营兵事，此乃里中风俗之不美，非一朝一夕之故也。邻里风俗，必须有士大夫表率于前，布衣韦带之士振厉于后，乃使庶民安业、舆隶钦风。吾里中久无士大夫，其列名庠序者，大率竞锥刀之利，不识大体，遇小利害即戚属不相谋、朋友不相顾，诚有如石黻前日之言：赇其子，子即可告父；赂其弟，弟即可谋兄者，风俗之坏极矣。[3]

---

[1]　姚莹：《东溟外集》卷2《复座师赵分巡书》，载施立业点校《桐城派名家文集6·姚莹集》，第130页。

[2]　汤鹏：《浮邱子》卷10《训廉》，载氏著《汤鹏集》第1册，第302页。

[3]　沈垚：《落帆楼文集》卷9《与许海樵》，载《清代诗文集汇编》第598册，第117页。

“非一朝一夕之故也”“里中久无士大夫”，都是积弊成势的演成逻辑。上至朝廷，下及乡里，积渐酝酿，浸成天下风俗。张惠言亦论乡里士习与风俗之恶：“方今吾乡风俗益偷，礼教益薄，此世道之忧，缙绅先生之耻也。”[1]

这就又回到了因积弊以致积势而不断放大、日益严峻的人才问题。人的问题是积势之一端，也是国运之表征：“天下之积势如此其重也，其需才又如此其亟也，然而曰才难。”[2]

积势导致学与政俱坏，时人亦从学与政追溯积势之由。在学术上，一个特起的反思潮流是认为本朝独大的乾嘉考证学败坏了人心风俗。姚莹所述汉学之败坏人心和风俗颇为形象：

> 余少时闻长老言：乾隆四十年前，士大夫皆爱惜廉耻，辨名分，衣冠容仪有法度，教子弟必先授朱子小学，谈先儒名讳如道父师。其诚厚可想也。数十年来，世风凡三变矣。其初好博闻强记，薄先儒身心性命之学为空迂，而好华美骄侈；既乃尚通达，骋宏辩，讥讪礼法之士如寇仇；近日并通达宏辩者亦少，惟事苟便而已，士大夫聚会至解衣露体，嬉笑诟骂相娱，或齿高位尊而与少年为轻薄，所见所闻无不可惊愕者，举世方恬然不为怪也。余曰：风俗系乎人心，人心系乎学术。今之教弟子者皆非学也，取利禄之术而已。先世父兄望其子弟未尝去利禄，而犹以小学教者，使知有本根也。今则拔其本而掘其根。

[1] 张惠言：《答钱竹初大令书》，载氏著《茗柯文编》，黄立新校点，上海：上海古籍出版社，2015 年，第 154 页。

[2] 姚莹：《东溟文集》卷 1《通论下》，载施立业点校《桐城派名家文集 6 · 姚莹集》，第 2 页。

人心日以偷薄，风俗乌得无坏乎！[1]

沈垚认为当时热衷的小学、金石皆不足以称为"学"："夫小学特治经之门户，非即所以为学。金石特证史之一端，非即所以治史。精此二艺本非古之所谓通儒，况但拾其唾余以瓦砾炫耀耶？"[2] "门户""一端"都不是"学"，都不能涵养"通儒"，流弊势必积至学风坏极。与明末清初对王学狂禅的反思不同，为匡正当代学术的偏颇流弊，转向了对前朝学术当中优点的挖掘，并以之批评当代。沈垚指出明人学术能得其大、有得于中，在气节与实政上皆有所树立："窃以前明人学问文章不及古人，而修己立身之要、治乱得失之故，大率有得于中，故立朝则志节凛然，宰一乡一邑亦有实政及民。"与前朝比较，清人则学术支离，导致世无通儒：

今人动诋前明人为不通，而当世所推为通士者，率皆冒于货贿、昧于荣辱，古今得失之故懵然罔觉，是尚可为通乎？譬之于身，前明人于一指一拇之微或有所窒滞，而心体通明，自足以宰世应物，今人于一拇一指，察及罗纹之疏密，辨其爪之长短厚薄，可谓细矣，而于一手一足之全，已不能遍识，况一心之大、一身之全乎？是尚可为通乎？

不通就导致中心无所守，以势利为奔竞所趋，积为庸俗，生心害政："由是以之居家则父子责利，以之处世则势利相倾，贪冒之习、纰缪

---

[1] 姚莹：《东溟文集》卷2《赠朱澹园序》，载施立业点校《桐城派名家文集6·姚莹集》，第30页。

[2] 沈垚：《落帆楼文集》卷8《与张渊甫》，载《清代诗文集汇编》第598册，第109页。

之论，积久成俗，生心害政，其患甚大而未有艾也。"[1]

行政与社会机制造成生计逻辑，与士风共同铸成贡赋之重。沈垚分析"里中钱粮日重一日"的成因，批判士习坏于"层层剥取，即层层护持"的官场之中：

> 此事今日无可告愬，中朝贵人取给于方面，方面取给于州县，州县取给于小民，层层剥取，即层层护持。都下衣冠之会，无有一人言及四方水旱者，终日华轩快马驰骋于康庄。翰林则谒拜局师，部郎则进谒台长。公事则胥吏持稿，顾名画诺；私退则优伶横陈，笙歌鼎沸。其间有文雅者，亦不顾民生之艰难，惟有访碑评帖、证据琐屑而已。[2]

祛除前朝积弊的制度设置，亦因"不善矫敝"，久而积颓。管同认为，"三代"以降的历代政治与风俗美恶，皆在于针对前朝积弊是否善于矫正：

> 天下之风俗，代有所敝。……三代已然，况后世乎！虽然，承其敝而善矫之，此三代、两汉俗之所以日美也。承其敝而不善矫之，此秦人、魏、晋、梁、陈俗之所以日颓也。而俗美则世治且安，俗颓则世危且乱。以古言之，盖有历历不爽者。

本朝的政治特质发端于矫正明朝积弊，压抑"官横士骄"，所得在于庙堂与学校安静不争："我清之兴，承明之后。……大抵明之为俗，

---

[1]　沈垚：《落帆楼文集》卷8《与张渊甫》，载《清代诗文集汇编》第598册，第112页。

[2]　沈垚：《落帆楼文集》卷9《与许海樵》，载《清代诗文集汇编》第598册，第131页。

官横而士骄，国家知其敝而一切矫之。是以百数十年天下纷纷亦多事矣，顾其难皆起于田野之奸、闾巷之侠，而朝宇学校之间安且静也。"但因为力举尽变，矫枉过正，不得其中，以致有士习卑下、趋时牟利之失：

> 然臣以为明俗敝矣，其初意则主于养士气、蓄人材。今夫鉴前代者，鉴其末流，而要必观其初意。是故三代圣王相继，其于前世皆有革有因，不力举而尽变之也。力举而尽变之，则于理不得其平，而更起他祸，何者？患常出于所防，而敝每生于所矫。臣观朝廷近年大臣无权，而率以畏懦；台谏不争，而习为缄默；门户之祸不作于时，而天下遂不言学问；清议之持无闻于下，而务科第、营货财，节义经纶之事，漠然无与于其身。盖自秦人、魏、晋、梁、陈诸君皆坐不知矫前敝，国家之于明，则鉴其末流而矫之稍过正矣，是以成为今之风俗也。上之所行，下所效也。时之所尚，众所趋也。今民间父子兄弟有不相顾者矣，合时牟利者是为能耳，他皆不论也。士大夫且然，彼小民其无足怪。嗟夫！风俗之所以关乎治乱者，其故何哉？[1]

国家教士、养士、用士之政策与机制也积弊日甚，效果适得其反：

> 士之不振于天下也，非一日矣。道德废，功业薄，气节丧，文章衰，礼义廉耻何物乎？不得而知也。国家之养士也，亦非一日矣。具科条，明法令，教之有长，进之有阶，乃欲正人心而人心日散，欲端士习而士习日非。不究其本，徒恃一二俗吏

---

[1] 管同：《拟言风俗书》，载施立业点校《桐城派名家文集5·管同集》，第31页。

以区区尺寸之法绳之，此岂有得哉！^[1]

因而，以俗吏和繁法正人心、端士习，是没有出路的。

鸦片战争"辱国丧师"，姚莹认为此乃"衰敝极变之候"，于是缕析由"武功极盛"至开四库馆，再到汉学背弃道学又致"人心陷溺极"这两"极"之间演进的历程：

> 乾隆三十年后，武功极盛，亘古之所未闻，海内承平，四夷实服，天下人心乃大生其奢侈，四库馆启，始以教人读书，文其疏陋，继乃大破藩篱，裂冠毁冕，一二元老倡之于上，天下之士靡然厌其所习之常，日事亲异射利争名以为捷径。复有所谓汉学者，拾贾孔之余波，研郑许之遗说，钻磨雕琢，自以为游夏之徒，其于孔子之道复背道而驰，人心陷溺极矣。于是上自公卿，下至州邑，依然不出功利刑名之见，刚愎者或贪婪而无忌，阴柔者惟逢迎以保禄，孝悌忠信、礼义廉耻之防荡然无复存者。至于海外数万里之远夷，以其隙侵侮中国，天子虽有外攘之志，而中外大臣颓焉不振，莫不惊心咋舌，罔知所为，相顾聚谋，惟以和夷为事，辱国丧师，不知愤耻，其有奋义讨敌者，反抑之以悦敌人，甚且奏请重兴异教，若恐人心陷溺犹有未尽也。

这是一幅乾隆三十年后积弊的全景图。他憧憬"天道剥极必复，帝

---

[1]　姚莹：《东溟文集》卷 1《师说上》，载施立业点校《桐城派名家文集 6·姚莹集》，第 11 页。

德王道于焉大明，一洗腥秽，息邪说以正人心，不在今日乎？"[1] 由"剥极"到"极变"，几个"极"字，尽现战败对积弊运势的彰显，以及姚氏对积势之"极"的痛心疾首。

在引人瞩目的"风俗""人心"背后，积势更为根本。无"积"不成"习"与"势"、不成"人心"与"风俗"，它们本身就是带有"积"的因果逻辑与特质的概念。"人心""风俗"是"积"的结果，也是"习""势"的表现，尤其是颇具道德意味的表现。积势的表现是风俗，关键是士习，但积势作为一个阶段性、整体性的问题，并非风俗、士习可以概括净尽。风俗是作为结果的时代道德状况与社会风貌，积势还包括了作为动因的"积"、作为气运与趋势结果的"势"。积势的演生逻辑与动力成因是"积"，如果说清中叶的积弊包括社会经济的发展与人的治理实践中（如制度、政策与具体的治理行为）的负面积累，积习是人在以上积弊的环境中形成的习惯与模式，裹挟而难以抗衡的积势则是两者造成的更深层次、更具整体性的累聚、综合与抽象的结果，是世势。相对于风俗的道德批判指向以及由此关联的世道国运，积势更直接地与治理相关，治理之弊积而成势，更直接地表征着治理的弊病之深刻、整体与难以逆转，表征着国势的走向，世运之感更为突出。

第二节 以"积德"抗"积弊"

虽然时人感到"气数与人事合并，沉溺而不可救"，但毕竟"霜

---

[1]　姚莹：《中复堂遗稿》卷1《黄右爱近思录集说序》，载施立业点校《桐城派名家文集6·姚莹集》，第703页。

　　　　　　　　积弊：清朝的中叶困境与周期感知

未冰，月几望"，还有转机。[1] "务其大者远者，然后不苟宴安以苟天下国家；不苟宴安以苟天下国家，然后涤昨非而理今是。……太平以蒸，然后山陬海澨，罔不率俾。"[2] 立身太平，应对积势，时人意识到"尚变"以去弊的必要性："事有积之已久则弊，而守之以固则枯；坏之已甚则匮，而处之以暗则愚。振之以大声疾呼则訾其激，而荒之以流心佚志则厚其羞；料之以深识早计则嫌其噪，而呕之以颓光倒景则郁其忧。无以，则尚变乎！"[3] 所尚之"变"就是去弊。汤鹏以"丰草""颠木"喻"弊政"，申论"变之时义大矣哉"，去弊是必要的，也是可能的：

> 此四十变者得，而乱如不塞，治如不兴，无是理也。《诗》曰："薄厥丰草，种之黄茂。"《书》曰："若颠木之有由蘖。"循乎《诗》之言，丰草不去而不可以稼也，犹之乎弊政不变而不可以国也。循乎《书》之言，颠木虽甚而可以蘖也，犹之乎弊政虽甚而可以变也。噫！变之时义大矣！[4]

积弊乃承平之忧，在此太平光景与心境中，时人对去弊持"继世"而"自改革"的思路。管同极言继世相承而"自变之"：

> 有其美而不能自持，故自古无不衰之国，周、汉是也。有其敝而力能自变，则国虽倾覆而可以中兴，东汉是也。今者继

---

[1] 魏源：《默觚下·治篇十一》，载氏著《魏源集》上册，第70页。

[2] 汤鹏：《浮邱子》卷12《释忧》，载氏著《汤鹏集》第1册，第347页。

[3] 汤鹏：《浮邱子》卷5《尚变》，载氏著《汤鹏集》第1册，第119页。

[4] 汤鹏：《浮邱子》卷5《尚变》，载氏著《汤鹏集》第1册，第126页。

世相承，则举而变之，事易而功倍矣。此当今之首务也。[1]

龚自珍认为，本朝可以通过"自改革"而避免易姓鼎革去弊的历史教训。"无八百年不夷之天下，天下有万亿年不夷之道"，天并非"不乐一姓"，鬼并非"不享一姓"，只是因为主政者"拘一祖之法，惮千夫之议"，酿成"听其自脶，以俟踵兴者之改图"的后果，才导致必改朝易姓方能除制度积弊。他希望当朝明白这个易姓与去弊的因果关系，认识到"《易》曰：'穷则变，变则通，通则久。'非为黄帝以来六七姓括言之也，为一姓劝豫也"的通变逻辑的目的实为改革劝谕而非历史规律总结，省悟"一祖之法无不敝，千夫之议无不靡"，"将败则豫师来姓，又将败则豫师来姓"，从而以"自改革"克服政治鼎革："与其赠来者以劲改革，孰若自改革？"[2]姚椿认为，当朝可以"保世滋大"，实现"治世中兴"。"中兴"分为"乱世之中兴，治世之中兴"两种："乱世之中兴"，即"继乱世"能"扫除而作新之"，"其道因而兼创，有若夏之少康、周之宣王、汉之光武"；"治世之中兴"，即"继治世"能"怠则整齐而严肃之，猛则休养而生息之"，"其道亦因而兼创，有若商之太甲、周之成王、汉之昭帝"。他意在论说的，当然是后者：汉昭帝、唐宪宗、唐武宗、宋仁宗、宋孝宗、明孝宗，虽功烈或"不克终"，或"未有丰功伟业可以大过人者"，但都足称继治世而中兴："夫所谓中兴者，非功名武勇之为难，而保世滋大之为贵。"[3]

---

[1]　管同：《拟言风俗书》，载施立业点校《桐城派名家文集5·管同集》，第33页。

[2]　龚自珍：《乙丙之际箸议第七》，载氏著《龚自珍全集》，第6页。

[3]　姚椿：《中兴论》，载查昌国点校《桐城派名家文集2·姚椿集》，合肥：安徽教育出版社，2014年，第4页。

承平百七十年，积弊之势已成，时人深感"积"的严重，亟思其内在逻辑以应对之。对于去弊之道，孙鼎臣总结为"原始要终"而后去之："治天下之弊，当究其弊之始终，得其所由生，与其所终极，去之而利自见。"[1] 汤鹏提出更具治道之形而上意味的"审积"，可谓此时代潮流之重要反映与强音。

汤鹏认为，国运由"积"而成：

> 君子审物以知人，审人以知政，审政以知俗，审俗以知运。……物不格，则学不邃；学不邃，则积盲妄；积盲妄，则喜任臆；喜任臆，则必倒颠。道义不树，则气不直；气不直，则积柔桡；积柔桡，则苦多端；苦多端，则必诡随。诡随者，人材坏；倒颠者，国运降。[2]

他更从一般规律层面指出："夫事必稽其积也，政必塞其罅也。不稽其积，而治其流，流莫止矣。不塞其罅，而治其匮，匮莫补矣。"[3] 要再致太平，就必审积而通"变"："君子求去患害而致太平，故去执从通。求去执从通，故审于三者之用。三者之用曷谓也？一曰审积，二曰审众，三曰审变。""积"因岁月深浅而机理不同，要准确地判断并据以揃剔之，是很难的：

> 凡俗之敝也，有积之数年而苶然，有积之数十年而苶然，有积之数百年而苶然。积之数年，故根实未大；根实未大，故

---

[1] 孙鼎臣：《论盐二》，载氏著《刍论》卷1，第32页。

[2] 汤鹏：《浮邱子》卷6《审类》，载氏著《汤鹏集》第1册，第174页。

[3] 汤鹏：《浮邱子》卷10《辨荒》，载氏著《汤鹏集》第1册，第299页。

枝叶鲜少；枝叶鲜少，故揃剔最易。积之数十年，故根实渐
牢；根实渐牢，故枝叶披纷；枝叶披纷，故揃剔较难。积之数
百年，故根实盘互；根实盘互，故枝叶弥满；枝叶弥满，故揃
剔大窘。君子谓数十年之积，以揃剔数年之积者揃剔之，不惟
弗揃剔也，又滋蒙焉；数百年之积，以揃剔数十年之积者揃剔
之，不惟弗揃剔也，又滋蒙焉。

"数百年之积"，积势已固，去之实难，但还是有办法的，"揃剔"便
要"洁""苏"："君子惧其蒙也，则得其所以揃剔斯积者也；洁其
积之所甘而予之，苏其积之所苦而塞之。"其要义是"以物予物，以
物塞物"："洁其积之所甘而予之者，匪我予物也，物予物也。苏其
积之所苦而塞之者，匪我塞物也，物塞物也。"汤氏解释何以如此：

我予物，故受者疑。物予物，故受者恒。受者恒，故日用
饮食便；日用饮食便，故无所于消沮闭藏；无所于消沮闭藏，
故包羞丛悔者寡。我塞物，故闻者恐。物塞物，故闻者平。闻
者平，故草窃奸宄息；草窃奸宄息，故无所于拨剌桡乱；无所
于拨剌桡乱，故省事蓄用者众。此谓审积。[1]

这就是审积的要义所在。审积既是认识论，也是方法论。规避
"疑""恐"，力求"恒""平"，使"包羞丛悔者寡"，而"省事蓄用者众"，
是去弊改良而非颠覆的价值遵循。

循此思路，积弊就是政"荒"，要从十二种表现来察其原委：

---

[1]　汤鹏：《浮邱子》卷4《训通》，载氏著《汤鹏集》第1册，第116页。

周以十二荒政聚万民，而君子以十二荒原治君臣上下之人。十二荒原维何？一曰原陋，二曰原傲，三曰原噪，四曰原诈，五曰原碎，六曰原苛，七曰原壅，八曰原比，九曰原欺，十曰原媾，十有一曰原杂，十有二曰原贪。

这亟待"原"之的"十二荒"，恰与清中叶的积弊相对应，可谓针对当时积弊之局、积弊之象而发。"十二荒"由弊而致国、民之颓势，要一一"原"之，审明"荒原"，以"治君臣上下之人"，进而改善政治以"聚万民"：

原陋生猎，古制乃坏，国乃卑，民乃不振，此陋为荒原一。原傲生肆，己心乃大，国乃横，民乃不宁，此傲为荒原二。原噪生嚣，风尚乃桡，国乃移，民乃不齐，此噪为荒原三。原诈生诡，性始乃枝，国乃滑，民乃不常，此诈为荒原四。原碎生丑，名数乃繁，国乃散，民乃不适，此碎为荒原五。原苛生惨，刑用乃烈，国乃毒，民乃不毓，此苛为荒原六。原壅生敝，门窦乃奥，国乃盲，民乃不章，此壅为荒原七。原比生群，羽翼乃丰，国乃纷，民乃不衷，此比为荒原八。原欺生谩，文貌乃滥，国乃饰，民乃不入，此欺为荒原九。原媾生委，精气乃毁，国乃寄，民乃不葆，此媾为荒原十。原杂生垢，名分乃裂，国乃辱，民乃不向，此杂为荒原十有一。原贪生媟，行检乃亏，国乃耻，民乃不根，此贪为荒原十有二。[1]

---

[1] 汤鹏：《浮邱子》卷10《辨荒》，载氏著《汤鹏集》第1册，第299—300页。

审积如此重要，为应对积弊的逻辑起点。积势是风俗败坏的根蒂，从去弊来说，汤鹏认为亦必审积方能"训俗"："训俗而不审积，犹火销膏而责其照幽也，犹寒累时而厌霜降，温兼旬而厌冰释也；犹痈疽生而禁其脓血勿聚也。"这是因为："干气数而不审变，犹教饥者以贫窭自安，毋与以橡菽而饱之；贵溺者以挤坠自致，毋与以绳索而援之也。"[1]

"积"从"萌"起，辨萌、治萌就是审积的题中之义。汤鹏总结有"暗萌之说二十，弱萌之说二十，危萌之说二十"，皆与时弊相应，又如："凡体格尊而心膂隔，丰棱厉而精意衰者，暗萌也……危萌之说维何？凡文恬武熙（嬉）而无奋志，大倡小和而无特识，福倚祸伏而无早计者，危萌也。"[2]"萌"皆与"积"对应，为"积"之起，如："凡名号伟而阿谀盛，法纪存而奉行伪者，弱萌也。积衷之所至，有爱而兼有薄；积政之所至，有及而兼有梗；积言之所至，有然而兼有疑者，弱萌也。"[3]所以，治国的重点是"治萌"：

> 君子之于天下国家也，谨治其萌，以用其极云尔。然而事乃有大缪不然者，圣者之所严，狂者之所易，静者之所及，噪者之所差，其莫如萌乎？其在《黍离》之诗曰："知我者谓我心忧，不知我者谓我何求。"《园有桃》之诗曰："心之忧矣，其谁知之？其谁知之，盖亦勿思。"是岂不以众皆夸咤淫康，而君子独劳心早计，谨治其萌矣乎？[4]

---

[1]　汤鹏：《浮邱子》卷4《训通》，载氏著《汤鹏集》第1册，第117—118页。

[2]　汤鹏：《浮邱子》卷2《辨萌》，载氏著《汤鹏集》第1册，第51、53页。

[3]　汤鹏：《浮邱子》卷2《辨萌》，载氏著《汤鹏集》第1册，第52页。

[4]　汤鹏：《浮邱子》卷2《辨萌》，载氏著《汤鹏集》第1册，第54—55页。

他认为，要从"萌"之芽蘗而非从既成事实之表象着手："治其萌，毋治其既也。於乎！治其既者，不能治其既者也。治其萌者，不待其既知其萌者也。"[1] 从"萌"观积弊已致之敝，善于治"萌"，方得治道久长：

> 春之必为夏也，兴者萌也；秋之必为冬也，耗者萌也。草木有华，何为其落也？落生于吹，吹生于风。衣裳在笥，何为其敝也？敝生于隙，隙生于虫。杀其虫，塞其隙，衣裳乃新。障其风，止其吹，草木乃蕃。是故古今得失之林，治其既者亡，治其萌者昌。治其萌以用其极者，匪帝则王。[2]

"夫事势将穷必当变。"[3]治萌而去既敝，反繁冗积势于简易，这是势穷则变、逆势而反的哲学和变革路线。汤鹏认为，治国有"三愚"与"三智"的对比，是生死之别："且夫生于忧患，则三智生之；死于安乐，则三愚死之。"三愚是"愚于性，愚于才，愚于势"，三智是"智于理，智于防，智于幾"，以"理、防、幾"的智慧来应对"势"，就是逆转积势。[4]积势固然难返，但仍可以"理"转"势"。宋明理学家对"理"与"势"关系的辨明，对"天下有定理而无定势""理尊于势"的树立，在此发挥了指引作用。[5] "君子握理，小

---

[1] 汤鹏：《浮邱子》卷2《辨萌》，载氏著《汤鹏集》第1册，第51页。

[2] 汤鹏：《浮邱子》卷2《辨萌》，载氏著《汤鹏集》第1册，第55页。

[3] 姚莹：《东溟文后集》卷2《再上陶制府北课融销南引议》，载施立业点校《桐城派名家文集6·姚莹集》，第175页。

[4] 汤鹏：《浮邱子》卷12《释忧》，载氏著《汤鹏集》第1册，第345页。

[5] 孙明：《治道之统：传统中国政治思想的原型与定型》，北京：生活·读书·新知三联书店，2023年，第388页。

人握势。"虽然"君子握理而兼握势，则君子胜。小人握势，而君子未如之何，则小人胜"，但"有胜理则必有胜势"。可见，"理"具有优先性，可以转移"势"。"有贤而识之晚，有愚而弗思其反，消长之大凡，古今之大塞也"，君子与小人、理与势的辩证，正是为了察"消长"而"思其反"。[1]

在以文质消长循环讲世势的观念世界中，积势就是"文"之势，但文质循环，盛极复反，得此"理"即可"矫"之而成反向之势："质之不得不变而文也，势也；文之不得不变而质也，亦势也。势之所成，因而通之天下，于是不倦。势之所极，矫而张之天下，于是不穷。"[2] 魏源由此讲"忧患"，治乱之久皆生"习"，"习"久必反："君子读《二雅》至厉、宣、幽、平之际，读《国风》至《二南》《豳》之《诗》，喟然曰：六经其皆圣人忧患之书乎！'天下之生久矣，一治一乱'；治久习安，安生乐，乐生乱；乱久习患，患生忧，忧生治。"在这个治乱循环中，"逆"是关键动力：

> 《洪范》贵不列于五福，崇高者忧劳之地，非安享之地也。康庄之仁我也，不如太行。故真人之养生，圣人之养性，帝王之祈天永命，皆忧惧以为本焉。真人逆精以反气，圣人逆情以复性，帝王逆气运以拨乱反治。逆则生，顺则夭矣；逆则圣，顺则狂矣。草木不霜雪，则生意不固；人不忧患，则智慧不

---

[1] 汤鹏：《浮邱子》卷3《乙缪》，载氏著《汤鹏集》第1册，第67—68页。

[2] 张惠言：《文质论》，载氏著《茗柯文编》，第171页。张灏强调了类似论说中所蕴含的"理势合一"史观："'势'显然蕴含着理。但重要的是：它不仅蕴含着理，也意味着人世演变递嬗的客观趋势。"（《宋明以来儒家经世思想试释》，载"中央研究院"近代史研究所编《近世中国经世思想研讨会论文集》，第15页）

成。大哉《易》之为逆数乎！五行不顺生，相克乃相成乎！鱼逆水则鳞不赪，禽逆风则毛不横。《诗》曰："譬彼舟流，不知所届。心之忧矣，不遑假寐。"顺流之可畏也如是夫！ [1]

真人、圣人、帝王皆以"逆"而成，由"逆"方能达致反气、复性、拨乱反治，诚可谓"逆则生，顺则夭矣；逆则圣，顺则狂矣"。

这个文质循环总是在"文胜于质"时受到重视，它不是任意往复，而是有方向的。如果说由质而文是社会发展的必然趋势，那么逆文、矫文而反质，就是主政者所当为。与明人面对繁华而反思奢俭不同，清人忧虑之所在是繁华后的复杂社会治理与承平既久的政风冗琐。"逆"意味着化繁为简，社会越是复杂，越要以"易简"之道对治行政积弊，使法度与治理归于简易，激活治理与制度体系的效能，进而焕发社会活力。前章已专论制度体系回归本意，这里再从时人各种关于去"积"的思考之整体续论之。魏源提出，王道以简易为近功，为政得其要，成大体，去除琐细的行政积习，使令行禁止，成善政、圣功：

> 《诗》言"岂弟君子"者十有八，说者曰："岂弟，乐易也。""乾以易知，坤以简能；易则易知，简则易从；易知则有亲，易从则有功。"大哉岂弟之为德乎！世言王道无近功，此不知王道之言也。知者知之，愚者不知，不可以教民；巧者能之，拙者不能，不可以治民。非令下如流水之原，不可为善政；非立效如时雨之降，不可以为圣功；谓王道无近功者，未

---

[1]　魏源：《默觚下·治篇二》，载氏著《魏源集》上册，第42—43页。

得其要也。主好要则百事详，主好详则百事荒。知岂弟不岂弟之分，则知王伯矣；知岂弟不岂弟之分，则知君子小人矣。后世人主之岂弟者，其汉文帝、宋仁宗乎！反乎岂弟者，其汉武帝之桑弘、宋神宗之安石乎！《诗》曰："谁能烹鱼？溉之釜鬻。"言烹鱼烦则碎，治民烦则乱，是以治大国若烹小鲜。[1]

针对长期承平使得人口繁众、良莠不齐，松筠建议以简易之法治之："国家承平日久，生齿日繁，秀顽杂出，正当疏节阔目，治其大纲，使之有所容而不为害，所谓'网漏吞舟之鱼'而治蒸蒸日进于古者，此也。"[2] 孙鼎臣论盐法去弊以归于简易：

> 立天下之法，必要于简易，使其民易知易从。后世盐法所以不行而滋弊者，太难与太繁之故也。原其意，非是无以笼其利而无遗，然至于格而不行，吾未见其利之安在也，其为计亦左矣。盐法积弊如是，利薮所必致。

郭嵩焘识曰："盐法必数十年一变。大利所在，弊因而起，行之既久，则弊之积也必厚，故尝与变而通之。商引之行，垂四百年，弊之积也厚矣。变通之利，其在斯乎！"[3] "变而通之"的路径，就是做减法。

魏源认为，积弊就是制度与治理"失其本"的过程，积势"不

---

[1] 魏源：《默觚下·治篇二》，载氏著《魏源集》上册，第43—44页。

[2] 沈垚：《落帆楼文集》卷5《松筠公事略》，载《清代诗文集汇编》第598册，第69页。

[3] 孙鼎臣：《论盐一》，载氏著《刍论》卷1，第30页。

已"，故"本意亡"。随着"不足""觊觎""僭越""攘夺"的积势日重、秩序日乱，天下可忧，只有以"一"为目标，损益文质方能治天下：

> 礼乐野人从先进，欲反周末之文于忠、质也。炳兮焕兮，日益之患兮；寂兮寞兮，日损之乐兮；能知损之益、益之损者，可以治天下矣。帝王之道贵守一，质俭非一也而去一近，故可守焉，非若奢、文之去一远也。《诗》曰："不思其反，反是不思，亦已焉哉！"[1]

积而忘本，逆而抗销积势。这就是归根复本返于"一"的哲学：

> 君子之于道也，始于一，韬于一，积于一，优游般乐于一。一生变，变生化，化生无穷。所谓一者何也？地之中也有土圭，道之中也有土圭。九流诸子裂道一隅而自霸，道其任裂与？事在四方，道在中央，圣人执要，四方来效。……然则株守夫一者，何以适夫千变、全乎大用欤？举一隅，不足反三隅，望之尽，指之无余，何以阴嘬而阳哕，何以海涵而坤负欤？观乎天文以察变，观乎地文以理孙，观乎人文以化成，语乎其并包无垠者也。[2]

在《老子本义》中，魏源称之"无为之为"：

> 盖道以虚为体，以弱为用，无事乎实与强也，故可实者惟

---

[1] 魏源：《默觚下·治篇十四》，载氏著《魏源集》上册，第77页。

[2] 魏源：《默觚下·治篇十一》，载氏著《魏源集》上册，第29页。

腹而已，可强者惟骨而已。以虚、弱为心志，而置强、实于无
用之地，则其心志常无知无欲矣。无知无欲则无为，纵有聪明
知识者出，欲有所作为而自不敢为。无为之为，民返于朴而不
自知，夫安有不治哉？[1]

通过这种方式，魏源认为可以达到"以质止文"的效果：

> 夫万物自化，则任其自生自息而已。自生自息而气运日趋
> 于文，将复有欲心萌作于其间。苟无以镇之，则太古降为三代，
> 三代降为后世，其谁止之？然镇之亦岂能有所为？亦镇之以无
> 名之朴而已。无名之朴者，以静镇动，以质止文，以淳化巧，
> 使其欲心虽将作焉而不得，将释然自反而无欲矣。无欲则静，
> 静则正，而返于无名之朴矣，所谓"我无欲而民自朴，我好静
> 而民自正"。[2]

通过制度返本，使人无欲，人心朴厚，不再有钻制度漏洞的机心，
天下复得治。

这个返归"易简"的机制，其动力与目标是"无为之为"，而
非纯任自然的简单无为。李兆洛认为，与大乱之后国初的保养不同，
针对太平日久而积弊，这个逆势之理是"散"，而非"锢"：

> 先生曰：贾谊《治安策》谁不知其好？问其所以好处，又

---

[1]　魏源：《老子本义・上篇》，载氏著《魏源全集》第 2 册，龙小同校点，长沙：岳
　　　麓书社，2004 年，第 658 页。

[2]　魏源：《老子本义・上篇》，载氏著《魏源全集》第 2 册，第 689 页。

谁人说得出？反复寻玩，方知其一篇次第先后缓急，煞有道理，当时列国过制，为汉心腹之疾，故首论之为第一段，论匈奴是第二段，论谕教太子是第三段，若从宋儒手，必以谕教为第一义，以为培养元气，殊不知治国如治病，先发散而后调理，不究其疾所入之处，攻而去之，只要培养，将前日所中风寒尽锢在里面，终至不可治。贾生谕教太子之议，洞彻本原，礼大臣之议，深识国体，而此时侯王僭越，犹抱火于积薪之下而寝其上，首为痛哭言之，此为识时务。[1]

他复为论证：

> 以黄老治天下，只有汉初。汉承大乱之后，万物动而思静，此时只管与他休息，不要去劳动他，自尔蒸蒸有生意。譬如小儿始生时，只要鞠育之，无须多事，稍长便要调护之、节制之，及其壮大，则要教训他、劳苦他，不可听其自便，若穿衣、吃饭、逸欲而无所事，不死即病。[2]

所以这是无为之有为，并非简单机械理解的黄老之无为。

这种"无为之为"的立场，显示了时人所持乃是中道，并非追求简单机械地回到自然无为的原始状态。他们希望去除积弊与积势，但要返归的仍是一个文治的、财富积聚而又治理有效、能成善政圣功的复杂治理与复杂社会，是儒家理想中的礼乐王道之治，尽管他

---

[1] 李兆洛述，蒋彤辑：《暨阳答问》卷1，载《丛书集成续编》第88册，第622页。

[2] 李兆洛述，蒋彤辑：《暨阳答问》卷2，载《丛书集成续编》第88册，第623页。

们不时调动老子等其他诸子的思想资源辅成其论。在这个文质彬彬的礼乐世界中，"简易"是辩证的，而非机械的。

李兆洛认为周礼是制度之治的最佳状态，希望以之损益今法以达"治法"："《周礼》不可不熟读，天下之大、兆民之众、庶务之烦冗，天子一人兀然坐在殿上，教他如何治得？看《周礼》纲纪条目斟酌安放，无不尽善，乃晓得天下是有个治法。"[1]《周礼》并非文胜于质，而是文质彬彬之治法：

> 礼至周而极盛，盖时运如此，不得不尔。其调和处应弦合节，其谨严处重规叠矩，郁郁乎文哉！礼到周公，无以复加。"周末文胜"四字，义亦未确。盖周末人心不靖，士僭大夫、大夫僭诸侯、诸侯僭天子，非所谓"文胜"，乃所谓"越分"。至于繁文缛节，琐碎不堪，更算不得"文胜"。[2]

面对蒋彤对制度积弊的指摘，李兆洛再为匡正，重申周公制礼可比天地而垂后世，亦即强调制度之治的重要性：

> （蒋彤）问：《五帝本纪》绎其文义，叙黄帝不甚详密，只约略数语，便见弥天际地力量，自颛顼至帝喾渐渐详密，至尧舜之纪，命官考职井然粲然，较帝喾以上迥改观矣。虽《尚书》始于唐虞，以上书籍无考，史公想象时势而为之说，亦可见自朴而文、自粗而精，五帝相距数百年已如此，况自虞氏、历夏

---

[1] 李兆洛述，蒋彤辑：《暨阳答问》卷1，载《丛书集成续编》第88册，第620页。

[2] 李兆洛述，蒋彤辑：《暨阳答问》卷1，载《丛书集成续编》第88册，第621页。

商，千余年间到周公，自然如此精密，密则乱如丝缕，积弊之势几于不可行，始皇焚坑之祸乃有自来乎！

夫子曰：然然。周公之功自与天地并，周礼虽有残缺，后王尚知治天下不可无礼，傍周礼成就模范，总赖此周公在。[1]

魏源用"以道制器"论"无为而为"，亦是此意：

以道制器，则器反为朴。盖无为而为、自然而然，其视天下之理，如庖丁之视牛，恢恢乎其有余刃，是虽宰制而未尝割裂其朴也。道可君器，器不可宰道。……器、长皆言圣人执本御末之道也。……朴虽散而不失其本，则已散如未散。圣人虽用而不离其体，则已用如未用。是则不制之制，斯为大制；不用之用，斯为大用也。[2]

坚持"道"的重要性，而落脚在器、制、用上，在"圣人执本御末之道"的指挥下，达到不制之制、不用之用的效果，从而"朴虽散而不失其本"。君王要以道驭"制"：

道以无名为常，故但可名以无名之朴而已。……夫侯王之守朴，守其无者而已。守其无名，始可以制有名。制者，裁其朴而分之，礼、乐、政、刑皆自取也。然苟逐末而忘本，将愈远而失宗。是故无过情，无多求，仍贵其止。止者，镇之以

[1] 李兆洛述，蒋彤辑：《暨阳答问》卷4，载《丛书集成续编》第88册，第627页。
[2] 魏源：《老子本义·上篇》，载氏著《魏源全集》第2册，第680页。

无名之朴而已。

同时，君王也要以器守道，"以有名守无名"，以王制守常道：

> 由无名以制有名，故器以生；复以有名守无名，故朴不
> 散。夫何不知常、妄作凶之有！是故道之在天下，犹水之在
> 江海，自本而末，末而不离其本也。为侯王者，可不守朴以
> 御物乎？[1]

张惠言认为，守本合道，追求文质彬彬的礼乐之治，这是理想
的治理："盖君子之于礼乐也，赅其本，备其末，范其过中不及而一
于道，故曰无本不立，无文不行，文质彬彬，然后君子。'三代'所
以教士，皆以此也。"文质不能完全达到理想的平衡状态，偏重一方
则日积而不能止，要靠圣人矫正而返于平衡："至于民，则视其所将
入者而防之，视其所既敝者而矫之。盖防倾者必持其末，矫枉者必过
其直，既道之所用在此，则其势不得不偏重。偏重焉，而既至其平，
则圣人又将有变焉。不幸而无圣人，则其重遂日积而不可止。"[2]这就
出现了"积势偏重"与"文质循环之势"两个"势"，前者主"积"，
后者主"变"。要遵循文质损益之规律，通变逆解积重之势：

> 天下之势，盛则流，流则穷，穷则思反。当其盛也，天下
> 知其适不知其敝也，圣人从而通其变，潜移默率，而使之不流，

---

[1] 魏源：《老子本义·上篇》，载氏著《魏源全集》第 2 册，第 684 页。

[2] 张惠言：《答吴仲伦论文质书》，载氏著《茗柯文编》，第 196 页。

故可以长久，夏之继虞是也。五帝之治，皆此道也。及其既穷也，天下卒卒焉苦之，而不知所归，圣人挈其势而振之，故一旦尽反而从我，殷周是也。后有作者，百世可知也。故圣人近生，则文质百年而一易，远则数百年千年，必得圣人而后能易；然其相代之势，则未尝改也。

其归处，固然不是繁文，却也不是陋简，而是文质彬彬的礼乐之治，这是治道之中："一代之兴，必更制度，作礼乐，移风易俗。非有所明著其教，则上下不可以相喻，而化不兴，俗不成。故主文主质者，非道之中也，所由适于礼乐之路也。"[1] 衣食、舟车、器械、宫室等礼治载体，不应成为去除繁文的革除对象："衣之于裘葛，食之于和味，舟车宫室器械之用，世更世变，要于其便而止，此所以生人者，非所以为文质也。"[2] 以释、老二氏之说而毁去礼乐，归于自然清净，是文积日重之世的误解，不过是"异端乘其隙"，只会使得质与文皆丧：

> 五帝三代以来，圣人之所以为文为质者，后世不察也。学者徒见周之后无圣人以反之质，因以为质之趋文，如江河之下而不可挽。呜呼，惑矣！夫自周以来，天下之势未尝一日不欲反于质，特无圣人为之道尔。今夫蔬菜之味，常不足以胜粱肉也，然至饫珍腴之馔，饱膻香之膳，未尝不思蔬菜也。周之衰，天下相渎以文，而先王所以治天下者，皆足以乱天下；故其强

---

[1] 张惠言：《文质论》，载氏著《茗柯文编》，第 170 页。

[2] 张惠言：《文质论》，载氏著《茗柯文编》，第 171 页。

者不胜其愤，而决然破坏之，齐之以一切之术，申、商是也。其祸起于民之敝于文也。当此之时，圣人不作，忧世之士，目见其敝之至此，而无以善之。故庄周、列御寇之徒，造为虚无清静之道，尽去其委曲繁重之法，而归于自然。至于佛氏之教出，遂并其父子君臣而皆去之，而天下翕然乐其说。夫老、佛之说，其荒远诡怪岂遂足以愚天下？而天下乐之者，足以见民之病于文而思反也。盖逃空虚者，见其似人者而喜矣。民思反质而不得其道，则见其矫于文者而乐之，其势然也。历观汉唐以后得天下者，莫不崇简易、尚惇朴，而无以成其教，则民俗不变，治亦不长。盖民之欲反质之势千有余岁而未尝改，而迄不得圣人为之，遂坏乱而不救，使异端得以乘其隙，可慨也。后世之民，日益苟简，起立、拜跪、周旋、裼袭之数，仅有存者，质既尽丧，而复相与自去其文，治天下者，得不早为之所哉？[1]

中叶繁文积弊的时代背景下，张惠言对由文返质非常敏感而迫切，将当代积弊置入了"三代"以降繁文积势不止的宏观背景，放大了这一历史总结，字字皆是对当时积弊势重所发，但又坚持礼乐王道的治理范式，坚持宋儒以来始终重视的辟释、老二氏之学而辨明儒家道统这一根本立场。

消积去弊，不是以通过平均主义的方式归于简单社会，而是要推行礼乐之治。具体而言，表现为"教之"与"养之"相系、礼乐与田产相维诸端，显见于对"富民"的态度。去"积"不是清零和绝对平均，魏源论"保富"之必要：

---

[1] 张惠言：《文质论》，载氏著《茗柯文编》，第171—172页。

使人不暇顾廉耻，则国必衰；使人不敢顾家业，则国必亡。善赋民者，譬植柳乎，薪其枝叶而培其本根；不善赋民者，譬则剪韭乎，日剪一畦，不罄不止。《周官》保富之法，诚以富民一方之元气……[1]

王政不是俭啬，而是博施，保富的最终目的是保之使任恤其乡，乃"元气"之真义。富户本身不是"元气"，富而不俭、不啬，能施其乡，才是"元气"。这是去积的辩证法，以不去而导之为去："俭，美德也；禁奢崇俭，美政也。然可以励上，不可以律下；可以训贫，不可以规富。《周礼》保富，保之使任恤其乡，非保之使啬啬于一己也。……王者藏富于民。"[2]李兆洛亦讲"封殖"以"尽其材"，反对"蹭践其根，使不得直遂其性"：

（蒋彤）问：古户口少，天地之气凝而厚，今生齿繁，山川之精散而薄。古今人材不相及以此欤？

曰：非也。才何地不生，何时不生，培才如树木一般，譬如这庭中之桃，不种自生，余封殖之，其有相害者芟除之，将来自尔长成，所谓尽其材也。若不问美恶，辄加斧斤，则嘉芭毒卉同归于尽，此犹可委之于命，尤有一种可痛可恨者，不去封殖，又不竟加斧斤，只是蹭践其根，使不得直遂其性，而其气力又不可遏抑，便尔横生。[3]

---

[1] 魏源：《默觚下·治篇十四》，载氏著《魏源集》上册，第 78 页。

[2] 魏源：《默觚下·治篇十四》，载氏著《魏源集》上册，第 78 页。

[3] 李兆洛述，蒋彤辑：《暨阳答问》卷 2，载《丛书集成续编》第 88 册，第 624 页。

不放任无为，亦不强制，而是"封殖之"，又以"不齐为齐"的辩证法论证由保富民而保太平：

> 问：以有余补不足，天下可无贫者？
>
> 曰：夫物之不齐，物之情也。若就其有贫富而均之，必至大乱。后魏限田法庶可行，然亦有不可行者。[1]

姚莹论治台，亦颇以富民为意：

> 所尤虑者，台湾在昔颇有沃土之称，民多旷土可开，官亦宽大为政，是以地方遇警，官民趋事赴功皆不致竭蹶。自嘉庆以来，地利尽辟，野无旷土，生齿日繁，民无余资，情形已不如昔。至十一年蔡逆扰乱，南北骚然，继以十五年漳、泉分类械斗，民日凋敝。……（道光时，民困于劫夺、口食、财用）昔之富商大户存者十无二三，是以词讼日繁，赋多逋欠，元气益荡然矣。民困既甚，官即随之。[2]

从国家财政这一直接角度来看也是如此："自古善谋国者，必固其本，故保民而后有赋，保商而后有税。世安有民穷商困而赋税能长盈者乎？"[3] 亦如陶澍所论："商之消亡不足惜，而国家财赋重件，

---

[1] 李兆洛述，蒋彤辑：《暨阳答问》卷4，载《丛书集成续编》第88册，第628页。

[2] 姚莹：《东溟文后集》卷6《上督抚言全台大局书》，载施立业点校《桐城派名家文集6·姚莹集》，第245页。

[3] 姚莹：《东溟文后集》卷6《覆陶制军言盐务书》，载施立业点校《桐城派名家文集6·姚莹集》，第236页。

究未可坐听消亡。弊在商，则应惩商；弊在官，则应惩官。庶几稍资整顿，藉图后效。"[1] 保商去弊以保财赋，是大吏的为政之道。

由此中道去积，"易简"之道不过是方法与途径，目标终归于治理及物涵养之"道德"。魏源曾颇具"进化"观念地论说历史与治理发展大势之所趋，不可能返于自然：

> 神气化形体……水火复化神气。其来也涳不可阏，其成也坚不可铄。虽古之圣王，不能使甲兵之世复还于无甲兵，而但能以甲兵止甲兵也；不能使刑狱之世复还于无刑狱，而但[能]以刑狱止刑狱也；不能使歌舞之世复还于无歌舞，而但能以歌舞为礼乐也。

应该追求的目标是，礼乐而归于道德：

> 刑狱甲兵归于歌舞，歌舞归于礼乐，礼乐归于道德，则不肃而严，不怒而威，不侈靡而乐。是以圣王之治，以事功销祸乱，以道德销事功；逆而泯之，不顺而放之，沌沌乎博而圜，豚豚乎莫得其门，是谓反本复始之治。《诗》曰："维天之命，于穆不已。于乎不显，文王之德之纯。"[2]

这个从"事功"而来的"道德"，不仅是帝王个人道德，更是治理之开物成务的盛德大业，复从事功形而上化，"德形于内"，于是可以

---

[1]　陶澍：《覆两湖讷制军书》，载氏著《陶澍全集（修订版）》第 6 册，第 434 页。

[2]　魏源：《默觚下·治篇十四》，载氏著《魏源集》上册，第 77—78 页。

"销事功"。这是"道德功力"格局中的"道德",是程朱理学家常说的"全体大用",是治理的最高境界。"保富""封殖"可通往国家治理造就之"道德"。[1]

积德可与积弊对垒,互为抵消、对冲。积德之"名"与积弊之"名"恰成对照:"尔乃淳积成运,运积成淑,淑积成群,群积成名,是谓懋美之名。尔乃浇积成运,运积成慝,慝积成群,群积成名,是谓杂沓之名。"正反成双,两两对比,如:伦魁之名与仳小之名,英鸷之名与婿阤之名,妍秘之名与芜昧之名,踔绝之名与惯眊之名,贤哲之名与险诐之名,伉厉之名与猗违之名,善祥之名与淫酷之名,鼎重之名与垢玩之名,洁白之名与贪婪之名,阔达之名与孅啬之名等。[2]

"修勤德于事理,是故毋积于衰颓也。"[3]"勤德"的修行实践不限于个人,而是君臣群体的政治文化。上下相交相知则积为"亲""和""安"之象:"知积成亲,亲积成和,和积成安,则山川鬼神之所以灵爽,日月风云之所以成象;此道行,无所往而不为利也。"[4]大臣在治理中积德尤为重要:"斧不得柯,用不伸;主不得臣,病不治。是故上以傲,而下有积德老成之臣启其悟,折其狂","上以颓,而下有丹心浩气之臣拯其危,济其艰",否则,"上以傲,而下有承意阿偏之臣从其欲,逢其恶","上以颓,而下有震荡飘忽

---

[1]　关于政治与治道场域中的"德"的概念,"德"作为治理之德亦即政德的内涵,特别是"德"的政治生命力意涵及其在"德下衰"历史趋势下的日益衰薄,见孙明:《治道之统:传统中国政治思想的原型与定型》,第 65 页。

[2]　汤鹏:《浮邱子》卷 8《训名中》,载氏著《汤鹏集》第 1 册,第 233 页。

[3]　汤鹏:《浮邱子》卷 11《储武中》,载氏著《汤鹏集》第 1 册,第 335 页。

[4]　汤鹏:《浮邱子》卷 2《白术上》,载氏著《汤鹏集》第 1 册,第 36 页。

之臣唱其奸，生其毒"。两相对比，祸福昭然："国之福也，其犹有终"，"国之祸也，是以无终"。[1]

在儒家气运观念中，积德厚薄决定了氏族盛衰。于"家天下"而言，国运即帝王氏族之运，"德"于"世"之长短的决定作用，于焉交集。陶澍有言："凡建国，必有不祧之祖，惟家亦然。君子观其子孙之盛衰，可以知祖德之厚薄，世固未有无积累而能蕃昌者也。"[2] 从姚莹论家族盛衰由乎"葬地"抑或"观德"，亦可知此种观念之常见：

> 形家言世族盛衰由葬地详矣，而儒者陋之，谓不如观德。是二说也，未可偏废。世有无德而骤兴者矣，未有不德而能长世者也。天道有常不能无变，地理岂有殊哉？[3]

"三代"上下的治道与气运之别，实际上是积德之治与积弊之治的模式竞争，其具体结果是积德之势与积弊之势的较量。"三代"以上是积德之治，故能国祚长远；"三代"以下则不然，治道衰颓，道德积累不足，不胜积弊。"利害在积年之后，而消息在隐伏之中"，这是政治生命的哲学：

> 圣王之治天下也，其造端也微，其立体也大，其成功也缓，其收效也长。后之治天下不然，急功利而薄道德，尚智术而轻

---

[1] 汤鹏：《浮邱子》卷2《训终》，载氏著《汤鹏集》第1册，第49页。

[2] 陶澍：《印心石屋文钞》卷4《欧阳氏家庙记》，载氏著《陶澍全集（修订版）》第6册，第53页。

[3] 姚莹：《东溟文外集》卷2《先茔记》，载施立业点校《桐城派名家文集6·姚莹集》，第382页。

忠信，先法令而后礼教，尊才能而卑行谊。所争者刑名钱谷，毫厘之出入；所责者簿书期会，尺寸之短长。主德之纯疵，邦本之安危，风俗之厚薄，纪纲之清浊，利害在积年之后，而消息在隐伏之中，一切谓之迂阔，忽而不问。

清中叶的积弊之势正是此二千年史局中之一章节：

上下相求以文而不究其实，巧伪萌起，丛脞眩瞀，从而更张之，防奸而奸愈滋，救敝而敝愈甚。励精之末化为因循，英察之过积为壅蔽。问其君则早朝晏罢也，视其臣则循理奉职也。典章文物无关也，号令教条无失也，然而人材凋瘵，民心浇漓，一旦祸起变生，仓皇不知所应，鱼烂瓦解，驯至于不可为。呜呼！不可惧哉！[1]

功德、运会是积出来的，君子要善于由"积渐"而观气运：

道德之同，精神之极也。精神之极，时代之载也。君子以为物不可以自我加也，盍与天地同其流？物不可以自我毕也，盍与皇古同其运？于是积渐以观风会之蒸。蒸积久，然后风会移；风会移，然后浇为淳；浇为淳，然后治弥上；治弥上，然后止至善；止至善，然后林林总总怀；林林总总怀，然后九夷八蛮辑；九夷八蛮辑，然后山川鬼神歆；山川鬼神歆，然后甘露灵霭降；甘露灵霭降，然后草木百谷蕃；草木百谷蕃，然后

---

[1] 孙鼎臣：《苍莨初集》卷12《史议一》，载《清代诗文集汇编》第675册，第594页。

社稷固于苞桑；社稷固于苞桑，然后子孙黎民永保之；子孙黎民永保之，然后奕祀讴歌不休；奕祀讴歌不休，然后史官笔其功德，铺张而扬厉之，以继轨于唐虞三代之盛。[1]

清朝虽在"三代"以下，积弊不可避免，但亦有非常之积德："海内承平久矣，百姓仰戴圣仁乐利且二百年。"[2]

时人通过文治武功来判断，比如方东树从治法大备来肯定清朝已达到先王之治的水平："国家法令昭明，列圣权衡斟酌，百王所以范围不过者，至详且悉，其于先王之法，无以异也。"[3]文教方面尤其值得标榜，姚莹总结道："国家文治雍容，崇儒养士二百年矣。学校之兴，至于海外，俊秀之选，岁岁不绝。虽舟车所至，风气异宜，要未有不服礼教而重文士者也"[4]，尤其是"国朝汉学昌明，超轶前古"[5]。武功方面，龚自珍称颂："我朝龙飞东海，霆轟中夏。庙谟睿武，先后继承。……自帝鸿御火灾、共工定水害以来，武功之盛，未有少及本朝者也。"[6]总之，文治武功，治法治理，政教风俗，皆臻至治。

---

[1] 汤鹏：《浮邱子》卷 2《训化》，载氏著《汤鹏集》第 1 册，第 59 页。

[2] 姚莹：《东溟文集》卷 4《上韩中丞书》，载施立业点校《桐城派名家文集 6·姚莹集》，第 71 页。

[3] 方东树：《复罗月川太守书》，载氏著《考槃集文录》，黄爱平、吴杰编《中国近代思想家文库·方东树卷》，第 271—272 页。

[4] 姚莹：《东溟外集》卷 4《捐簿题引》，载施立业点校《桐城派名家文集 6·姚莹集》，第 146 页。

[5] 汪喜孙：《跋》，载江藩《国朝汉学师承记》，钟哲整理，北京：中华书局，1983 年，第 134 页。

[6] 龚自珍：《皇朝硕辅颂二十一首（存序）》，载氏著《龚自珍全集》，第 413 页。

"国家当气运隆盛时，人主大抵长寿。"[1] 清人把皇帝年寿作为国运的一个重要标识。"二百年来，圣圣相承，寿以政年。"[2] "我大清受命垂二百年，圣祖仁皇帝御极六十一年，高宗纯皇帝亦六十年。圣圣相承，并登大寿，前古所未有也。"时人看来，皇帝长寿意味着天命皇极，国祚绵延：

> 《洪范》言五福，一曰寿，二曰富，而"康宁好德"与焉。刘氏以为皇极若得，则总为五福。朱子谓：劝之以福，皇之所行，是用五福以飨。劝人者，天也；而使夫人得而受之者，亦皇极之锡也。[3]

"本朝超迈三代"成为常用的颂词。道光二年，达三赞列本朝文治之盛，"直迈三代而媲美唐虞"：

> 本朝列圣相承，本建中立极之学，为化民成物之政，《四子书》仍尊朱子，《十三经》特重汉儒。名贤辈出，或登廊庙，黼黻皇猷；或守蓬茅，躬行实践。府县置学官，无聚徒私议之士；文武归科第，无怀才不售之人。重熙累洽，一道同风，直迈三代而媲美唐虞矣。今世之人，幸值休明之运，果能下学上达，服古入官，言行一以孔圣为依归，则将仰高钻坚，瞻前忽

---

[1] 赵翼著，王树民校证：《廿二史札记校证（订补本）》卷4，北京：中华书局，1984年，第93页。

[2] 陶澍：《印心石屋文钞》卷13《大学士长沙刘公八十寿序》，载氏著《陶澍全集（修订版）》第6册，第153页。

[3] 张际亮：《董翁植轩六十寿序（代）》，载氏著《思伯子堂诗文集》，王飚校点，上海：上海古籍出版社，2007年，第1403页。

后，矻矻孜孜，寸阴是惜，又何暇分唐分汉，辟陆辟王，舍己之田而芸人之田乎！[1]

张际亮也认为清代超迈汉唐而上可比于"三代"。道光三年（1823）其文中有言："盖先王之政，劳于民事，小大不遗，三代盛时，如一日也。今皇上拯念黎元，比于三代盛王之世。"[2] 他亦于道光四年作文，认为生逢太平盛世，诗人可为："今天子方以礼乐致太平，其治类非三代下所可及，则诗人宜必有迈汉唐而兴者"，而不复"汉唐以降，士乃以诗为饰名之艺，而世益相与目为轻薄"。[3]

在清人看来，经过六十年乃至二百年的积累，本朝文治武功，政德深厚，上追"三代"，是在太平、望太平的底气所在。

道德不仅在文治武功之中，更要体现在世情风俗上，其动力与积蓄仍负载于人，特别是君臣。"诚欲倾否而保泰，必自堂陛之不太康始。《诗》曰'民莫不逸，我独不敢休'，'无已太康'之谓哉！"[4] 世运隆污在于人：

> 夫地气之盛衰，与世运不其同哉！……地气不能有盛而无衰，犹世运不能有隆而无污也。则将一听诸气运乎？曰：不然。惟有人焉，能维持乎地气世运与之为盛隆而不与之为衰污。……大振其衰而涤荡其污，人实为之。天地胥有赖焉，在

[1] 达三：《达序》，载江藩《国朝汉学师承记》，钟哲整理，北京：中华书局，1983年，第151页。

[2] 张际亮：《重修石溪桥序（代）》，载氏著《思伯子堂诗文集》，第1323页。

[3] 张际亮：《松寥山人诗集自序》，载氏著《思伯子堂诗文集》，第1310—1311页。

[4] 魏源：《默觚下·治篇十一》，载氏著《魏源集》上册，第70页。

豪杰所自命耳。[1]

人事可以扭转运势："夫衰而复盛，散而复合者，天之道也。持其气于既衰，要其合于已散者，人之事也。"[2]在太平而渐多故之际，尤要靠人扶正气、祛邪气：

> 两间，一积气也。气有正，不能无邪，圣人扶正抑邪，乾以之清，坤以之宁，故配天地为三才。太平之世，正气常伸，邪气常伏，君子犹惧邪气之潜进也，时有履霜之忧。矧世方多故，阴阳相争，邪气兢进，正气所存，几于不振矣。苟无人焉，出全力扶持而振起之，乾坤不其毁欤？[3]

退一步说，即便不能挽回国运，亦可"稍补"：

> 夫命理精微，天道玄远，本非一端可尽。……气也，运也，所以为天也。至于人之贤不肖与善恶，国之治乱兴衰，则人事为之，圣人所以参天地而为三才也。……国运虽衰，君不可以不仁，臣不可以不忠。五常之德不失，而后三纲立，天心顺矣。气运虽衰，可以稍补。[4]

---

[1]　姚莹：《东溟文后集》卷9《桐乡书院记》，载施立业点校《桐城派名家文集6·姚莹集》，第298页。

[2]　姚莹：《东溟外集》卷1《北园宴集诗序》，载施立业点校《桐城派名家文集6·姚莹集》，第115页。

[3]　姚莹：《东溟文后集》卷8《与潘河帅书》，载施立业点校《桐城派名家文集6·姚莹集》，第268页。

[4]　姚莹：《识小录》卷1《墨子非命》，载施立业编《中国近代思想家文库·姚莹卷》，第439页。

士习士风的重要性在此又凸显出来。与积习无才对抗，嘉道时期的士大夫希望通过人才的重塑来加厚本朝的"道德"。龚自珍、魏源等都有《人才论》传世，亦可从汤鹏以"特"对抗士风颓习的思想观察之。"特"从孟子的"名世"思想转来：

> 今天下盖有倜傥非常之材焉，是河岳英灵之气所结而生也，是《诗》《礼》敦庞之脉所递而存也，是荐绅士族不可少之模楷也，是社稷苍生不可断之性命也，是撑皇帝王霸、道德功力而准绳在心者也，是赅天地民物、体用本末而谋猷在世者也，是智足以研求而勇足以迈往者也，是文足以昌明而武足以击断者也，是出治不穷之具也，是拨乱反正之需也。夫是之谓特也。孟子曰："待文王而后兴者，凡民也。若夫豪杰之士，虽无文王犹兴。"孟子之所谓豪杰，岂非我之所谓特乎？
>
> 孟子之所谓名世，我之所谓特也。
>
> 我之所谓特，天下之所谓不然也。[1]

所谓"特"，就是"不群"，与积习、积俗之"群"相对：

> 凡物有贱有珍，凡人有特有群。亡所同异，谓之群；可与为善，而溺于习、牵于俗，亦谓之群。出类拔萃，谓之特；虽在尘埃之中，而器局不自小，趣向不犹人，亦谓之特。[2]

---

[1] 汤鹏：《浮邱子》卷5《尚特下》，载氏著《汤鹏集》第1册，第132页。

[2] 汤鹏：《浮邱子》卷5《尚特上》，载氏著《汤鹏集》第1册，第127页。

"特"从"逆"之义而来，乃逆势之所需。"君子知一代之兴亡他焉，芟其所以踣者而已矣。一代之踣亡他焉，坏其所以兴者而已矣。"汤鹏认为，只要人君掌握这个易代兴亡的道理，就可以在当代解决问题，逆转气数："芟其所以踣，则国本固；国本固，则阴阳和；阴阳和，则万物苏；万物苏，则灾害弭。"如是之君主，就是"特"：

> 树其所以兴，则君志特；君志特，则政教新；政教新，则万事理；万事理，则太平致。毋文恬武熙（嬉）而自谓泰，毋国噪民枯而自谓整，毋界在茫昧而不思，毋忧在眉而不省，则可谓于古气数乎索之也已。[1]

"特"之于逆势的重要性，不仅是工具性的，更是积德的组成部分，是"元气"。它是人之于道的负载，特别体现在作为一朝元气的清议。"无代而无功德也，则无代而无元气也；无代而无元气也，则无代而无清议也。"[2]"君子之正论，君子之元气也；君子之元气，天下之元气也。""天下元气恶乎系？厥惟君子以其正论唱天下而从之。"[3]根据道德决定论，积累功德是去弊的凭借和依靠，而人发清议，造就元气，是为功德之根本：

> 清议，元气也。直道，初心也。清议如铎，直道如鼎，元

---

[1] 汤鹏：《浮邱子》卷1《则古上》，载氏著《汤鹏集》第1册，第10页。

[2] 汤鹏：《浮邱子》卷7《原憎》，载氏著《汤鹏集》第1册，第197页。

[3] 汤鹏：《浮邱子》卷7《柄言上》，载氏著《汤鹏集》第1册，第219、223页。

气如天，初心如日，而惜乎其杂袭晦塞，匪一朝一夕之故矣。自冠履倒而纪纲坏，自纪纲坏而世风庳，自世风庳而直道废，自直道废而是非移。自功利横而性情汩，自性情汩而人材贱，自人材贱而清议降，自清议降而好恶反。[1]

汤鹏认为，"特"就是君子以"理道"对抗积弊之表现：

理道可以止情故，可以平气焰。虽其情故然矣，而理道不然也，君子不从情故，而从理道；虽其气炎然矣，而理道不然也，君子不从气炎，而从理道。且积情故生蠹蚀，积蠹蚀生败坏；君子不从蠹蚀、败坏而从理道。积气炎生凌猎，积凌猎生焦烂；君子不从凌猎、焦烂而从理道。[2]

人是"道"之负载，"道"是积德、逆势、去弊之根本。"特"就是"理道""道德"之负载。"今夫救时者，人也；而所以救时者，道也。"[3] 这说明，"道"才是最重要的去弊凭借。人引出"道"，重视人，就是要强调"道"。人与"道"共成一体，"道"是根本，举凡"理道""理"皆是；人是"道"所蕴，亦可增大"道"之势，汤鹏的"元气论"就是说明。

礼乐文明，保养富民，造就"特"出之君子，都是王朝积德的题中之义。简易实与积德统一，返本即涵养道德，积德之"积"是

[1] 汤鹏：《浮邱子》卷7《原憎》，载氏著《汤鹏集》第1册，第197页。

[2] 汤鹏：《浮邱子》卷5《尚特上》，载氏著《汤鹏集》第1册，第131页。

[3] 唐鉴：《学案提要》，载氏著《学案小识》，黄爱平、吴杰编《中国近代思想家文库·唐鉴卷》，第359页。

一个辩证的涵养过程。

魏源认为，简易之道是中世的儒家治道。他重视中世之无为，与李兆洛所说"散"而非"锢"是同样道理，即治理有为的必要性，通往"无为而无不为"。进而，魏源重视以抽象的太古之理注入中世之无为。"时不同，无为亦不同；而太古心未尝一日废。"[1] 这实即希望气运再造，恢复"三代"以上的道德之淳朴厚重。

魏源的治理史分期，比诸人之婴儿的开天辟地之原始状态不仅是最早的时间，还是"德"最厚的状态和阶段："含德之厚，比于赤子，致柔之极，有若婴儿，乃混沌初开之无为也。"世运日新，如婴儿日长，就是"积"。积累至"二帝三王"的时代，乃有因应复杂治理之势的中世之无为。这是一套相互配合的历史观与治理观："及世运日新，如赤子婴儿日长，则其教导涵育有简易繁难之不同；惟至人能因而应之，与民宜之。故尧称无名，舜称无为，夫子以仲弓居敬行简可使南面，其赞《易》惟以《乾》《坤》易简为言，此中世之无为也。"[2] 这是以"史论"发为"政论"，面向当代积弊，论说治道。

魏源一方面颇有"进化不返"之观念："气化递嬗，如寒暑然。太古之不能不唐、虞、三代，唐、虞、三代之不能不后世。"又颇感"太古德厚"之可贵，而有"忠质文皆递以救弊，而敝极则将复返其初"的综合、辩证的变革观念：

> 有失道德而后仁义而后礼之言，则知吏隐静观，深疾末世用礼之失。疾之甚则思古益笃，思之笃则求之益深，怀德抱道，

---

[1]　魏源：《论老子二》，载氏著《魏源集》上册，第 262 页。

[2]　魏源：《老子本义序》，载氏著《魏源集》上册，第 257 页。

积弊：清朝的中叶困境与周期感知

白首而后著书，其意不返斯世于太古淳朴不止也。

然则太古之道，徒无用于世乎？抑世可太古而人不知用乎？曰：圣人经世之书，而《老子》救世书也。使生成周比户可封之时，则亦嘿尔已矣！自非然者，去甚去奢去泰之悃，必有时而信于天下。

李兆洛严判当世与汉初无为的不同，魏源则以为"太古之心"同样值得运用于"无为之有为"之中：

夫治始黄帝，成于尧，备于三代，歼于秦；迨汉气运再造，民脱水火，登衽席，亦不啻太古矣。……孰谓末世与太古如梦觉不相入乎？今夫赤子乳哺时，知识未开，呵禁无用，此太古之无为也；逮长，天真未漓，则无窦以嗜欲，无芽其机智，此中古之无为也；及有过而渐喻之，感悟之，无迫束以决裂，此末世之无为也。时不同，无为亦不同；而太古心未尝一日废。[1]

随着形势日积日新，"无为"不同，但汲取上古无为之道来治理复杂世界，而归于治理积德，是一样的。对于老子的无为学说，魏源是从援救积弊世势的层面来辩证运用的。以"古"为道，是中国政治思想的重要思维范式，魏源亦然，将上古治道从具体的时间与实践中抽象地解放出来，成为当代除弊积德的认知逻辑。"《老子》，救世之书也，故首二章统言宗旨。此遂以太古之治矫末世之弊。夫世之

---

[1]　魏源：《论老子二》，载氏著《魏源集》上册，第261—262页。

不治，以'有为'乱之也。"[1]在他看来，汉、宋、明诸朝贤主良臣皆不能得其大要，较诸上古，呈现出上、中、下递减而德日衰的格局：

> 老氏书赅古今，通上下。上焉者羲皇、关尹治之以明道；中焉者良、参、文、景治之以济世；下焉者明太祖诵民不畏死而心减，宋太祖闻佳兵不祥之戒而动色是也。[2]

所论乃太古无为之"遗意"，而非胶柱鼓瑟。从汉光武帝到宋仁宗、金世宗，上古无为之治不仅适用于大灾乱之后的东汉之初，也是中兴时的善治之道：

> 天下之生久矣，一治一乱。如遇大寒暑、大病苦之后，则惟诊治调息以养复其元，而未可施以肥浓腺削之剂。如西汉承周末文胜、七国嬴秦汤火之后，当天下生民大灾患、大恫瘝之时，故留侯师黄石佐高祖，约法三章，尽革苛政酷刑，曹相师盖公辅齐、汉，不扰狱市，不更法令，致文、景刑措之治，亦不啻重睹太古焉，此黄老无为可治天下。后世如东汉光武、孝明、元魏孝文、五代唐明宗、宋仁宗、金世宗，皆得其遗意。是古无为之治，非不可用于世明矣。[3]

其要义，是循中道，由无为之有为，回归人类治理婴儿期之厚德，

---

[1]　魏源：《老子本义·上篇》，载氏著《魏源全集》第 2 册，第 657 页。

[2]　魏源：《论老子二》，载氏著《魏源集》上册，第 262 页。

[3]　魏源：《老子本义序》，载氏著《魏源集》上册，第 257 页。

实是回归清代治理得力时期的憧憬：

> 吾人视婴儿如昨日也，万物之于母无一日离也，百谷于其
> 王未尝一日离也。动极必静，上极必下，曜极必晦，诚如此则
> 无一物不归其本，无一日不有太古也。求吾本心于五千言而得，
> 求五千言于吾本心而无不得，百变不离宗，又安事支离求之
> 乎！反本则无欲，无欲则致柔，故无为而无不为；以是读太古
> 书，庶几哉，庶几哉！[1]

魏源还特别注重老子"婴儿厚德"之义：

> 书中凡言含德之厚，则比于赤子；专气至柔，则必如婴
> 儿：皆体道贵弱之旨。[2]

> "常德不离，复归于婴儿"，则其含德也厚矣。德者，柔弱、
> 冲和之德也。[3]

于是他提出"君子之为治也，无三代以上之心则必俗，不知三代以
下之情势则必迂"：

> 三代以上，天皆不同今日之天，地皆不同今日之地，人皆

---

[1]　魏源：《论老子一》，载氏著《魏源集》上册，第 260 页。

[2]　魏源：《老子本义·下篇》，载氏著《魏源全集》第 2 册，第 698 页。

[3]　魏源：《老子本义·下篇》，载氏著《魏源全集》第 2 册，第 709 页。

不同今日之人，物皆不同今日之物。……故气化无一息不变者
也，其不变者道而已，势则日变而不可复者也。……古乃有古，
执古以绳今，是为诬今；执今以律古，是为诬古；诬今不可以
为治，诬古不可以语学。[1]

以太古无为提升中世简易之道，在"三代以下之情势"中再现太古
道德的最醇厚状态，是为魏源的政治学。

以"反本"造积德，这个辩证法是治己治人的要着。魏源在为
"早服，是谓重积德。重积德，则无不克。无不克，则莫知其极。莫
知其极，可以有国。有国之母，可以长久。是谓深根固柢、长生久
视之道"一句下按语时再申斯义：

> 盖老子之书，上之可以明道，中之可以治身，推之可以治
> 人，其言常通于是三者。此章首以"治人事天莫若啬"为主，
> 下文即承"啬"而反复引申之，自"早服重积德"至"莫知其
> 极"，皆发明"啬"义，兼治人、事天而言也。随举有国以明治
> 人之用，并及深根固柢以言事天之要。盖道之啬而至于早服无
> 间，德之积而至于莫知其极，则敛舒咸宜，体用兼妙，以之有
> 国则可以长久，以之固己则可以长生。[2]

其落脚处，便是积德。

面对积势之沉冗，清人仍在追寻复杂社会的治理之道，从礼乐

---

[1]　魏源：《默觚下·治篇五》，载氏著《魏源集》上册，第52—53页。
[2]　魏源：《老子本义·下篇》，载氏著《魏源全集》第2册，第714页。

　　　　　　　　　　　　　　积弊：清朝的中叶困境与周期感知

王道再造道德，意图以积德之势对抗积弊之势，再造世运。行王道，能积德，将上古遗意作为方法，实施制度与治理的更新，重新焕发治理的活力，夯垒积德，这仍是太平光景中的"尚变"尺度。

小结："太上治运荒"

"国家方鼎盛，圣德媲美尧舜，而奸民辄敢犯顺如此（嘉庆十八年林清事），岂非由太平日久，门禁疏懈，久为所窥之故哉？"[1] 理解嘉道时期朝野的忧虑，最重要的背景和语境就是"承平百七十年"。乾隆一朝即六十年盛世，生于太平、长于太平，是嘉道时期论政者的成长背景。他们与"苟宴安"者共享时代的语境。于他们而言，积弊是太平日久带来的政治问题，中叶之忧是承平之忧，是繁华中的忧心，与开创之忧、末世之忧不同，在他们心里的，是长期承平、虽际中叶但仍有可能继续承平这一基本世势的感觉，其应对之策也带上了这个时代的特色：怀有以本朝积德对销积弊、可逆其势的信心，主张低烈度地除弊变革。既往研究站在衰世与"二千年未有之大变局"的终点上，追溯"道咸以降"，不免过于重视捕捉他们心态、观念与思想中趋新乃至"启蒙"的内容。如孔飞力认为，面对包括人口增长在内的治理危机，魏源等思想家开始思考"根本性问题"，但孔氏"从理解中国现代国家的角度"，关注的"根本性问题"是政治参与、政治竞争和政治控制这样的现代政治议题。[2]

---

[1] 姚莹：《识小录》卷6《星变》，载施立业编《中国近代思想家文库·姚莹卷》，第278页。

[2] 孔飞力：《中国现代国家的起源》，第27页。

"积"指向一种时间性，是富有传统中国政治哲学与文化特点的发展观念（尽管我们还很难准确定义这种发展观念的内涵）。这种发展观对人口与经济繁盛，对社会的流动性和复杂性，对治理繁剧的挑战，对治理自身的无序增长，基本持消极态度，由此对世势之"积"的评价不免负面。追求理想状态的中庸之"文"，但将挑战既有治道与治理的增长亦归之于"文"的负面性。"文"由"积"而来，以"积"为前提。由此，它对治理自身的问题与矛盾之"积"有高度的敏感和自觉，保持反思与批判的活力，"积弊"是其语汇标识。同时，它所持有的通往理想的王道之"文"的"积德"逻辑，又是抵消积弊的倚靠，评估抗衡积弊的可能性，决定王朝的气运与气数。两种同样强烈的、相反方向的时间性，复合结成富有张力的"积"的政治意涵。

　　"文质论"虽然古已有之，但其在清代中期思想世界的具体展开仍有其针对性。"积"就是"文"，审积的基本认识与改良之道，不能应对社会经济与治理的大规模甚至质变性的生长（清中期的生长确是通往近代转型级别的），但它不仅保持对世势变迁的敏感和反思能力，也不指向机械的无为与简单的平均主义，而是要以"易简"之道提升制度与有为治理的效能。"文质彬彬"是一种复性状态，是"文"与"质"的综合，而非简单回归。积德意味着在礼乐之治的框架下去掉制度与社会之弊，以近似于治理绩效而又重视"理道""元气"的办法来绵延国祚。以积德对抗积弊，从承平走向再兴，这是承平之忧中所彰显的中国治道的政德追求。

与明人面对繁华与庆气而反思奢俭、重整伦常的基调不同[1]，经过整顿中晚明学风、士风等历史的"反动之反动"，基于政府治理的位置前移等变化，清人思考与忧心的主要是盛极而衰、渐形萎靡的复杂治理。叶德辉曾论明清士风之异：

> 汉学家谓明亡于讲学者，盖谓国家危急之时，一二贤者当实心实政，共济时艰，岂有号召生徒，纷纷辩论，长浮嚣之气，开挟制之风，如明季诸君子之所为者？[2]

此虽系有所指之言，亦道出了清人与明人应对中叶以至季世危机的不同态度，这也决定了"风俗论"在明清两代中叶以降的不同地位。明中叶以降，阳明心学、商业文化等方面的发展带来道德观念、生

---

[1] 王汎森指出："晚明以来之风俗衰退恐慌症所针对的人以奢侈、逾制之类为多。"（王汎森：《嘉道咸思想界的若干观察》，《思想史》2022 年总第 11 期 "清中晚期学术思想" 专号。）森正夫、岸本美绪也认为："明末人对城市的'淫奢黜敖之俗'批评得特别厉害而怀念过去农村的朴素生活。"（见岸本美绪在《"风俗"与历史观》一文中征引森正夫研究的论说，载氏著《风俗与历史观：明清时代的中国与世界》，第 53 页）特别值得注意的是，"尊 / 卑、贵 / 贱、长 / 少、前辈 / 后辈、上等 / 下等、富 / 贫、强 / 弱、主 / 仆、主 / 佃、尔 / 我、宦室 / 编氓、乡绅 / 小民" 等各种社会关系的秩序乃至于秩序原理所发生的变动或崩坏（森正夫：《民众叛乱、社会秩序与地域社会观点——兼论日本近四十年的明清史研究》，载氏著《"地域社会" 视野下的明清史研究——以江南和福建为中心》，南京：江苏人民出版社，2017 年，第 13 页），秩序异动的潮流突出表现为 "奴变"、士庶皆尚气好争且群聚行动等，引发了对 "举国如狂" "世界翻腾" 的秩序忧思（森正夫：《由地方志所见明末社会秩序的变动》，《琼州大学学报（社会科学版）》1998 年第 2 期），并参见卜正民对其时士人抨击商业发展导致欲求升级、道德堕落、无序骚动的生动描绘（卜正民：《纵乐的困惑：明代的商业与文化》，方骏等译，桂林：广西师范大学出版社，2016 年，第 9 页）。

[2] 叶德辉：《叶吏部答皮鹿门书》，载王先谦等编《翼教丛编》卷 6，吴仰湘点校，北京：中华书局，2023 年，第 270 页。

活方式与社会秩序的异动，挑战固有伦常，指向秩序紊乱，而秩序正是"风俗"的核心要义，由此引出道德整顿的建议。岸本美绪以明末清初为主要立足点，故强调风俗作为历史之"脉"的极端重要性和解释力，具有成为"有普遍意义的方法性概念"的潜力。[1]

在宏观历史解释上，"风俗"或"风"的线索也是成立的，无一事无风，风是贯穿在历史发展中的逻辑。但是，在中短时段的历史时间与具体情境中，动因并不可一概论之。清中期到晚清的积弊论与风俗论合成一局，就在具体情境中呈现了另外的历史理解格局。诚如前述汤鹏所见："训俗而不审积，犹火销膏而责其照幽也，犹寒累时而厌霜降，温兼旬而厌冰释也；犹痫疽生而禁其脓血勿聚也。"[2]在以"实心实政"为经世关怀的清人看来，随着社会经济的发展，治理中的各种问题累积，政治与行政积弊是困境的主要原因和关键动力。"德行者亡显荣，则士气积于不振。群愚效其为人，则风俗坏。士气积于不振，则人心枝。"[3]

风俗是结构性的，而积势既是结构性的，也是时间性与机制性的。风俗是秩序状态，"积"正是风俗状态的形成机制，是动力。研究"积"，就是要思考历史的动力与机制。"今乃合成一时之风俗，一世之人心"，风俗与人心是"积"所合成的结果之一和表象——积弊导致并表现为风俗问题。前述"国运盛益盛，国基固益固，民生风俗厚益厚，官事办益办，必由是也，无其次也""举物力、人材、风俗尽销铄于泯泯之中""风俗不偷，人心朴厚，忠正盈朝，府库充

---

[1]　岸本美绪：《"风俗"与历史观》，载氏著《风俗与历史观：明清时代的中国与世界》，第 47 页。

[2]　汤鹏：《浮邱子》卷 4《训通》，载氏著《汤鹏集》第 1 册，第 117 页。

[3]　汤鹏：《浮邱子》卷 10《训廉》，载氏著《汤鹏集》第 1 册，第 302 页。

实，四时无水旱之儆，海内无师旅之役""士大夫言论从容，坐镇风俗"，都是从结果与表征领域来说的。崔寔曾言："夫风俗者，国之脉诊也。""诊"是"可言之征"，如校注所云："'脉诊'，脉象之征。按观国之风俗，可知治乱安危，犹之候人之脉象可知染疾与否。"[1]所谓"风俗习于游荡"，"习于"才是积习的机制表现。从社会历史发展的因果来看，积弊是第一义，风俗仅是第二义的。要整顿风俗，自其果思其因，也不能忽视积弊，只能从去弊入手。虽然风俗兹事体大，但问题的核心与解决的入手不是普遍的道德与秩序问题，而是政治与治理的问题——包括政治与治理中的士习学风问题。在政治与治理语境中的风俗论只是社会文化与行为模式层面的，不及"积弊—积势"具有根本性、归因性与针对性。于是，关于"积弊—积势"的分析辗转反侧，积弊论压过了风俗论。将时代风俗问题置入"德""势"的分析框架，重点是治理而非风俗，虽有风俗论，还是要靠革弊与积德，靠经世改进治理来消解积势日重。在风俗这样以秩序为中心的、文化性的、社会整体性的概念之外，还有以治理为中心的"积""势""德"等概念，要合而观之，会通来看。"积"有其动力、因果、机制的意涵与意义，尤为重要，长期以来却没有进入今人的视野。对道德、忠义、风俗的重视，则仍在秩序的分析框架之中。历代都有风俗论，但风俗异代而嬗替，身处不同风俗之中的时人溯源归因亦不同，我们要去寻找风俗论下更重要的具体原因，否则就会因"风俗"这一普遍概念的运用而模糊了具体的历史因果，将历史解释化约为千篇一律的单调逻辑。"'风'当然不是我们了解

---

[1] 崔寔：《政论》，载崔寔、仲长统《政论校注 昌言校注》，孙启治校注，北京：中华书局，2012年，第34、37—38页。

历史的唯一之道，我们绝不应用它来取代其他的史学观点。"更重要的是，在已成之风俗下面，深究细审"积"成此风俗之因素与机制，这正是嘉道时人的逻辑。从"历史意见"出发，"用现代的学术观念和语汇去深入阐述'风'的各种复杂的机转是我们现代人的工作"。[1]积弊、风俗是历史动力的问题。我们不仅不能停留于将风俗作为观察历史动态的概念视角，而且要重视作为成风成俗之原因、机制和动力的政治、行政、制度之"积"。

嘉道士大夫正是从审积去弊入手，推动了政务与法度的更革损益。从时人议论来看，进步史观、衰落史观抑或循环史观并非他们的究心所在，以史论发为政论，他们关心的只是实践问题的解决、现状的改变。相较而言，明人意识形态包袱重，清朝意识形态统一的要求虽然高压，但同时表现出相当的务实性和灵活性。嘉道两朝的施政中不乏改革的因素，尽管迄今为止仍被"近代"的新问题与新变革所压抑。盐、漕等大政改革去弊虽然遇到阻力，包括其在内的经世之策仍有多项付诸实践。审积、积德以及与之相应的经世之学，成为跨越时代而保有政治与治理的启发意义的认知逻辑。

从宏观层面来看，风俗也不是唯一或最重要的问题。明清的风俗论成因不同，因果逻辑也不尽相同，既然风俗不及治理之积弊来得急切，积弊所积之势与所表征之"运"就被视为最重要的宏观考量，治理与国运便成为最重要的因果关系。"道"载于人，士习、风俗是世势的显著表征，但在积弊、积习、积势的动力链条上，一世敝坏的最根本原因与动力、治理的最根本着眼点，是"治运"即应对积势，次要的才是"治人/民"："民荒以人，人荒以教，教荒以运。

---

[1] 王汎森：《执拗的低音：一些历史思考方式的反思》，台北：允晨文化公司，2014年，第163页。

太上治运荒，其次治教荒，其次治人荒，最后治民荒。"[1]

"处积重之势，非雷厉风行，不足以挽积习而新庶务。程子所谓不救则已，救之则须变，其此时乎？"[2]然而，虽有太古以来的治道可资借鉴，积势何其难去！"卒格于势，不果行。积弊之相仍，固有骎难返者哉"[3]，是常见的感慨。人事有限，唯有诉诸天力。陶澍的盐法改革取得了有限的成功，但与兵事荡涤对比，则不可同日而语：

> 原其所由始而极其所终，其利弊之所在了然矣。往者陶文毅督两江，当淮北积弊之后，纲商尽散，乃更其法为民运，官给票而收其税，命曰"票盐"，行之而效，盖蠲一切之冗费，其费则视商运才损三之一，而运盐者已获厚利，积年之滞盐顿空，亦宋沈立裁官估而岁额转增之证也。后十余年，淮南之商益困，陆沅阳以文毅为之而效也，如淮北之法行之，而纲法始尽散。未几，东南用兵，两淮之引地，戎马交驰，盐法益扫地无余，而弊亦随之荡然尽矣。数穷理极，向之钩带蟠结，坚如铜山，纷如积丝，数十百年，庙堂之上劳心焦思以图之，闳识之士竭智毕虑以谋之，扃而不可排、障而不可开者，一旦决去，如转石于千仞之冈而坠之渊也。虽人事为之，抑岂非天哉？[4]

"天下，势而已矣。"[5]时人的忧心也在造化、气运层面有所流

---

[1]　汤鹏：《浮邱子》卷 10《辨荒》，载氏著《汤鹏集》第 1 册，第 301 页。

[2]　倭仁：《倭仁日记》，杨军、包以票整理，上海：上海三联书店，2023 年，第 107 页。

[3]　郭嵩焘有注，见孙鼎臣：《刍论》卷 2，第 36 页。

[4]　孙鼎臣：《论盐二》，载氏著《刍论》卷 1，第 35 页。

[5]　魏源：《筹漕篇上》，载氏著《魏源集》上册，第 412 页。

露。汤鹏担心"气数之替","有造化知而人世不知之变"。[1] 李兆洛则认为天下大势已变：

> 我看天下大势如此，似不能久，必须改换局样，方可过下去。兵、刑二事无可变，一切制度总要更张，即孔子所云损益之礼。然反覆推寻，究不得其要。如今须有孟子其人，提调处置畅论一番，自有安顿的道理。[2]

汤氏"反覆推寻，究不得其要"的疑惑，随时势发展而逐渐清晰起来。从林清之变到鸦片战争，在时人看来，正是积势所必致的：

> 北来警信，大属骇闻……念本朝忠厚之恩，痛天下贪婪之敝，因循宽纵，殷鉴在元，财尽兵骄，何以守国？溃痈之患已形，厝薪之势弥急，而二三执政方且涂饰为文，讳言国事，大体既昧，小节徒拘，忠志不存，空言掣肘，其当官有言责者，微文琐屑，几等弹蝇更生之封事，不闻贾谊之痛哭安在。肉食者鄙，未能远谋，窃钩者诛，可为太息。嗟乎，杞忧不妄，阮哭非狂。当今即有一二慷慨忠义之士，稍识事体者，类皆混迹俦人之中，因塞风尘之际耳。平时操觚染翰，妃黄媲白之流，徒能饰辞藻，修边幅，以妩媚取容而已。[3]

---

[1] 汤鹏：《浮邱子》卷4《训通》，载氏著《汤鹏集》第1册，第117页。

[2] 李兆洛述，蒋彤辑：《暨阳答问》卷3，载《丛书集成续编》第88册，第625页。

[3] 姚莹：《东溟外集》卷2《复座师赵分巡书》，载施立业点校《桐城派名家文集6·姚莹集》，第130页。

积弊：清朝的中叶困境与周期感知

他们亦从学术败坏的士风中寻找柔媚事夷的远因：

> 窃叹海内学术之敝久矣！自四库馆启之后，当朝大老皆以
> 考博为事，无复有潜心理学者，至有称诵宋、元、明以来儒者，
> 则相与诽笑。是以风俗人心日坏，不知礼义廉耻为何事。至于
> 外夷交侵，辄皆望风而靡，无耻之徒，争以悦媚夷人为事，而
> 不顾国家之大辱，岂非毁讪宋儒诸公之过哉？[1]

这都是积弊与审积语境中的思维逻辑和话语模式。晚清世势日迫，
李兆洛的一番话也获得了回响。盛宣怀赞叹："此书虽少，精语实
多。如云：我看天下大势，必须改头换面，一切制度皆须更张。"[2]
民国时，鉴于道光帝"颂之者至谓其三代下第一人，汉文帝、宋仁
宗几莫能及，即论其御门听政，非不励精图治，思举历朝之秕政而
扫除之。而其臣若陶澍、松筠、林则徐之流，类皆尽心辅佐，奋发
有为"，"夫岂无补救国运之衰微者？然而内变踵起、外患丛生，非
常之祸皆集于道光一朝"，帝王作为与国运如此吊诡，金兆丰一方面
将其归咎于曹振镛、穆彰阿等当国之"非其人"，亦使用了"时为之
欤？势为之欤？"的分析逻辑。[3]"时""势"已变，这些语汇本身又
转为朝向新世界的分析概念了。

---

[1]　姚莹：《东溟文外集》卷 1《覆黄又园书》，载施立业点校《桐城派名家文集 6·姚
　　莹集》，第 378 页。

[2]　盛宣怀：《暨阳答问跋》，载李兆洛述，蒋彤辑：《暨阳答问》卷末，载《丛书集
　　成续编》第 88 册，第 631 页。

[3]　金兆丰：《清史大纲》，郑州：河南人民出版社，2016 年，第 375 页。

第四章

穿过"中兴"的"中叶"
——19 世纪中国的一个政治逻辑

"同治中兴"或"同光中兴"是中国近代史研究中一个常见的阶段指称,更应为整部清朝史的重要一节。芮玛丽认为,"中兴十年间的巨大成功"是事实,同时将中兴阶段置于"朝代循环中"加以讨论,判定"中兴的概念是一个晚期繁盛的概念",最大旨趣则是以"有效的近代国家"为标准,论证不存在将其"移植到儒家社会之上的途径"。[1]杨联陞参考了芮玛丽的研究,在"朝代的终结"问题上,对中兴表达了同样的"黯淡"之感。张荣华的文章放大了杨联陞文中提及的"对朝不保夕的残存局面,宣传家也要号称是中兴"[2]这一现象,以隋唐之前的中兴之定义为严格标准,认为同治朝中兴名实

---

[1] 芮玛丽:《同治中兴:中国保守主义的最后抵抗(1862—1874)》,房德邻等译,北京:中国社会科学出版社,2002 年,第 3、56、377 页。

[2] 杨联陞:《国史诸朝兴衰刍论》,载氏著《国史探微》,北京:新星出版社,2005 年,第 16—17 页。

不副，从而论"'同治中兴'命名之非"。[1] 凡此都是在事实层面上讨论晚清的中兴是否存在及以何种状态存在，没有讨论"同治中兴"这个说法所植根的思想和观念逻辑。即便是谀君颂词，亦应有其成立的观念与话语背景。即如前揭张荣华文所指"清人撰曾氏传记的套语不外乎'天生圣相'开'中兴景运'，但曾氏本人何尝以中兴名臣自居"，意在否定曾国藩心中存有中兴的企盼或认同。其实，曾国藩自述"起兵亦有激而成"时，便喟然曰："如捻贼得灭，朝廷中兴，犹为不负此举。不然，何足道耶？"[2] 高波对"同治"作为政治话语的意义及其流变的研究，便可增进对其时政治思想与观念之于时局影响的认识。[3]

本章的关注重点并非中兴之成立，而是如何在 19 世纪从嘉道至同光这一相对长的不乏起伏的时间段中观察体认时人对政治形势与趋势的理解和判断，并探问这一判断的思想资源为何，也就是何种政治思想与观念支撑了中叶以降清朝君臣对王朝政治的反思与延续。嘉道时期，形成了一些关于时局的总体性认识：一个是积弊（本书第二章），是对基本政治局面及其原因的判断；另一个是中叶，是对所处政治阶段的总体性判断。嘉道时以洪亮吉、龚自珍、魏源为代表的"忧患意识"与"自改革"主张，曾作为近代中国变革思想的前奏而受到关注，但他们以及彼时君臣笔下常有的、具有政治思想

---

[1] 张荣华：《"中兴"之义及"同治中兴"命名之非》，《澎湃私家历史》2020 年 9 月 16 日。

[2] 赵烈文：《赵烈文日记》第 3 册，同治六年八月二十一日，樊昕整理，北京：中华书局，2020 年，第 1508 页。

[3] 高波：《晚清京师政治中"同治"话语的形成与变异》，《清史研究》2018 年第 4 期。

与观念意涵的中叶概念尚未引起学界关注。[1]"中叶"是嘉道以降士大夫的公私政论中常见的词汇，它不是一个简单的时间概念，而是一个带有政治观察与时局世风判断意味的政治时间观念。其时清朝尚未终结，何以时人便有中叶的判断？这是因为士大夫心中存有与时局状况对应的关于王朝发展阶段定位的思想认识。与定鼎肇造的奋发、末世亡国的凄惶不同，中叶传达着一种承平日久、政象渐颓而又存有希望的惶恐、忧郁与激愤。只有将中叶和中兴合而观之，一方面，厘清思想世界从中叶到中兴的内在转化机制，另一方面，看到积弊之势穿过中兴，中叶的制度病与时代感在晚清延伸，才能理解"同治中兴"的共识与张力，从而更全面、更切近地体会时人的政治发展阶段论，认知其时政治变革的观念与实践逻辑。

第一节　清代经学与史学构筑的中叶概念

芮玛丽以周宣王为中兴政治史的开端，清人却从商朝史讲起。光绪元年（1875），陈弢编《同治中兴京外奏议》，在该书的《叙》中，他便将"同治中兴"与商王武丁以来的中兴相比，写入中兴的历史："粤稽三代以上，中兴令辟，若殷之高宗、周之宣王尚已。迄今读《尚书》说命诸篇至傅岩爰立、甘盘旧学，恍然见殷宗纳海之切、念典之勤，用能格皇天而缵汤绪。"在他看来，同治帝的"中兴

[1]　参见王聿均：《清代中叶士大夫之忧患意识》，《"中央研究院"近代史研究所集刊》1982年总第11期；朱维铮：《导读：晚清的"自改革"与维新梦》，载氏著《维新旧梦录：戊戌前百年中国的"自改革"运动》，北京：生活·读书·新知三联书店，2000年，第22页。

事业甄殷陶周，盛矣哉"。[1]

对中兴的理解与对中叶的认知相伴随。陈氏从商朝史讲中叶、中兴，源于《诗》的经学阐释。《诗》通过对"三代"政治史的记载与艺术化呈现提供了中叶概念的原型，《诗》《易》《尚书》等相关的经学研究诠释且丰富了中叶概念的内涵，使其作为政治思想与观念的意涵比较丰满，汉、唐、宋、明的政治史进一步证明了经学义理，也在一定程度上使其于现实镜鉴中调适而凝定，部分意涵得到相对彰显。

"中叶"一词见诸中国政治史的经典记述。《诗·商颂·长发》曰："昔在中叶，有震且业。允也天子，降予卿士"；毛《传》曰："叶，世也。业，危也"；郑玄《笺》的"中世，谓相土也。震犹威也。相土始有征伐之威，以为子孙讨恶之业，汤遵而兴之。信也天命而子之，下予之卿士，谓生贤佐也"。[2]

毛《传》与郑《笺》共同指向汤之兴起。《商颂·长发》通过"大禘"祭礼讲述了殷商兴起的历史，从始祖到成汤已十四世："从比较可靠的历史资料来看，商人在灭夏以前，早已有了他们的轰轰烈烈的历史，即所谓先公先王的时代。《商颂·长发》：'玄王恒拨，受小国是达，受大国是达……相土烈烈，海外有截。'《史记》等记载里有名字的先公先王共十四世。"[3]这里的"中叶"是殷商兴起至成汤有天下的政治史的中间部分，这是相对于初叶与末世的"中"，而

---

[1] 陈弢：《同治中兴京外奏议约编》，载沈云龙主编《近代中国史料丛刊》第 1 编第 128 册，台北：文海出版社，1966 年，第 1 页。

[2] 郑玄笺，孔颖达疏：《毛诗注疏》，朱杰人、李慧玲整理，上海：上海古籍出版社，2013 年，第 2149 页。

[3] 张光直：《中国青铜时代》，台北：联经出版公司，2021 年，第 34 页。

非绝对的"中"。商朝的事业由始创经此走向大兴，王祚保持了生命力。郑玄《诗谱序》中对周之中叶亦有同样的表述："陶唐之末，中叶公刘，亦世修其业，以明民共财。"孔颖达疏："中叶，谓中世。后稷至于大王，公刘居其中。《商颂》云'昔在中叶'，亦谓自契至汤之中也。"[1] 这个意义上的商、周的中叶，都是兴起之一阶段，并且，中叶之后可以一再兴起，即有所谓中兴。如郑玄《商颂谱》所云："（成汤、中宗大戊、高宗武丁）此三王有受命中兴之功，时有作诗颂之者。"孔颖达认为三王都有"殷衰而复兴"的功德："受命，谓成汤也。中兴，谓中宗、高宗也。《商颂》五篇，唯有此三王之诗，故郑历言其功德也。"[2]

同时，在从中叶到中兴的政治逻辑上，《传》《笺》实有不同。如孔颖达所揭：

> 毛以为既言成汤伐桀，又上本未兴之时，及得臣之助。云昔在中间之世，谓成汤之前，商为诸侯之国，有震惧而且危怖矣。至于成汤，乃有圣德。信实也，上天子而爱之，下大贤之人予之，使为卿士。郑以为昔在中世，谓相土之时，有征伐之威，且为子孙讨恶之业，故成汤亦遵用其道，皇天子而爱之。

这也表现为对"有震且业"之"震""业"的训诂不同：

> 《传》以"业"为危，则汤未兴之前，国弱而危惧也。《笺》

---

[1]　郑玄笺，孔颖达疏：《毛诗注疏·诗谱序》，第4页。

[2]　郑玄笺，孔颖达疏：《毛诗注疏》，第2107页。

易之者，以此篇上述玄王、相土，言至汤而齐于天心。则是自
契以来，作渐盛之势，不应于此方言上世衰弱，故易《传》也。
以上言相土烈烈，威服海外，是相土有征伐之威，为子孙讨恶
之业也。所引《春秋传》者，成二年《左传》文。引之者，证
"震"得为"威"之义。[1]

《传》《笺》之异，在于如何看商朝政治的发展脉络，中叶是衰而待
兴，还是一向"渐盛"之阶段。这是两种中叶观。

后世以至清代的经学中，对于"叶"为"世"义，并无疑议，
汤或其前后之君王身值商自契以降之王朝"中世"，故有中叶之说。
不同的理解在于"有震且业"。这是从毛《传》与郑《笺》中引出的
不同解释，而非《毛诗》与《三家诗》或古文、今文之异。[2] 如何解
释"中叶"在殷商政治发展史中的具体状态和阶段意涵，成为《诗》
经学中颇具政治思想意涵的一个聚讼之点。本章只讨论清代经学中
的表现。

"此谓殷中衰时。"[3] 第一种理解宗毛《传》，强调商之中叶是其
自身陷入中衰的政治状态。虽然对彼时中叶的具体时间归属有不同
理解，但历史结果都是衰而复兴，指向汤及"三宗迭兴"。[4]

一说以中叶在汤之前，意谓中叶是汤前衰弱时期。严虞惇采信

[1] 郑玄笺，孔颖达疏：《毛诗注疏》，第 2150 页。

[2] 这从王先谦《诗三家义集疏》（吴格点校，北京：中华书局，1987 年，第 1115 页）
中，集《毛诗传笺》与陈奂《诗毛氏传疏》之义疏《长发》，而无他义，可见一斑。

[3] 刘始兴：《诗益》卷 8，载《续修四库全书》第 63 册，上海：上海古籍出版社，
2002 年，第 164 页。

[4] 朱熹：《诗集传》卷 20，北京：中华书局，2011 年，第 324 页。

毛《传》对汤之中叶的解释，以孔疏为据："孔疏昔在中间之世，成汤之前，商国尝震动而危怖矣，至于成汤，乃有圣德，信也上天子而爱之。"[1] 陈奂疏云："震，动也。业犹业业。《云汉》传：'业业，危也。'义与此同。"据"汤以七十里"这一经史习说推断此前中衰：

> 中世，汤之前世也。《殷武》正义云："《孟子》云：'汤以七十里。'契为上公，当为大国，过百里。汤之前世，有君衰弱，土地减削，故至于汤时止有七十里耳。"案：此即中世震危之义也。[2]

胡承珙《毛诗后笺》与陈奂《诗毛氏传疏》同为舍郑《笺》而疏毛《传》的宗毛注疏，《商颂》系由陈奂续补，故引陈奂之作，并强调："《笺》异义。"[3] 林伯桐则从作诗之手法否定郑《笺》：

> 《传》曰："业，危也。谓汤之前，商犹为诸侯，中间有震惧而且危急之时也。'允也天子'以下，乃言汤之兴也。《笺》云相土始有征伐之威，以为子孙讨恶之业，汤遵而兴之。郑以中叶指相土，以'震'为'威'，以'业'为'功业'。既与毛异，且不见诗人抑扬之精神矣。"[4]

[1] 严虞惇：《读诗质疑》卷31，载《景印文渊阁四库全书》第87册，台北：商务印书馆，1986年，第703页。

[2] 陈奂：《诗毛氏传疏》卷30，滕志贤整理，南京：凤凰出版社，2018年，第1127页。

[3] 胡承珙：《毛诗后笺》卷30，载王先谦编《清经解续编》卷477，《清经解·清经解续编》第9册，上海：上海书店出版社，2014年，第1116页。

[4] 林伯桐：《毛诗通考》卷30，载《续修四库全书》第68册，第330—331页。

因为有"相土烈烈，海外有截"的兴盛在前，此说中，多具体以相土与汤之间为"中叶"衰落阶段。贺贻孙《诗触》："震，惧也。业，危也。谓相土之后，成汤之先，中衰之世。当国家震业之际，而汤以圣敬日跻，允为兴王之天子。"[1]朱鹤龄也认为："中叶，谓相土以后、汤未兴之前。"从商朝故事，朱鹤龄更具体地推断为上甲微复国前后：

> 业，危也。何楷曰：《竹书》夏帝泄十二年，殷侯子亥宾于有易，有易杀而放之。至十六年，其子上甲微伐有易，杀其君绵臣，此汤之先世尝中衰之一证。不然何仅以七十里兴乎？[2]

钱澄之承朱熹《诗集传》之说："业，危也。朱注：'承上文而言，昔在，则前乎此矣。岂谓汤之前代中衰时与？'按：殷侯振为有易所杀，上甲微复国未久，复返商丘，皆'震且业'也。不然，何至汤仅有七十里乎？"[3]

顾镇认为，圣君不作是相土与汤之间中衰之要义。"述自契至汤，而末云'昔在中叶'，《集传》谓汤之前代中衰时是也。"此"中衰"及孔疏所云之"昔在中间之世，成汤之前，商国尝震动而危悚"，皆在于无贤圣之君：

> 商自相土后，惟《祭法》称冥勤其官而水死，《鲁语》称上

---

[1]　贺贻孙：《诗触》卷6，载《续修四库全书》第61册，第698页。

[2]　朱鹤龄：《诗经通义》卷12，载《景印文渊阁四库全书》第85册，第324页。

[3]　钱澄之：《田间诗学》，朱一清校点，合肥：黄山书社，2005年，第982页。

甲微能师契，而皆不歌于诗。上甲微后又六世而至汤，皆无闻焉。其为中衰震业，事所应有。不然以海外有截之规模，何至汤而以七十里起耶？[1]

另一说，以汤后之太甲一朝为中叶所指，太甲不守汤之典范而中衰，伊尹匡之复兴。杨椿认为："《长发》卒章之'中叶'盖言太甲其惓惓于阿衡。"[2] 胡文英详论太甲为此中衰时期："中叶，太甲也。有震且业，颠覆汤之典型，势动摇也。允信也天子，汤也。降，贻留也。"[3] 太甲曾废弃汤之德业，汤之遗臣伊尹匡正之，殷室中兴。崔述也以太甲为中叶："夫曰'中叶'，即太甲世也；曰'有震且业'，即太甲居桐宫事也。"[4] 郝懿行笺释"昔在中叶"一句："君奭云'在太甲时，则有若保衡'，是也。言昔在中世，有震动危惧，谓嗣王颠覆典刑也。及徂桐悔过，信也天子之尊，降下其礼以予卿士，尊为阿衡，实左右辅导商王，故今禘祭配享焉。伊尹先相汤，不言者，文省尔。"[5]

这就将中叶嵌入汤以后"贤圣之君六七作"，特别是太宗、中宗与高宗"三宗迭兴"的不断中兴的商朝史。沿此逻辑，亦有以盘庚

[1] 顾镇：《虞东学诗》卷12，载《景印文渊阁四库全书》第89册，第769页。

[2] 杨椿：《孟邻堂文钞》卷8《商颂论一》，载《清代诗文集汇编》第238册，上海：上海古籍出版社，2010年，第103页。

[3] 胡文英：《诗经逢原》卷10，载《四库未收书辑刊》第2辑第6册，北京：北京出版社，2000年，第577页。

[4] 崔述：《商考信录》卷1，载氏著《崔东壁遗书》上册，顾颉刚编订，上海：上海古籍出版社，2013年，第144页。

[5] 郝懿行：《诗问》卷7，载氏著《郝懿行集》第1册，济南：齐鲁书社，2010年，第947页。

殁后、高宗武丁之前为中叶之论，"盖商自中叶衰微，戎狄交侵，荆楚之梗化尤甚，高宗奋伐有截，勋莫隆焉。"该论将傅说之相业比于伊尹。[1]

第二种理解将商之中叶与夏之季世置于一局，"震""业"的危惧意涵从而指向夏桀的暴政与末路。与毛《传》之强调商朝自身政治中衰不同，商虽作为此暴政的对象而危惧，但重在讨恶伐暴而有天下。

此说以汤为中叶，中叶之危机来自作为中央王朝的夏的暴政威胁，汤从此威胁中，兴起而有天下。"'中叶'指商，言汤未更天命时。'震、业'不是中衰，乃桀行暴虐，虑身及不免危惧。'允也'句是天深信汤不是夏臣确，是天以此与一良佐。"[2]陆奎勋《陆堂诗学》、姜炳璋《诗序补义》皆持此说，如陆氏所言："'昔在中叶'，继契而言，则汤为中叶矣；'有震且业'，即《盘诰》之'小大战战，罔不惧于非辜'。"[3]

李光地认为，此句"备言汤与伊尹伐暴救民之功。中叶，夏之季世也。"[4]姚鼐将相土得而复失、商之中叶衰弱置于与夏竞争的格局中："商自相土已取夏王畿地，惟所迁徙，及其中叶有震且业，相土之地削焉。未知夏复取之与？抑据于他诸侯与？然汤以七十里起，卒奄有禹畿而居之。"他认为这与夏灭唐虞的历史规律一致："夫陶

---

[1] 马骕：《绎史》卷17，载《景印文渊阁四库全书》第365册，第206页。

[2] 查继佐：《敬修堂讲录》，载《续修四库全书》第172册，第20页。

[3] 陆奎勋：《陆堂诗学》卷12，载《续修四库全书》第62册，第393页。

[4] 李光地：《诗所》卷8，载氏著《榕村全书》第2册，福州：福建人民出版社，2013年，第432页。

唐有虞之国在河东，逮夏中世，而唐虞皆丧国。"[1] 于商之中叶而论"夏中世"，可见其以为中叶不仅"有震且业"，更是重要的兴起阶段，毕竟汤也处于契以降整个殷商基业的"中世"。

顾栋高综合了两种解释："苏《传》曰：自契至汤，中间盖有微弱震动之忧。陆平湖曰：中叶即汤也，继契而言则汤为中叶矣，'有震且业'即《㢠诰》之'大小战战，罔不惧于非辜'也。"他认为皆归于汤之受命开国：

> 开商基业者契，而开兴王之基者相土也。……"汤降不迟"，郑氏训"降"为降下之降，谓汤之下士尊贤甚疾，迂拙可笑，不知后来何故诸家俱从之。朱子训作"应期而降，适当其时"，正上文所谓"汤齐"也。严氏谓"王业至此而成，天命至此而集，所谓天人适相符合也"。[2]

纯以郑《笺》为宗，认为"震""业"乃"威""大"的兴盛之义者并不多。典型如马瑞辰调和《传》《笺》："承上言之，则中叶宜指汤时。盖自殷有天下言，则汤为开创之君；自玄王立国言，则汤为中叶矣。《笺》以中叶指相土言，失之。"但从郑《笺》之义，强调中叶的武功威大：

> "有震且业。"《传》："业，危也。"《笺》："震，犹威也。相土始有征伐之威，以为子孙讨恶之业。"瑞辰按：以中叶指

---

[1] 姚鼐：《惜抱轩九经说》卷4《尚书说二·汤誓说》，载《续修四库全书》第172册，第620页。

[2] 顾栋高：《毛诗订诂》卷8，载《四库未收书辑刊》第1辑第4册，第775页。

汤言，"震"亦可从《笺》训"威"。至《笺》以"业"为"子孙讨恶之业"，则非。《尔雅释诂》："业，大也。""有震且业"即言其有威且大耳。[1]

虽然在具体的经学研究中存在若干分歧，但从其大端来看，从中叶到中兴的政治逻辑是交集。"中叶"从殷商史乃至殷周史中抽象出来，泛指王朝中衰之时："国有震且业，中叶时见。"[2]同时，中叶并非季世、末世，而是蕴涵着中兴的可能。中兴与中叶可以说是一体的，这是古代中国关于政治发展时间周期的一个重要思想。《传》《笺》的共同点是殷周长时期的兴盛，中叶是这个过程中的一阶段。李黼平《毛诗绌义》引"中叶衰而上甲微复兴，故殷人报焉"，但意在强调商朝"其德浸大，至于汤而当天心"的经说，从相土至汤的发展过程中，冥、上甲微皆是"能渐大"的例证。[3]姜炳璋于高宗有"中兴功高""正中兴之本""是中兴之盛"等语。[4]商汤及三宗中兴（"迭兴"），都属于"其德浸大、渐大"的基业发展过程。周代"中叶公刘"的表述亦将中叶置于兴起的路线上，沿此思路，姚鼐笔下，"当秦之中叶，孝公即位，得商鞅任之"，亦秦富强数世之论。[5]

理解中叶概念的另一进路是历史，从历史中总结政治发展规

---

[1] 马瑞辰：《毛诗传笺通释》卷32，陈金生点校，北京：中华书局，1989年，第1182页。

[2] 严首昇：《书刘某卷》，载氏著《瀼园诗文集》卷14，顺治十四年刻增修本，第8页。

[3] 李黼平：《毛诗绌义》，载阮元编《清经解》卷1354，《清经解·清经解续编》第7册，第662页。

[4] 姜炳璋：《诗序补义》卷24，载《景印文渊阁四库全书》第89册，第368页。

[5] 姚鼐：《李斯论》，载氏著《惜抱轩诗文集》，刘季高标校，上海：上海古籍出版社，1992年，第5页。

律。清初以降，士林与庙堂对明亡的政治教训进行了比较充分的反思，"中叶"是其中的关键词。在总结胜朝历史教训的语境中，"中叶"完全地负面化了，单向地成为末世的通道。顾炎武咏山海关，对比国初与中叶政治气象之别："缅思开创初，设险制东索。中叶狃康娱，小有干王略。"[1] 这种判断日益巩固，到王鸣盛时亦感慨："始知明中叶，秕政日以滋。"[2] 赵翼阅《明史》，以诗状写了中叶的另一番残酷景象："累朝中叶有诛锄，天为人多要汰除。孙万斩来尘满野，刘千斤起血流渠。疮深诸老犹言癖，篦后残黎转忆梳。也是阎浮提一劫，纵横白骨莽郊墟。"[3]"中叶"成为政治衰颓的时间阶段代名词，衰颓表现在各个方面。

中叶问题聚焦在政风与吏治上。彭维新认为："胜国中叶，文恬武嬉，几于官不事事。"[4]《明史·循吏传序》对比国初，总结中叶由法度积弊而吏治衰败，也被赵翼写入《廿二史札记》：

> 《循吏传序》云，洪武以来，吏治澄清者百余年，当英宗、武宗之际，内外多故，而民心无土崩之虞，由吏鲜贪残故也。嘉、隆以后，吏部考察之法徒为具文，而人皆不自顾惜，抚按之权太重，举劾惟贿是视，而人皆贪墨以奉上司，于是吏治日

[1] 顾炎武：《山海关》，载氏著《顾亭林诗文集》，华忱之点校，北京：中华书局，1983年，第339页。

[2] 王鸣盛：《西沚居士集》卷4《游万泉庄》，载氏著《嘉定王鸣盛全集》第11册，北京：中华书局，2010年，第57页。

[3] 赵翼：《阅明史有感于流贼事》，载氏著《瓯北集》卷39，李学颖等校点，上海：上海古籍出版社，1997年，第928页。

[4] 彭维新：《墨香阁文集》卷2《廖东雩先生三关志序》，载《清代诗文集汇编》第798册，第475页。

偷，民生日蹙，而国亦遂以亡矣。后人徒见中叶以来，官方隳裂，吏治窳敝，动谓衰朝秕政，而岂知其先崇尚循良，小廉大法，几有两汉之遗风，且驾唐宋而上哉？[1]

史家于是感慨："明中叶以后，士大夫趋权附势，久已相习成风，黠者献媚，次亦迫于避祸，而不敢独立崖岸，此亦可以观风会也。"[2] 由此而有党争，君主与君子、小人困入一局：

朋党之说，盖中叶以后，主威微替，士习渐乖，举措失中，公论湮郁。于是，贤人君子各从其类，相为引重，期于翼正直、扶纲维；小人不悦，遂指为党。原其初起，尚微探主心，不敢树敌，亡何人主不察，遂以为附下罔上，臣之大患，一切过为之防，而防闲小人之心反缘此多渗漏焉。[3]

其显著者，当然是阉党与士风为因果：

明代阉宦之祸酷矣，然非诸党人附丽之，羽翼之，张其势而助之攻，虐焰不若是其烈也。中叶以前，士大夫知重名节，虽以王振、汪直之横，党与未盛。至刘瑾窃权，焦芳以阁臣首与之比，于是列卿争先献媚，而司礼之权居内阁上。(《明史·阉党列传》)

---

[1] 赵翼著，王树民校证：《廿二史札记校证（订补本）》卷33，第760页。

[2] 赵翼著，王树民校证：《廿二史札记校证（订补本）》卷35，第803页。

[3] 胡承诺：《朋党篇第二十一》，载氏著《绎志》卷7，上海：商务印书馆，1936年，第125页。

制度积弊于中叶显现，民生因赋役而困顿。任源祥认为明代赋役制度积弊亦自中叶始："明初编审税粮，则以地为经、丁为纬；编审银力差徭，则以丁为经、地为纬，二者相为经纬，法至善也。但银差、力差有数，杂泛差无数，中叶以降，官吏得以上下其手，而供亿无艾，里长率至破家。"[1] 顾炎武深感明中叶的贡赋积弊有甚于往代："使陆贽、白居易、李翱之流而生今日，其咨嗟太息，必有甚于唐之中叶者矣。"[2] 钱大昕认为赋役问题消耗了大明的气运："中叶以降，民疲于供应，元气日以耗矣。"[3]

关于人才乃至文风、学风的反思更具整体性。吏治与官场风气相鼓荡，影响人才进退与名节轻重："中叶风厉道寖衰，莫将行谊当朝荐。"[4] 魏禧论明代选官，从"三途并用""不专以科目取士，故得人为盛"，痛感"中叶以来，至于末造，士非科目不进。科举之文，益迂疏浮滥不足用，伪人并售，祸及国家"。[5] 俞长城梳理了万历时期朝政与程墨俱衰的发展史，结论是"穆、神二宗，有明之中叶也，其于文也亦然"。为文"法备而色丽"，正是盛极而衰、文胜于质的中叶之态："夫法备则斫朴为巧，色丽则变质为华，盛极而衰，固其势也。"这是政治、世势的影响与反映："岂文运为之欤？抑别有

[1] 任源祥：《问条编征收之法》，载贺长龄辑《清朝经世文编》卷 29《户政四·赋役一》，《清朝经世文正续编》第 1 册，第 296 页。

[2] 顾炎武：《钱粮论下》，载氏著《顾亭林诗文集》，第 20 页。

[3] 钱大昕：《潜研堂文集》卷 24《凤阳县志序》，载氏著《嘉定钱大昕全集》第 9 册，南京：江苏古籍出版社，1997 年，第 392 页。

[4] 李光地：《榕村全集》卷 36《王孝子诗》，载氏著《榕村全书》第 9 册，第 332 页。

[5] 魏禧：《洪武四年会试录记》，载氏著《魏叔子文集》，胡守仁等校点，北京：中华书局，2003 年，第 757 页。

致之者耶？"[1] 学风大坏，尤为人心风俗的深层次基础问题："明之中叶，喜新立论，诋讥前儒，渐趋诡僻，士习由是多歧。"由此反程朱理学而通往末世衰变："说者谓其端肇于南宋之季，朱子彼时曾痛切言之，谓此事实关世变。明之末造，得无类是乎？"[2] 章学诚认为"明中叶人"的风气是"不读书而好奇"，对于明人书中断本朝史自嘉靖二十九年（1550）为中兴，认为"实亦不得其解"。[3] 钱大昕认为，"自明中叶，古文之法不讲，题衔多以意更易，由是学士大夫之著述，转不若吏胥文移之可信"。[4]

在清初，君臣由"前代之是非，往事之成败"总结"邦国兴替之由"时，"明朝兴亡本末"尤其具有重要的"法戒"意义。对比"国之兴也，创业开基之君"与"其亡也，必末季之主"，他们认为崇祯帝失天下"非末世亡国之君可同日而语"，但"仁明锐治之主不幸而丁中叶陵替之后，起弊扶衰，万难措手"，关键正在于中叶。[5]

对明中叶的反思成为清人的常见话题，表征明中叶风俗衰颓的鬼神祭祀之事也常见于清人记述之中。王会汾写上方山淫祠于明中叶兴起的原因："或云洪武初，祃师亲醮祷。血食许愆窃，瞽说久相剿。得非中叶后，士气竞嫖姚。政颇苛慝作，人馁淫昏饱。"明中叶

[1] 俞长城：《俞宁世文集》卷4《先正程墨中集小引》，载《四库未收书辑刊》第9辑第21册，第99页。

[2] 李清馥：《闽中理学渊源考》卷47，徐公喜等点校，南京：凤凰出版社，2011年，第559页。

[3] 章学诚：《文史通义校注》卷10《书溇志后》，载氏著《章学诚遗书》，北京：文物出版社，1985年，第133页。

[4] 钱大昕：《潜研堂文集》卷33《与友人书》，载氏著《嘉定钱大昕全集》第9册，第578页。

[5] 金之俊：《明崇祯帝陵碑》，载《清朝文献通考》卷120《群庙考二》，上海：商务印书馆，1936年，第5894页。

的淫颓气象生动可见。[1] 乾隆时人罗有高则从"明中叶有袁子者作《立命说》"讲起,认为"世之悖天地、鬼神也久矣。明之中叶,纪纲紊、政刑弛,国法不足为威劝,而有人焉,取威劝于天,取威劝于鬼神,其有省身涤恶之意矣"。[2] 与兴淫祠的逻辑相似,这也是中叶之人应对世势颓风的举措。其实,怪力乱神的应对之道本身也是中叶的一部分,清朝的善治振刷了中叶风俗,但融入社会生活、转化为通俗信仰与仪式的"中叶"则留在了历史记忆之中。

商、周、汉自中叶而中兴的逻辑仍常见于历史论说,并形诸歌咏。商有六七贤圣之君,"大戊兴中叶,盘庚续盛年"。[3] "周室龙飞孟津水,丰镐谟烈恢弘纲。中叶声灵振先绪,宣王玉帛朝明堂。"[4] "煌煌汉中叶,英明启宣帝。"[5] "赤帝中叶震且业,侯王厥角炎微茫。英英光武起白水,瓦飞渰溢麠昆阳。"[6] 袁学谟咏东汉严光事迹:"逐鹿中兴帝汉东,潜龙在下定雌雄。""中叶龙飞位正东,凭凌帝座客星雄。"[7] 在汉宣帝史事中,王夫之论人君爵赏与人臣辞受

---

[1] 王会汾:《上方山诗》,载张应昌编《清诗铎》卷 24,北京:中华书局,2022 年,第 884 页。

[2] 罗有高:《书〈立命说〉辩后》,载贺长龄辑《清朝经世文编》卷 4《学术四·广论》,《清朝经世文正续编》第 1 册,第 48—49 页。

[3] 桑调元:《弢甫集·弢甫五岳集恒山集》卷 2《殷六七贤圣君故都》,载《清代诗文集汇编》第 277 册,第 657 页。

[4] 张廷瓒:《传恭堂诗集》卷 5《石鼓歌》,载《四库未收书辑刊》第 7 辑第 29 册,第 100 页。

[5] 王士禛:《分赋得魏相赠环溪先生》,载氏著《带经堂集》卷 32《渔洋续诗十》,《清代诗文集汇编》第 134 册,第 236 页。

[6] 任启运:《清芬楼遗稿》卷 2,嘉庆二十二年刻本,第 90 页。

[7] 袁学谟:《居易堂浙中新集》卷 1《富春怀古十六律》,载《清代诗文集汇编》第 224 册,第 304 页。

之理，以创始与中叶分两段："草昧之始，君与开国之臣，为天下而已乱。迨其中叶，外寇内奸，不逞于宗社，而殃及兆民，大臣代君行讨，底定以绥之，而天下蒙安。"[1]王夫之还在论南唐的正统性时，以中叶而中兴为合"道"，与历史已成的"理势之固然"相比较："揆之以道，则固不然。若使天下而为李氏所固有，则先祖所授，中叶而失之，因可收复之机，乘之以完故土，虽劳民以求得，弗能恤也，世守重也。非然，则争天下而殄瘁其民，仁人之所恶矣。"[2]

但是，明史的反思在清代持续，受明代中叶教训的影响，更多的是对历代中叶衰颓及其与败亡关系的总结，成为政治思想与历史镜鉴的常见议题。王夫之对比唐宋之中叶君臣："唐之中叶，祸乱屡作，而武、宣之世，犹自振起，御外侮，修内政，有可兴之几焉。宋则南渡以后，孝宗欲有为而不克，嗣是日赢日荼，以抵于亡。非其主之狂惑如唐僖、懿比也，唯其当国大臣擅执魁柄者，以奸相倾而还以相嗣。"[3]清初，李世熊论租庸调法之"必弊"，其时便在中叶："故庙整齐画一百年无改，虽造化不能，此法之必弊者也。于是中叶以后，丁口转死，田亩换易，贫富升降，向所输庸调者皆无田之人矣。"[4]孔广森认为，元武宗"不幸中叶震业，大宝陆沉"。[5]衰落的东周而非崛起的公刘也更多地被界定为"周之中叶"。李塨认为：

[1]　王夫之：《读通鉴论》卷4，舒士彦点校，北京：中华书局，2013年，第81页。

[2]　王夫之：《读通鉴论》卷30，第939页。

[3]　王夫之：《宋论》卷13，舒士彦点校，北京：中华书局，1964年，第235页。

[4]　李世熊：《寒支集》初集卷4《田亩》，载《清代诗文集汇编》第17册，第591页。

[5]　孔广森：《骈俪文》卷3《元武宗论》，载《清代诗文集汇编》第431册，第207页。

"周之中叶近二百年，苟安虚名于上者，皆桓、文之功也。"[1]胡承诺论"赏功之典难于允当，而中叶以后，此事尤难"，认为中叶朝局难有作为："二《雅》所载方叔、召虎皆中叶功臣。圣人独举以垂训，盖深知其难也。中叶之时，人主行陈未亲，大臣意见多歧，中朝沮抑实繁，幕府夸张太甚，有此四弊，故书勋最难。"[2]礼意亦于中叶失落："礼者，社稷之基，治安之本，晏子对景公是也。中叶之君亡礼于微，害成于著；亡礼于身，害结于后嗣。至其一旦，固不可救矣。"[3]"周之中叶，朝觐礼废，论者谓礼教不明，上下之等不肃，冠履皆易位矣；刑罚不一，轻重出入行私，民生日狭隘矣；道德不同，言伪行辟得志，人心皆陷溺矣。亲民之官不近天子之光，险诐淫放潜滋默长渐不可芟治，皆由觐礼废也。"[4]

清人基于既往历史经验，抽象出一般的政治规律，但实有明朝教训的影子。王夫之总结道："制之有法而慎于始，且不能持于其后，祖宗之法，未可恃也。中叶之主能不惑者，未见其人也，天下所以鲜有道之长也。"[5]顾炎武发现，"自古国家中叶，多有妖人阉人阑入宫禁之事，固气运之疵，亦是法纪废弛所致"。[6]孙光祀对比国政之"初晚"，对中叶积弊而易养安、难改革的观察更为具体形象：

---

[1] 李塨：《春秋传注》卷2，载氏著《李塨集》上册，陈山榜等点校，北京：人民出版社，2014年，第538页。

[2] 胡承诺：《功载篇第十八》，载氏著《绎志》卷7，第117页。

[3] 胡承诺：《广征篇第六十》，载氏著《绎志》卷18，第378页。

[4] 胡承诺：《兼采篇第五十八》，载氏著《绎志》卷16，第333页。

[5] 王夫之：《读通鉴论》卷14，第385页。

[6] 顾炎武：《妖人阉人阑入宫禁》，载顾炎武著，黄汝成集释《日知录集释》卷30，上海：上海古籍出版社，2006年，第1686页。

古名哲良佐，裴迪匡时，初晚殊遭，风裁各著。然中叶之余，易于养安。凡因革损益诸大政，兼总条贯，规模毕具。保治者重于变法，而建议者亦重于立言。第使标持雅节，无动为大，已足以扬鸿声、敦茂寔，庙堂之间雍雍而已。惟是时当肇造，百务俱兴，宿弊犹存，新猷未备，必借洞观今古之识，深思卓计，为国家创业垂统之谋。故从来开辟之主立于上，而一时之贤人君子皆得感风云之遇，各携所长以自表见。经始之际，修举为多，天纵之资，听闻斯异。夫是以响答互发，謇谔相先，当代有可记之书，后世有必传之论也。[1]

在规律性认识中，清人亦于《易》《尚书》等经典的研究中，借助关于政治生命力、变化等方面的思想，深化对中叶政治状态的哲学思考。

对于"六二，黄离，元吉"，王夫之认为，"'元吉'，吉于始也。水之相承，源险而流平。火之相继，始盛而终烬。故坎道盛于五，离道盛于二。人之有明，待后念之觉者；牿亡之余，仅存之夜气，终不可恃也"。这与人离天道日远、"私意"日盛的发展大势有关："若昭质之未亏者，一念初发，中道灿然于中，自能虚以受天下之善，而不蔽于固陋；殆其已知，更求察焉，则感于情伪而利害生、私意起，其所明者非其明矣。故愚尝有言：庸人后念贤于前念，君子初几明于后几。"虽然"天理在人心之中，一丽乎正，而天下之大美全体存焉"，但此"天理"难明，人间治理亦难以长盛不衰：

---

[1] 孙光祀：《任海眉馆卿奏议序》，载氏著《胆余轩集》，《清代诗文集汇编》第49册，第325页。

其在治天下之理，则开创之始，天子居中而丽乎刚明之贤，以尽其才，则政教修明而中和建极。若中叶以后，更求明焉，虽虚己任贤，论治极详，且有如宋神宗之只以召乱者。

返本重始，才是此卦之真义："此六二之吉，所为吉以元也。占者得此，当以始念之虚明为正。"[1] 但这并没有指出克服中叶的明路。

萧光远作《周易属辞》，以阴阳盛衰消息解释上古以迄"三代"变迁，特别是商周鼎革一局，以中叶指殷商之盛极而衰，而非成汤大兴之势：

> 天地生物，阳气自下而上，极乎上而又反乎下，循环不已。自古帝王之兴，如《系传》所称伏羲、神农、黄帝、尧、舜皆自下而起，汤武革命亦然。如汤由侯而王，贤圣六七作，此商家阳德方亨之时也。中叶以后，阳气渐极乎上，而太王、王季、文王又培周家八百年之元气。故，屯必以初为主爻而后合卦之名义。[2]

历史反思与哲学总结，亦是为了寻找中叶的应对之道。中叶的困境之感虽然在胜朝教训的背景下加重，但既有中兴的历史经验与政治思想在前，从中叶而中兴便仍是中叶反思的题中之义。

胡承诺认为有"四治"，即"有初定之治，有盛大之治，有中叶之治，有衰乱之治"。所谓"中叶之治"，即"中叶以后，官分南北

之司，民有兵农之别；赏虽具而下弗慕，罚虽施而人莫惩；髋髀之家格有司法令，壅蔽之官塞君上聪明；深宫荒晏倦勤，而好大喜功，犹复不戢；大臣处外，章奏批驳，动须复请"。[1]

之所以有中叶，是因为秦以后的治道与治德下衰，以致"基命浅"。决定"四治"分期的，首先是天运和气数："以天运言之，天道五年一变，五行相胜以五成也；十有三年一变，岁星一周也；三十年一变，天道小成也。存亡之数，不过三纪，岁星三周也。"[2]更为重要的是，天运和气数本与人间治道盛衰相伴，中叶是总体上的政治衰退所致。天下之治赖人主"仁智之令教"，仁义礼乐乃"帝王相传而不易之道法"，"自三代至春秋，虽流为十二，其法犹存也"，但"自秦以后，帝王之兴，虽有懿轨，终不及尧、舜、禹、汤之盛。是故中叶以降，政教陵替，天之所亡，不必尽如纣、桀也"。中叶之时，积弊为敝："始以简质为治者，简质积而朴茂生，朴茂积而劲悍生，末流之弊，至于不安在上。始以文饰为治者，文饰久而枝叶生，枝叶久而奸巧生，末流之弊，至于不安在下。"制度都失灵甚至走向反面了，于是便积重难返而走向末世："积渐既久，陵夷之理已具，倘非命世雄姿，再造区夏，其他中才以下，虽有片长小善，同归祸败，不必幽、厉之衅，而有赧、献之灾矣。"究其原因，是"基命"浮浅，远非"二帝三王"令教所积功德之盛，不足以抵挡政治衰退。[3]

但中叶可挽回，基命在于人事："圣人教人，凡天下国家之务，

---

[1]　胡承诺：《至治篇第十一》，载氏著《绎志》卷5，第74页。

[2]　胡承诺：《至治篇第十一》，载氏著《绎志》卷5，第74页。

[3]　胡承诺：《兴亡篇第三十八》，载氏著《绎志》卷10，第220页。

未尝听诸造化，必以人事斡旋其间。惟静可胜动，惟常可胜变，惟仁可胜暴，惟诚可胜伪。""凡天下事，其合乎道而可久者，皆礼节也，皆王制也。"所谓"人事"，就是君主合道而有为。君主为圣人，方可规复天道，深化"基命"："天地之化，人君之德，皆以藏于密微为深，著于迹象为浅，发于观听为浮，格于性情为至。致其深至，去其浮薄，天地与圣人一道也。""圣王为治，政教宽平，规模宏远，无赫赫之誉。生其时者，从容暇豫，无急遽苟且之情。子孙承之，莫不忧深思远，民间风俗，亦皆质朴坚强，不惮勤苦治生，劳瘁事上。"以此承担抗御中叶销磨："即至中叶以后，伤政治之衰，而不忍疾怨其君；思圣明之泽，而无叛弃之念：以其初载之治，湛然深厚，而藏用者密也。凡天下之理，可大莫如和，和则发生，发生则可大矣；可久莫如乐，乐则安固，安固则可久矣。"这是祖宗积德以防中叶，也是身值中叶的应对之方，是一以贯之的可大可久之道："知前此之不善，改更于彰施之际，不如潜消于密勿之中；虑后此之难久，申而警之使人无忘，不若默而行之使己无荒。《诗》曰：'夙夜基命宥密。'此之谓也。"[1]具体而言，要"通乎上下而使无间"，做到"四要"即"行义、去奸、忘私、持正"，从而使君主成为居中驭外之首脑："于斯时也，不惮改悔之诚，则前此之患可除；旁求补救之方，则后此之治可久。要使天下之柄常在君子，不在小人，常在政府，不在旁侧，则可数世无患，此中叶以后之治也。""莫尊于君至无上矣而尚贤，莫贵于君至无虞矣而畏民。"[2]

在清人的政治认知中，中叶积弊的问题虽然严重，但仍可通过

---

[1]　胡承诺：《杂说篇第五十七》，载氏著《绎志》卷15，第314页。

[2]　胡承诺：《至治篇第十一》，载氏著《绎志》卷5，第75页。

圣贤之君积德挽回："上古民朴，当殷之中叶，所谓惟货其吉、爵以贿成之风尚未见端，况汤王以不殖货利之主检身率下，虽始衰于雍已，继衰于河亶甲，三衰于阳甲，特不过德衰而诸侯莫朝耳，然贤圣之君六七作，孟子所谓流风善政犹有存者。"[1] 刘逢禄依据周史也认为君王懿德可以"保世滋大"，中叶只是渐兴之阶段："周自后稷，中叶不窋，公刘及太王、王季世序其德，至于武王昭前之光明，嗣文考式在位，恤民之隐以除其害，戢干戈，櫜弓矢，保世滋大，惟懿德是求。"[2] 从《易》可见，中叶之后的政治问题是可以预防的："终日戒慎，不敢侈肆焉。昔禹恶衣服，文王卑服，汉文帝身衣弋绨，唐文宗衣三澣，安于俭也。人主当中叶之后，而节约自救，庶乎知思患而预防矣。"[3] 虽然戒慎、节俭等个人道德的践行未必有效，却是时人心中的君主絜矩之本，那些失败的中叶君主只是未能合格而已。

　　商王室是政治体也是氏族，除国家之外，"中叶"也广泛应用于家族等组织发展的阶段指称。衰而再兴的中叶成为国与家世运同构的呼应，通俗常用，入于社会生活。如"尔曾祖旧租千亩，多隐德，儿其振起中叶乎"[4]，"姑归而遭家中叶"[5]，"中叶有聚散，故

---

[1]　朱霈：《经学质疑》卷2《尚书质疑》，载《四库未收书辑刊》第4辑第9册，第402页。

[2]　刘逢禄：《刘礼部集》卷6《书序述闻》，载《续修四库全书》第1301册，第113页。

[3]　何志高：《易经本意》卷2，载《续修四库全书》第33册，第636页。

[4]　王铎：《拟山园选集》卷45《洪川张公传》，载《清代诗文集汇编》第7册，第187页。

[5]　严书开：《范龟生近篇后序》，载氏著《严逸山先生文集》卷1，清初宁德堂刻本，第37页。

庐今尚存"[1]等教训子弟的话中,中叶都有中衰之意。但家业于此中兴,乃有表彰之文:"今思齐崛起于中叶之后,而有以慰夫文肃未遂之志。"[2]又如,"吾家遘中叶,门祚衰不昌"是靠叔母持家有道。再如某家,正因主妇有德，才能挺过"迨乎中叶,家渐弗振"的岁月,保障家主人"得以有余,周旋于贤士大夫之间,而青缃黄卷不稍辍于晦明风雨",度过政治关隘,"膺民社之寄""以贤守令奏最""作东南屏壁",人丁兴旺,家业发达,"若女若孙济济雍雍"。[3]其他组织、事业也用到"中叶"一词,如寺院就有"迨中叶寖衰,山荒殿圮"之言。[4]

李光地、萧光远等"三代"中叶"此伏彼起"的兴衰交替视野,提示今人中叶本是夏、商、周政治集团重叠平行发展的历史的反映,但从后代政治思考来看,"贤圣之君六七作""三宗迭兴"的世德绵延,胜过盛极而衰的单一曲线发展史,为衰而中兴提供了可能和期待。"三代"以下,汉、唐、宋的历史虽不能完全证实但仍在一定程度上验证了中叶而中兴的可能,明代的历史则提供了教训。

在清人对政治生命周期的规律性认识中,总体来看,中叶衰而中兴之义趋于稳定,胜过了持续兴盛发达的解释。中叶首先意味着衰退的政治状态,其本身总体上变成一个负面的政治时间的概念:

---

[1] 张开东:《白莼诗集》卷1《三月按谱至栗柴港》,载《清代诗文集汇编》第333册,第380页。

[2] 余集:《秋室学古录》卷5《冯农部母李夫人寿序》,载《清代诗文集汇编》第395册,第52页。

[3] 魏宪:《枕江堂集》卷11《寿郑孺人序》,载《四库未收书辑刊》第8辑第16册,第611页。

[4] 王岱:《了庵文集》卷7《府君山云罩寺碑记》,载《四库禁毁书丛刊》集部第11册,北京:北京出版社,1997年,第568页。

"往往中叶衰。"[1] "夫云'先君文王',固明在文王之后,至言'其后在位不恤元元,税赋繁数',则并在周室中叶以后,非成、康诗矣。"[2] 同时,中叶只是中衰,并非已至政治生命的终点。历史经验和哲学思考都存在从中叶到中兴的路径,积累德业、复兴基业成为一个重要的政治发展逻辑。

第二节　清人的本朝中叶感

在对政治周期的观念共识背景下,"中叶"成为清人脑海中一个基本的政治局势概念。虽然中叶可以复兴,但它毕竟首先意味着陵替,特别是明代中叶的镜鉴在前。清人期望可以摆脱王朝中叶的魔咒。乾隆时,国势稳定已久,时人便不免将其与中叶相较。平定准噶尔时,刘墉便以胜于中叶的英武气象来称颂这一伟绩:

> 夫承平日久,将相恬嬉,徒闻练卒之勤,不试杀敌之事,遇有征行,常虞蹉跌,此前代中叶以后所由弱也。今者调发劲旅自东徂西,远历山川,深探窟穴。大帅以下,或阀阅世臣,生长华腴,未习劳郅,俾得置身朔漠之区,经心军旅之务;下逮行伍之士,振厉而往,鼓舞而归,忘于役之忧,识从军之乐,以视终老牖下不逢旗鼓者,勇怯强弱之形,岂可同日语哉!

他由此认为君王神圣、国运永昌:"臣愚于此知我国家景福无疆、天

---

[1] 李澄中:《齐讴行》,载王培荀《乡园忆旧录》卷5,《续修四库全书》第1180册,第680页。

[2] 魏源:《诗古微·中编·召南答问》,载氏著《魏源全集》第1册,第346页。

心纯佑，亿万年有道之基于兹益固，而我皇上神圣文武、迈迹羲轩、中外一家、同申颂祷。"[1]

帝王尤为关注胜朝殷鉴。乾隆四十三年（1778），皇帝诣盛京谒祖陵后，谕旨以明代中叶教训警省子孙：

> 即如胜国，洪武草昧初开，未尝不得之艰苦，而中叶以后罔念厥祖……数君惟知蒙业而安，于国是懵然罔觉，虽未及身而丧，不数传而驯致灭亡。使有能奋然振兴，追念洪武之旧图，励精求治，未必不可挽回于末造，而宴安耽毒，终于不可救药，自覆厥宗。殷鉴甚近，尤足为炯戒耳。[2]

返本追始，从祖宗典型中吸取力量并兢惕自身，是皇帝能够想到的克服中叶颓态的良方，因此他决定每三年派皇子二三人恭谒祖陵。

这一期望延伸到嘉道时期，二帝有居于中叶的定位、守成的惶恐，也有中兴的憧憬。

嘉庆九年三月，嘉庆帝谒明长陵。谕内阁，以明史自警而感慨"守成不易"："益钦圣德之高深，弥凛守成之不易。殷鉴不远，天命靡常，惟日孜孜，犹恐有失。勤政实为君之大本，怠荒实亡国之病源，可不慎其几与！"他认为明代中叶的主要问题在于君王不勤政："夫明代诸君，洪武、永乐皆大有为之主。中叶以后，荒淫失德者鲜，亦无暴虐放恣诸敝□大，然其大病，则在于不勤政、耽宴安。"嘉庆帝还详为阐发了由"不勤"而"天罚民背"的逻辑："夫

---

[1] 刘墉：《平定准噶尔诗（谨序）》，载《皇清文颖续编》卷70，嘉庆武英殿刻本。

[2] 《清朝文献通考》卷154《王礼考》，第6197页。

不勤则上不敬天、下不爱民。人君为天之子，不敬则不孝，不孝之子，天必降罚。人君为民之父，不爱则不慈，不慈之父，民必背之。天罚民背，国事尚有为乎？"内廷的宦官问题由此而来，外廷则壅蔽不通："前明亡于宦官，固不待言。然深信宦官之故，亦由于怠惰偷安、不亲朝政，使此辈乘机弄权。而外廷臣工，君门万里，抱忠者徒上弹章，恬壬者竞图富贵。上下不交，遂成倾否不可救药矣。"明亡于是，而一切归结于中叶之君心："呜呼！明之亡，不亡于崇祯之失德，而亡于神宗之怠惰、天启之愚骏。虽系流贼作乱，而亡于宦寺之蒙蔽。蒙蔽之来，总由于君心不正。"以勤政无逸为守成之要："敬怠之几，系于治乱；勤惰之别，验于安危。兹谒明陵，思及明亡之由，由于君心之怠忽，以致群小乘机，内外蒙蔽，遂沦于败。予敬守慈训，曷敢稍忽，万几之繁，宵旰治理，庶几常承天眷，永保天命，以巩固我大清亿万年丕丕基。时以怠忽之戒为戒，勤敬之心为心，则政无阙失，民隐上达，予深信此理之不爽。书之自警，永绥我皇祚，可期郅隆之世、无疆之庥，敢不勉诸！"[1]与前揭《崇祯帝陵碑》结合来看，可见对明中叶的政治教训的判断和提防可谓清室一以贯之的认识。

嘉庆十八年林清之变后，作为一系列的应变举措之一，嘉庆帝御制并颁发《致变之源说》《原教》《行实政论》三份文件。后两者都谈及中叶的积弊问题。《原教》坦承："朕遇斯时，大不幸也"，本朝"承平日久，生齿日繁，物价腾贵，游手之民，不遑谋食。加之以官多疲玩，兵尽怠懦，文不能办事，武不能操戈，顽钝无耻，名节有亏"，"中外已成痼疾，自不知教，焉能教民？而邪教从此而起

---

[1]　《清仁宗实录》卷127，嘉庆九年三月壬寅，《清实录》第29册，第713页。

矣"。[1]《行实政论》自责："如此逆谋已三年之久，朕竟不能知，实深惭愧，实切痛心。"他批评中叶风气酿成大祸："总由泄沓成风，苟且从事，悠忽度日，怠玩居心，视国事漠不相关，积陋习牢不可破。"

嘉庆帝希望从君主修德做起，自上而下，养之教之以正风俗："实朕德之不修，教之不正。君不正，臣亦多偏，无怪乎邪教接踵而起，皆朕不正群臣之咎，而内外臣工亦各有不能正己之处，焉能去邪黜伪乎？……诚能实心治民，先养后教，庶民具有良心，断无不改悔之理。"嘉庆帝认为，做到这些的前提是"以实心行实政"，故其自责"总因予之德薄才疏，心存姑息，水懦民玩"，要求振刷吏治以应对中叶积习：

> 欲起废策颓，非共奋精神，大加振作，不可问矣。内外臣工勿慕虚荣而贻实祸，勿保一时之爵禄而遗万古之臭名，尽心致敬，实政力行，激天下忠良之气，挽向来玩愒之风。勿以习俗为不足忧，勿以廉耻为不足惜。民风之淳簿，轨物之废兴，实关系于吏治之勤惰也。礼教既弛于平日，人心久溺于非几，忠孝廉节，斥为腐谈，诈伪习顽，习为秘计。修礼明教，秉正抑邪，此实今日刻不可缓之急务也。

嘉庆帝尤寄望于八旗上下"佐朕中兴之治，俱为盛世之忠良。补今时之重咎，垂奕代之勋名"。[2]

---

[1]　《清仁宗实录》卷281，嘉庆十八年十二月丁巳，《清实录》第31册，第841页。

[2]　《清仁宗实录》卷281，嘉庆十八年十二月丁巳，《清实录》第31册，第843页。

喜不抵忧，中叶积弊的困顿感日益成形。道光八年（1828），皇帝命绘平定回疆剿擒逆裔功臣四十人像于紫光阁。御制序以中叶衰弱自警："历观史册，凡开创之初，无不兵强将勇；中叶以后，享承平而尚安逸，率以偃武为辞，不加练习。设遇不逞之徒，将何以御之？渐形衰弱，职此之由也。"[1]

在由中叶而中兴的政治逻辑中，对守成君主，即以中兴为期。咸丰帝便赞颂乃父"中兴"为大：

> 微特汉之本始、唐之大中、明之宣德，不足以媲媺万一。即车攻吉日，作为诗歌，号曰"中兴"，方兹蔑矣。继自今世，世万子孙，丕显丕承，视此方策。非天下之至圣，非天下之至神，其孰能与于斯，其孰能与于斯？[2]

但是，清初以降对明朝教训的反思以及诸帝对中叶的警惕之心与预防之策，并不能阻挡清朝中叶积弊局势的到来。从嘉庆、道光二帝的自警中已可读出本朝的中叶感，其时士林亦已有对身处中叶／中世的共识。盛世与中兴之间，是王朝的中叶。在"民力物力之盛衰，人材风俗进退消息之本末"中，洪亮吉、龚自珍、魏源和同时代的有识者们穷形尽相地勾勒了中叶的衰靡气象，分析与批评其成因，并对其进行更深刻的思想总结和规律认识，深化了对政治积弊与中叶这一政治阶段的关联的认识。

第一个严正发出中叶警报的是洪亮吉，他认为士风吏治在乾隆

---

[1] 《清宣宗实录》卷136，道光八年五月丁巳，《清实录》第35册，第89页。

[2] 《清宣宗实录》卷476，道光三十年正月丁未，《清实录》第39册，第1002页。

中叶就已经变化了：

> 往吾未成童，侍大父及父时，见里中有为守令者，戚友慰
> 勉之，必代为之虑曰：此缺繁，此缺简，此缺号不易治。未闻
> 及其他也。及弱冠之后，未入仕之前，二三十年之中，风俗趋
> 向顿改，见里中有为守令者，戚友慰勉之，亦必代为虑曰：此
> 缺出息若干，此缺应酬若干，此缺一岁之可入己者若干。而所
> 谓民生吏治者，不复挂之齿颊矣。[1]

洪亮吉"弱冠"之年，即乾隆三十年，可见乾隆中叶的转折。[2]

"乾隆中叶"指向权臣和珅误国。洪亮吉看到前代诤臣杨继盛的
名印，"却忆明中叶，权奸盗国章。几人关气运，此石阅沧桑"。[3]"权
奸"似即影射和珅。"关气运"的，有奸臣，也有忠臣。杨继盛成为
明中叶忠臣抗争的象征符号，亦为本朝中叶振奋的寄托，对前朝中
叶忠臣烈士的怀念于焉彰显。后来，翁心存拜祠时也有诗感慨："有
明当中叶，王道方陵迟。将相互勾结，中外皆恬嬉。维公奋忠义，
拜疏两击之。"[4]可见，清人对杨继盛的崇拜延至清末。

---

[1] 洪亮吉：《意言·守令篇》，载氏著《洪亮吉集》第 1 册，第 24 页。

[2] 昭梿亦言和珅当权之弊："乾隆中，自和相秉政后，河防日见疏懈。其任河帅者，
皆出其私门，先以巨万纳其帑库，然后许之任视事，故皆利水患充斥，借以侵蚀
国帑。而朝中诸贵要，无不视河帅为外府，至竭天下府库之力，尚不足充其用。"
（《啸亭杂录》，北京：中华书局，1980 年，第 214 页）

[3] 洪亮吉：《颜大令崇榘寄示明杨忠愍公名印敬赋二律》，载氏著《洪亮吉集》第 3
册，第 1264 页。

[4] 翁心存：《知止斋诗集》卷 5《杨忠愍公祠》，载《清代诗文集汇编》第 571 册，
第 482 页。

"自乾隆五十五年以后，八年之中，权私蒙蔽，事之不得其平者，又不知凡几矣。""至于利弊之不讲，又非一日。"[1]嘉道两朝，中叶颓象已尽然显现。黄爵滋认为，两位守文的君主无悖祖宗、皆能仁政：

> 我朝圣圣相承，二百年来，典章至为周密，法令至为详备。我仁宗睿皇帝，训谕百官，时时以因循为戒，故化泽之敷布益广，元气之培植益深。皇上出理万几，入懔彝训，宵旰忧劳，未尝稍息。比者京畿内外，望泽孔殷，皇上一念诚感，甘澍立沛，民气遂苏，百谷用成，虽尧舜之用心，无以加此。

但中叶颓势还是形成了：

> 惟是天下至大、民生至众，皇上以整顿之权托之大吏，大吏以整顿之事督之群有司。今论者有曰：邪教可虑也，会匪可忧也，灾黎可悯也，岁荒可惧也，兵弁多无用也，海洋多莫测也，外之鲜爱民之官，而内之鲜敬事之吏也。[2]

处此颓势之中，人们的感受是"世运衰微，民遭潦倒"，大吏的努力也在此世运中扭曲："虽有何制军及藩道力除积弊，似言行背谬，终无实在。"种种积弊情形，只能归之于"运"与"数"："苟

---

[1] 洪亮吉：《乞假将归留别成亲王极言时政启》，载氏著《洪亮吉集》第 1 册，第 224—225 页。

[2] 黄爵滋：《综核名实疏》，载盛康辑《清朝经世文续编》卷 13，《清朝经世文正续编》第 3 册，第 142 页。

得一官，皆图利而不图名，要财而不要命，其实皆子民膏血，国家厄运也。安知非天降之灾，生民涂炭，非天数，即人数也。"[1]

现实的中叶颓象，强化了中叶就是中衰之世的经学理路。"至汤仅以七十里起，则国尝中微"，魏源虽偏好今文经学，但于此则肯定毛《传》"中叶削弱"的解释，否定郑《笺》：

> 相土何以东迁商邱？《笺》言其入为王官，出长侯国，殆因此改封畿内。然《诗》言"昔在中叶，有震且业"，毛《传》训业为危，正谓中叶削弱之事。[2]

即便是对汉代的长期兴盛，洪亮吉也不无伤感与遗憾："汉家中叶庆连绵，元狩元封国祚延。天上岁星来执戟，如何天子不长年。"[3]

清人反观政治史，基于历代政治的教训而比较异同，总结规律，思考本朝中叶的机理与成因。嘉庆三年（1798），洪亮吉文中言，自汉至明的民间宗教起事，"皆起于中叶以后，政治略弛之时"。[4] 中叶之政"弛"，华而不实："汉唐宋中叶诸盛辟，得其一事，无不加尊号，膺玉册，铺张鸿名，增益盛算。"称颂而寓希望："皇上独一切勿事，惟民生治术为兢兢，盖于于焉，翼翼焉，又将超其识于八代之上，蔼然而继五位三纪之盛轨也。"[5] 魏源也从历史规律总结中叶

---

[1] 柯悟迟：《漏网喁鱼集》，第31页。

[2] 魏源：《书古微》卷6《汤誓序发微》，载氏著《魏源全集》第2册，第160页。

[3] 洪亮吉：《读史六十四首》，载氏著《洪亮吉集》第3册，第1395页。

[4] 洪亮吉：《征邪教疏（戊午二月廿七大考题）》，载氏著《洪亮吉集》第1册，第206页。

[5] 洪亮吉：《万寿无疆颂（并序）》，载氏著《洪亮吉集》第1册，第279页。

衰颓不振的景象，如前文，于此复述：

> 尝观周、汉、唐、宋、金、元、明之中叶矣，瞻其阙，夫岂无悬令？询其廷，夫岂无充位？人见其令雷行于九服，而不知其令未出阶闼也；人见其材云布乎九列十二牧，而不知其槁伏于灌莽也。无一政能申军法，则伕民玩；无一材堪充军吏，则敖民狂；无一事非耗军实，则四民皆荒。伕民玩则画棰不能令一羊，敖民狂则蛰雷不能破一墙，四民皆荒。然且今日揖于堂，明日觞于隍，后日肷于藏，以节制轻桓、文，以富强归管、商，以火烈金肃议成汤，奚必更问其胜负于疆场矣。[1]

明朝中衰的切近教训再度受到格外的重视与总结。"徒见明中叶气运不振，以为衰世无足留意"，已是"俗士耳食"的普遍认知。尽管龚自珍要为江左渊雅一辩[2]，只是他也同样认为："明自中叶以还，洎乎屡亡，华质凋丧，蛙吠庙堂，蟹及四方，纤儿仄竖，争相怒顽"[3]，"有明中叶，嘉靖及万历之世，朝政不纲"，乃"侘傺拮据，朝野骚然之世"。[4]

在"通三统"的启发下，将元、明、清三朝贯通观照，看其共通的要素，是以魏源为代表的思想家开启的中叶认知新理路。"以三代之盛，而殷因于夏礼，周因于殷礼，是以《论语》'监二代'，荀卿'法后王'，而王者必敬前代二王之后，岂非以法制因革损益，

[1] 魏源：《圣武记叙》，载氏著《魏源集》上册，第 165 页。

[2] 龚自珍：《江左小辨序》，载氏著《龚自珍全集》，第 200 页。

[3] 龚自珍：《徐尚书代言集序》，载氏著《龚自珍全集》，第 191 页。

[4] 龚自珍：《江左小辨序》，载氏著《龚自珍全集》，第 200 页。

固前事之师哉！"[1] 在此思想格局中，魏源尤为重视总结明代教训：
"我朝之胜国曰明代，凡中外官制、律例、赋额、兵额，大都因明制
而损益之，故其流极、变迁、得失、切劘之故，莫近于明。"他从明
代祖宗制度分析其中叶之困："治有余之证，易于治不足之证，明中
叶以前之证，其尚有余乎？有下而无上，厥象水；有上而无下，厥
象火；明中叶以后之证，其犹水欤？"[2] 魏源又作《元史新编》，以
"开国""世祖""中叶""元末"分期，将清中叶的困境投注在元代
政治与历史分期中：元亡于用人"不公则肝胆楚越"，并非初年如此，
"惟是中叶以后，台省官长，多其国人"。[3] 元兵制盛衰，既如商之成
汤"中叶以后，吞金平宋，一统中外，为从来所未有"，复于得天下
后遭遇中叶废弛："及中叶以后，增设怯薛日多，皆纨绔子弟，觊希
恩泽，岁赐钞帛，以亿万计，非复太祖旧制矣。""中叶以后，承平
日久，解纽弛防，将骄卒惰，加以中朝抚驭失宜，藩镇哄于北，流
贼炽于南，天下势遂不可为，岂祖制之不善哉。"由此，他希望"综
其大概"，"一代武备得失之林，可为殷鉴也"。[4]

　　魏源批评中叶表现于人祸的典型是"鄙夫"："历代亡天下之患
有七：暴君、强藩、女主、外戚、宦寺、权奸、鄙夫也。暴君无论
矣，强藩、女主、外戚、宦寺、奸相，皆必乘乱世暗君而始得肆其
毒，人人得而知之，人人得而攻之。惟鄙夫则不然。""鄙夫之害治

[1]　魏源：《明代食兵二政录叙》，载氏著《魏源集》上册，第 160 页。

[2]　魏源：《明代食兵二政录叙》，载氏著《魏源集》上册，第 160—161 页。

[3]　魏源：《拟进呈元史新编序》，载氏著《魏源集》上册，第 203 页。

[4]　魏源：《元史新编》卷 90，载氏著《魏源全集》第 11 册，第 2407 页。魏光焘于
　　光绪三十一年（1905）所作《叙》亦云："中叶正朔，不逾金山，萧墙内阋，盛
　　衰攸关。"可见，魏源"中叶"写史的影响及"中叶"观念在晚清的一脉相承（《魏
　　源全集》第 8 册，第 1 页）。

也，犹乡愿之害德也"，"以宴安耽毒为培元气，以养痈贻患为守旧章，以缄默固宠为保明哲，人主被其熏陶渐摩，亦潜化于痿痹不仁而莫之觉。岂知久之又久，无职不旷，无事不蠹，其害且在强藩、女祸、外戚、宦寺、权奸之上；其人则方托老成文学，光辅升平，攻之无可攻，刺之无可刺，使天下阴受其害而己不与其责焉。"[1]

龚自珍将中叶显形的"鄙夫"现象归因于开国君主英武专制，而守文之君难以为继：

> 霸天下之孙，中叶之主，其力弱，其志文，其聪明下，其财少，未尝不周求礼义廉耻之士，厚其貌，妪其言，则或求之而应，则或求之而不应，则必视祖之号令以差。
>
> 昔者霸天下之氏，称祖之庙，其力强，其志武，其聪明上，其财多，未尝不仇天下之士，去人之廉，以快号令，去人之耻，以嵩高其身；一人为刚，万夫为柔，以大便其有力强武；而胤孙乃不可长，乃诽，乃怨，乃责问，其臣乃辱。

霸道暴戾的政治不能养士，摧折气节，而与士气同归就暮：

> 荣之亢，辱之始也；辨之亢，诽之始也；使之便，任法之便，责问之始也。气者，耻之外也；耻者，气之内也。温而文，王者之言也；惕而让，王者之行也；言文而行让，王者之所以养人气也。籍其府焉，徘徊其钟簴焉，大都积百年之力，以震荡摧锄天下之廉耻；既殄、既狝、既夷，顾乃席虎视之余

---

[1] 魏源：《默觚下·治篇十一》，载氏著《魏源集》上册，第71页。

荫，一旦责有气于臣，不亦暮乎！[1]

如何应对中叶困局而图求中兴，是一代士人的共同究心。与洪亮吉等人直写中叶之困不同，姚椿倒过来着笔，论"治世中兴"之难而寄望于"保世滋大"，"中兴者，有乱世之中兴，有治世之中兴"。所谓"乱世之中兴"，即"继乱世"能"扫除而作新之"，"其道因而兼创，有若夏之少康、周之宣王、汉之光武"；"治世之中兴"，即"继治世"能"怠则整齐而严肃之，猛则休养而生息之"，"其道亦因而兼创，有若商之太甲、周之成王、汉之昭帝"。他意在论说的，当然是后者："人知继乱世之难，而不知继治世之难为尤甚焉者也。"汉昭帝、唐宪宗、唐武宗、宋仁宗、宋孝宗、明孝宗，虽功烈或"不克终"，或"未有丰功伟业可以大过人者"，但都足称继治世而中兴："夫所谓中兴者，非功名武勇之为难，而保世滋大之为贵。"[2]

对于中叶成因的规律，黄爵滋认为名实不副的因循废弛是主要表现，前文有述，此间再录：

> 开创之初，固不振作，由振作而周详。承平既久，渐即因循而废弛，驯至官府皆同传舍，诰诫总属具文，而吏治不可问矣，人心不可知矣。夫圣道法天，天心爱民，天有四时，圣有四德，气感于虚，事征于实，有名无实者，天下之大患也。[3]

---

[1]　龚自珍：《古史钩沉论一》，载氏著《龚自珍全集》，第 20 页。

[2]　姚椿：《中兴论》，载查昌国点校《桐城派名家文集 2·姚椿集》，第 4—5 页。

[3]　黄爵滋：《综核名实疏》，载盛康辑《清朝经世文续编》卷 13《治体六·治法中》，《清朝经世文正续编》第 3 册，第 142 页。

这是治理层面的形而下总结，魏源依循盛极而衰的周期律哲学，从盈虚消息思考乱机之萌：

> 荒者乱之萌也，乱不生于乱而生于太康之时。去草昧愈远，人心愈溺，其朝野上下莫不玩细娱而苟近安，安其危而利其菑。

这正是由盛转衰的中叶时刻，安乐庸颓看似在臻于"泰之极"，实已气数和人事并转于"否"来：

> 霜未冰，月几望，气数与人事合并，沉溺而不可救，奈之何哉！[1]

除去这些普遍的规律性认识，中叶之为"中世"，还有"世"之时间刻度的特定规律，尤其是社会政治发展的特定历史阶段的规律，亦即"世运"。

龚自珍欲"探世变"，受春秋公羊学"三世"说的影响，提出了"三世""三时"的论说。中叶感使得龚自珍"三世"说的重点在于"别为一等"的"衰世"："吾闻深于《春秋》者，其论史也，曰：书契以降，世有三等，三等之世，皆观其才；才之差，治世为一等，乱世为一等，衰世别为一等。"具体而言：

> 衰世者，文类治世，名类治世，声音笑貌类治世。黑白杂而五色可废也，似治世之太素；宫羽淆而五声可铄也，似治世

---

[1] 魏源：《默觚下·治篇十一》，载氏著《魏源集》上册，第70—71页。

之希声；道路荒而畔岸隳也，似治世之荡荡便便；人心混混而无口过也，似治世之不议。左无才相，右无才史，阃无才将，庠序无才士，陇无才民，廛无才工，衢无才商，抑巷无才偷，市无才驵，薮泽无才盗，则非但鉏君子也，抑小人甚鉏。

形似延续治世，而实则通往乱世，正是盛极而衰的中叶的阶段性特点。其时在"治"与"乱"之间，如果"求治而不得"，便"乱亦竟不远"，但本身尚非乱世，其对一世才智勇力的束缚和摧残，也不是乱世那样直接的、痛快的，而是软刀子割肉：

> 当彼其世也，而才士与才民出，则百不才督之、缚之，以至于戮之。戮之非刀、非锯、非水火；文亦戮之，名亦戮之，声音笑貌亦戮之。戮之权不告于君，不告于大夫，不宣于司市，君大夫亦不任受。其法亦不及要领，徒戮其心，戮其能忧心、能愤心、能思虑心、能作为心、能有廉耻心、能无渣滓心。又非一日而戮之，乃以渐，或三岁而戮之，十年而戮之，百年而戮之。[1]

与"三世"的发展阶段论相匹配，龚自珍又以一岁、一日之自然时间为喻，提出"三时"说："岁有三时：一曰发时，二曰怒时，三曰威时；日有三时，一曰早时，二曰午时，三曰昏时。""君子所大者生也，所大乎其生者时也。"君子生于"日之亭午"过后的"日之将夕"，一身所遭遇的，与"衰世"同态，正折射了中叶景象：

---

[1]　龚自珍：《乙丙之际箸议第九》，载氏著《龚自珍全集》，第6—7页。

　　　　　　　积弊：清朝的中叶困境与周期感知

> 悲风骤至，人思灯烛，惨惨目光，吸饮莫气，与梦为邻，未即于床，丁此也以有国，而君子适生之……如京师，京师弗受也，非但不受，又裂而磔之。丑类窳惰，诈伪不材，是辈是任，是以为生资，则百宝咸怨，怨则反其野矣。[1]

值得注意的是，龚自珍提出了对于作为发展阶段的"世""时"的观点，这是一种对中叶之"势"的规律性认识。但"三世""三时"何以如是，他没有进行更深一层的阐释。循着自陈渊源，既往学界多关注其三段论与公羊学"三世"说的关系："传统公羊家的三世义，代表一种历史的进化观，定庵则以'治世''乱世''衰世'为三世，赋予三世以新义，而成为解释现实历史的概念架构。"[2] 但这只是思想资源的追溯。

"三世"递嬗背后的义理，魏源于时人中抉发最为深透。以"得于先王维持之道有厚薄"为依据，"三代"上下政治气运长短不同，总体上是退化的，在元代前后再次分野：

> 三皇以后，秦以前，一气运焉；汉以后，元以前，一气运焉。其历年有远近，即其得于先王维持之道有厚薄。故汉唐宋女祸、夷狄、乱臣、贼子迭出而不至遽亡，民生其间，得少休息十余世，披其牒，考其享祚历年之久近，而其所得于道之分数可知也。[3]

---

[1] 龚自珍：《尊隐》，载氏著《龚自珍全集》，第 87 页。

[2] 韦政通：《中国十九世纪思想史》上册，台北：东大图书有限公司，1991 年，第 167 页。

[3] 魏源：《默觚下·治篇三》，载氏著《魏源集》上册，第 47 页。

可见元、明、清三代已属气运的第三阶段，得维持之道更薄，故其遭逢中叶便不如前代之国祚绵长。自本朝向上通元、明之三统，不仅是一般意义上的"通三统"，还是在气运之第三阶段内探求本阶段之规律。

但是，人事并非完全被动无可作为，而是可以再造气运，扭转"气化递嬗"。其要义在于"无为"，通过"上古无为"返本。魏源认为，随着"世运日新"而有"太古""中世/中古""末世"三种状态的无为。与"混沌初开之无为"不同，"尧称无名，舜称无为，夫子以仲弓居敬行简可使南面，其赞《易》惟以《乾》《坤》易简为言，此中世之无为也"。[1] 但是，太古无为是超越世运的治道，可以用于后世："孰谓末世与太古如梦觉不相入乎？今夫赤子乳哺时，知识未开，呵禁无用，此太古之无为也；逮长，天真未漓，则无窦以嗜欲，无芽其机智，此中古之无为也；及有过而渐喻之，感悟之，无迫束以决裂，此末世之无为也。时不同，无为亦不同；而太古心未尝一日废。"[2] "天下之生久矣，一治一乱。"救乱求治之道，是超越世运的。"惟至人能因而应之，与民宜之。"汉初文景之治，就实现了"气运再造"，"不啻重睹太古焉，此黄老无为可治天下"，达到"养复其元"。东汉以降的历史证明"古无为之治，非不可用于世明矣"。[3]

扭转气运的源动力在于帝王。"一阴一阳者天之道，而圣人常扶阳以抑阴；一治一乱者天之道，而圣人必拨乱以反正。"[4] 拨乱反

---

[1]　魏源：《老子本义序》，载氏著《魏源集》上册，第257页。

[2]　魏源：《论老子二》，载氏著《魏源集》上册，第262页。

[3]　魏源：《老子本义序》，载氏著《魏源集》上册，第257页。

[4]　魏源：《默觚上·学篇四》，载氏著《魏源集》上册，第12页。

治，逆转中叶颓势以达中兴，在乎君主一人。通元、明、清三统的格局中，皆以中叶为气运之要。从中叶到中兴，帝王可以"逆气运以拨乱反治"，"逆则生""逆则圣"。[1] 魏源寄望于君主警惧，尽人事："诚欲倾否而保泰，必自堂陛之不太康始。《诗》曰：'民莫不逸，我独不敢休'，'无已太康'之谓哉！"[2] 将逆气运寄望于君主，是因为王纲为王道枢轴。君主逆气运，责望于主德。"人主修德之难也，倍于士庶乎！""天下之责望主德也，亦倍于士庶乎！""履天位之君子，非性与天合，德足配天，即不足主百神而纲四方也。知此而不战战兢兢于上者，非人情也。"[3] 这与洪亮吉对嘉庆帝的批评如出一辙。

扭转气运，实现中兴，对君主有特定的要求。太古之无为固然是超越的，但在不同的治理处境和国势下要有相应的具体展开。针对承平丛脞与继乱世而开创的不同背景，魏源认为在中叶困境之中不能"清静以治"，而是要"励精图治以使民无事"，即君主应大有为而不扰民：

> 秦汤方燠，九州为炉，故汉初曹参、盖公沐之清风而清静以治。若乃席丰履豫，泰久包荒，万几丛脞于上，百慝养痈于下，乃不励精图治以使民无事，而但以清谭清静为无事，有不转多事者乎？

---

[1] 魏源：《默觚下·治篇二》，载氏著《魏源集》上册，第 42 页。

[2] 魏源：《默觚下·治篇十一》，载氏著《魏源集》上册，第 71 页。

[3] 魏源：《默觚下·治篇二》，载氏著《魏源集》上册，第 43 页。

气化演进，复古是行不通的，只有君主在上图治，才能逆转气运而中兴：

> 皇春帝夏，王秋伯冬，气化日禅，虽牺黄复生，不能返于太古之淳。是以尧步、舜趋、禹驰、汤骤，世愈降则愈劳。况欲以过门不入、日昃不食之世，反诸标枝野鹿，其不为西晋者几希？《诗》曰："民莫不逸，我独不敢休！"是以夙夜匪懈，山甫之佐中兴；夙兴夜寐，卫武之相王室。

魏源认为就是要警醒君主忧惧中叶盈虚之变，振作中兴：

> 汉武建元之盛，未闻其再建元也，唐玄开元之盛，未闻其再开元也。《乾》六爻不言吉而悔亢，《泰》六爻不言泰而忧陂，《丰》之象曰："勿忧宜日中。"盈虚消息，天地四时鬼神不能违，而况于人乎？

他还以汉文帝持盈忧盛的故事说明此乃《诗》之真谛：

> 汉文帝日谨一日以考终为幸，光武日谨一日以十年为远，三代既往，圣贤兢业之心，惟二君有焉。文帝拊髀颇、牧，而以李广、周亚夫贻之景、武；光武闭关拒质，甘以西域付之荒外。二君岂真不能翦匈奴者哉？岂真无雄才大略者哉？功业之心，不胜其爱民之心也；才智自雄之心，不胜其持盈忧盛之心也。《颂》声寖于康王，《二雅》变于宣王，其道德之终，而功

业才智之竭乎！故不明四始、五际之义，不可以读《诗》。[1]

这是以汉文帝、光武帝为例证，阐明《诗》中由中叶而中兴的帝王道德之义理。

而身值中叶的君主要拨乱反治，还得靠王朝历代德业积累，赢得人心拥戴。"德"是耐受中叶积弊的政治生命能量。在中叶的政治哲学思考中，身值本朝中叶的魏源与国初之胡承诺遥相呼应。在"此卷皆辑古"的《诗外传演上》中，魏源摘录胡承诺《绎志》对"基命"与"中叶"诸论说的重视以表赞成。[2]他认为长时期的德业积累，方能从中叶而中兴。对于禹之功业，明德垂于万世，然而夏启之后"并无贤圣六七作之君，亦无卜世七百年之祚，反不若商、周者何"这一问题，魏源从唐、虞、夏与商、周德业积累长短的不同来论证："唐、虞均一世尚不能下逮，何况世德作求？天之报圣人者或不在是。抑或契至成汤十四世而后王，稷至太王千余岁，数十世而周始兴，兴愈迟者祚愈久。天道不可得闻，姑存其说而已。"[3]

积德深厚方能国祚延绵。"三代"积德无与伦比，可以圣王迭出，度过中叶危机。前章已述，清儒自信本朝积德深厚可比"三代"。王

---

[1] 魏源：《默觚下·治篇二》，载氏著《魏源集》上册，第44页。魏源论治道，有不同的历史情势依据，本段所述是在中叶的具体情境中展开的，亦有在"三代上下"的大历史阶段视角下展开的，如："君子之为治也，无三代以上之心则必俗，不知三代以下之情势则必迁。"（《默觚下·治篇五》，载氏著《魏源集》上册，第53页）共同点是他都注重将不变的"道""心"与变化的"气化""世""情势"相统一。关于魏源的政治思想，参见刘广京：《魏源之哲学与经世思想》，载氏著《经世思想与新兴企业》，第25页。

[2] 魏源：《诗古微》下编之二《诗外传演·上》，载氏著《魏源全集》第1册，第690页。

[3] 魏源：《书古微》卷6《甘誓篇发微》，载氏著《魏源全集》第2册，第155页。

培荀认为，后世与"三代"相较，虽人心浇漓，但大一统亦使仁泽遍于天下，安定胜于"三代"封建之强凌弱、大侵小，"三代时君之德所及有限，而后世无人不被君之仁，即无人不戴天之仁也"。在这个进化视野中，清朝教养人心尤其后来居上："然亦惟我朝圣圣相承，德泽沦于骨髓，民间五六世不被兵。"尽管"汉、唐、明中叶，民亦难免祸乱，特不若末运之酷耳"，但是，王氏认为清朝积德深广，似可跳出中叶困境的一般规律。[1] 黄爵滋也乐观地认为："及今而综核之，犹易易耳。"[2] 清兴二百年，魏源对清代的祖德积累也有信心："矧我圣清皞皞二百载，由治平、升平而进于太平，元气长于汉，经术盛于唐，兵力、物力、幅员雄于宋，列圣御制诗文集、康熙《图书》、乾隆《四库》官书尤富铄万古。生其间者，其气昌明，其声宫喤，其见闻瑰轶而混芒。"[3] 祖德的重要表征之一是"通儒辈出"，文化昌明，学风与士习醇正："清有天下百余年，奖崇六艺之科，表章明经之儒，招徕献书之路，摩厉大江南北言游文学之区，刮湔明季虚诬乡壁虚造之习。"[4] 德泽厚于前朝，面对积弊与积习弥漫的中叶颓象，更有中兴而保世滋大的可能。由清室祖德，魏源仍抱有中兴的期待："《记》曰：'物耻足以振之，国耻足以兴之。'故昔帝王处蒙业久安之世，当涣汗大号之日，必皪然以军令饬天下之人心，皇然以军食延天下之人材。"这就是"战胜于庙堂"。魏源希望皇帝效法祖宗，赓续祖宗功烈："是以后圣师前圣，后王师前王，

---

[1]　王培荀：《气数论》，载氏著《管见举隅》，道光二十八年刻本。

[2]　黄爵滋：《综核名实疏》，载盛康辑《清朝经世文续编》卷13《治体六·治法中》，《清朝经世文正续编》第3册，第142页。

[3]　魏源：《国朝古文类钞叙（代陶中丞作）》，载氏著《魏源集》上册，第229页。

[4]　魏源：《武进庄少宗伯遗书序》，载氏著《魏源集》上册，第238页。

师前圣前王，莫近于我烈祖神宗矣。"[1] 道光十五年（1835），皇帝将御书"印心石屋"赐予两江总督陶澍，魏源立即将"中兴之佐"的境遇与"方宋中叶，仁宗之世"相比：一是同处中叶，政治境况相似，国家从"创造之初，人心思治"进入"修养日久，生齿炽而机变滋，人心日趋于利"，积弊日久，除弊者亦被"中饱不便之人辄群起而哗之"，"豁群哗之难，难于豁积弊，任事者遂动色相戒，以改作为多事，以因仍为持重"；二是陶澍改革"三大政"之弊，因"国家承平二百年，视宋庆历时过倍"而积弊愈重、南北交哗，但"每一哗，则公持之愈力，上任之愈专"，"公之所以获上，与上之所以知公，勿贰勿疑，视韩、富、范、杜之在庆历中，亦不可同年而语"。这不是一般情况下的"圣主贤臣""君臣遇合"之景象，而是中叶语境中的应对之道和时代话语。[2]

方东树批评汉学，但认为本朝学术"至盛"，其"既博且精"较诸明中叶之"空疏、粗浅"毕竟高下不同：

> 有明中叶，以空疏狂禅谈学，文业虽盛，而淹贯者稀。其后升庵、澹园诸公以博综立名，而粗缪踬驳，亦浅甚矣。夫精非粗人所信，博非精人所能，二者分涂，由来自昔，固不可比而同之矣。国家景运昌明，通儒辈出，自群经诸史外，天文、历算、舆地、小学，靡不该综载籍，钩索微沉，既博且精，超越前古，至矣，盛矣，蔑以加矣。然窃以为物太过，则其失亦

---

[1]　魏源：《圣武记叙》，载氏著《魏源集》上册，第 166 页。

[2]　魏源：《御书印心石屋诗文录叙》，载氏著《魏源集》上册，第 245 页。

犹之不及焉。[1]

唐鉴的本朝与胜朝中叶对比，观感亦如是。道光二十五年（1845）时：

> 欣逢圣朝昌明正学，崇奖斯文，特示优隆，重加尊奉朱子，升祔十哲之次，诚千载一时，亿万祀学统人心之所系也。宜乎真儒跃起，辨是与非，扫新奇而归荡平，去歧趋而入堂奥，还吾程、朱真途辙，即还吾颜、曾、思、孟真授受，更还吾夫子真面目。[2]

他认为本朝中叶固然不尽如人意，然而尤胜于前代：

> 盖明自正嘉以后，讲新建者大肆狂澜，决破藩篱，逾越绳检，人伦以坏，世道日漓，邪说诬民，充塞仁义。[3]

总体上，依旧如前所述："今生重熙累洽之后，圣明在上，政教隆，风俗厚，士无由有诡激诐邪之行，故可相与讲明而为此议耳。若在朋党已兴之日，则此论即疑乱之罪所归矣。"[4]

---

[1] 方东树：《上阮芸台宫保书》，载氏著《考槃集文录》，黄爱平、吴杰编《中国近代思想家文库·方东树卷》，第 278 页。

[2] 唐鉴：《学案小识叙》，载氏著《学案小识》，黄爱平、吴杰编《中国近代思想家文库·唐鉴卷》，第 356 页。

[3] 唐鉴：《学案提要》，载氏著《学案小识》，黄爱平、吴杰编《中国近代思想家文库·唐鉴卷》，第 358 页。

[4] 方东树：《复罗月川太守书》，载氏著《考槃集文录》，黄爱平、吴杰编《中国近代思想家文库·方东树卷》，第 277 页。

《啸亭杂录》记林清之变后，"上乘马入都，夹路士卒欲拜，上抚御士卒，缓辔入宫，即下罪己诏"。已故历史作家高阳由此感慨清朝的祖德："观乎'夹路士卒欲拜'之语，民心并未涣散，国运虽已由盛而衰，但由衰而亡，尚有一段时期，此即所谓'深仁厚泽'。如民心积怨已深，则一遇此种情况，危亡立见。"[1]

鸦片战争后，张穆以汉宣帝、光武帝这样的中兴君主严择守令劝勉当朝。现状已入中叶：

> 方今良法美意，事事有名无实。譬之于人，五官犹是，手足犹是，而关窍不灵，运动皆滞，是以当极盛之时而不及四期已败坏至此。呜呼！岂非庸臣尸素当职，谬享太平之福，至于纪纲暗窊、万事暗瓤所贻之隐忧乎？

审视古今，忧乐参半。一边是"国家重熙累洽，垂二百年"，对比历代，"自汉以来，民之安居乐业、繁衍修养未有盛于我朝者也"，"自列圣以至今上皇帝爱民如子之仁，元气深厚"，"祖宗积累之厚"，犹为"所恃"；另一边是"唐代宗、德宗、金宣宗、明神宗之弊深可惧"。[2]

这都是对王朝德泽维系国运的生动说明。魏源要做的是，以太古之道救中世之弊，以太古无为之淳厚道德改造清朝所处并影响自身的中世德薄之数，即转变再造宏观中世的本朝中叶的气数。盛世

---

[1] 高阳：《清朝的皇帝》之三《盛衰之际》，上海：上海文艺出版社，2013年，第194页。

[2] 张穆：《月斋文集》卷2《海疆善后宜重守令论》，载氏著《张穆全集》第3册，第43页。

之下已生忧患，同时，本朝繁盛积德仍予时人以转圜再兴的信心。

第三节　同光两朝的中兴憧憬与中叶羁绊

同光时期，中叶与中兴的形势和观感交织并进，成为一个时代的底色和基调。

咸丰一朝，中叶仍是时人对局势的判断。对"汉唐与宋中衰之世"进行历史总结与现实反思，是面对中叶延伸与危机日迫的重要议题[1]，也已经成为十分日常化的意象。张文虎五十岁时和长自己十岁的友人小田都"中年"有疾，张问候对方时说道："中年以往体就衰，那得飞扬比强盛。护持犹虑元气薄，斫削何堪外邪并。已令罗服冒人参，又向粗工托性命。"身体和医生都难以对抗疾病，这让他想到历代中叶亦是如此，实指嘉道以来的清廷：

> 有如唐、宋在中叶，根本已虚无善政。宦官熵惑方镇骄，盗贼群飞敌国横。庸奴泄沓效模棱，奸慝纷更窃魁柄。斯时谁为医国手，材德庶几纲与晟。内安鸩毒外听谗，用舍乖方终不竞。

时虽不堪，但战事的转机仍让诗人抱有中兴的期望，并与自己和友人的康复发生国与身同趋郅治的感应：

---

[1] 戴槐:《求治》，载盛康辑《清朝经世文续编》卷8《治体一·原治上》，《清朝经世文正续编》第3册，第86页。

近传贼势渐解携，武汉同收楚氛净。长围两载城郭空，巽
二威神施号令。何当吹入江左右，猛士长驱大风劲。沉疴一起
百痾消，我汗涊然君亦轻。[1]

朝野存望中兴，随着与太平军作战形势对比的变化，中兴的期
盼也越来越强烈。咸丰十一年（1861）八月初一，赵烈文看到"日
月合璧，五星连珠"，即以为中兴之兆：

三辰之瑞，吾在沪已闻之。合璧在卯初，吾起卯末，已不
见连珠，四星皆在高度，不能了了。惟金星照耀明朗，此在古
昔为异瑞，近则道光初与今凡两见矣。三国张琀曰："祥瑞之
兴，皆在事前。"国家卜年已及二百，夫岂中兴之兆邪？

"傍晚得信，皖城于昨日三鼓克复。"[2]战争形势似乎证实了卯时所见
的天象，一并被他写入当天日记。当月初八日，赵烈文听说咸丰帝
升遐以及太后听政，他回想起日前的"异瑞"，对中兴的希望胜过了
"新遭大故，民惧国疑"的忧虑："八月朔，三辰布瑞，或以兆新皇
光复邪？草莽小民，喜涕并至。"他寄望"皇太后英明异常，旋乾转
坤"，"拭目以俟新政"。[3]各方面的形势与政策也让人感到中兴可期，
赵烈文致万篪轩书论各地方官奉旨多设收养处所："仰见圣主轸念灾

---

[1] 张文虎：《问小田疾》，载氏著《舒艺室诗存》卷3，北京：朝华出版社，2018年，
    第169—170页。

[2] 赵烈文：《赵烈文日记》第2册，咸丰十一年八月朔日，第634页。

[3] 赵烈文：《赵烈文日记》第2册，咸丰十一年八月初八日，第637页。

黎，勤勤垂护，中兴气象，莫此为最。"[1]

柯悟迟也记道："今年八月初一日，日月合璧，今黄河清，甘露降，种种瑞兆，断非应在贼身。"同治元年（1862），他认为气运将转为隆盛："正、二月中，风和日丽，大有否极泰来景象。如将贪官污吏尽为革除，并惩创刁绅顽缙，则我朝气运之隆，可立而待也。"[2]他开始思考中叶德薄而中兴逆转的逻辑，并认为本朝有德，而道光朝积弊使之受损：

> 列圣无一失德，道光朝似宽厚，养成积习，小人竞进，贤人退隐，州县官不以民瘼为心，皆以苛敛为事，有司失德于民，封疆吏苟且于国，其德渐薄，民心渐离，天下如是，遂酿成大祸也。

如今则气象一新，走向涵养积德："今新君嗣位，国祚渐兴，皇太后听政之余，贪佞已觉敛迹，忠正渐敢扬眉。"[3]

同治元年六月的日记中，高心夔表达了对肃顺遭遇的不满："又闻怡、郑伏法后，其世职竟未革除，仍有择人承袭之意，皇家亲亲念旧，恩眷如山。独悲裕亭以偏长可用之身被诛，圣治光昭之世，其为诟耻，更复何如。"但他仍对时局感到乐观：

> 京师新政明肃，上下乂安，议政王大臣以次钦承两宫，动守家法，河以北军务委之僧邸，河以南军务委之曾帅，理财用

[1] 赵烈文：《赵烈文日记》第 3 册，同治三年三月初六日，第 1107 页。

[2] 柯悟迟：《漏网喁鱼集》，第 56 页。

[3] 柯悟迟：《漏网喁鱼集》，第 71 页。

人不激不阿，国祚之长，与天无极矣。[1]

高心夔亦有诗表达了对生逢其时的憧憬："凤鸣河清莫虚致，普天率土还耕强。人生有命佐中兴，明哲兼垂后贤则。"[2]

从道咸到同治，从中叶到中兴，情绪的转变可见于王柏心的几首诗。先是中叶之忧与激愤："君王拊髀顾当朝，诏发材官促郡䩐。中叶岂无周猃狁，成功须倚汉嫖姚。"[3]他读北魏历史，感慨"浸淫逮中叶，衰兆萌履霜。六镇一倡乱，所在为战场"，也担心"妖贼纵殄灭，强臣遂鸱张。追寻孝明世，实始溃厥防"。[4]但基于历史经验，他对从中叶而中兴抱有期待，有咏商朝中叶史："中叶共球九域虔，汤孙最数武丁贤。若非奋发歌殷武，谁戴声灵六百年。"[5]形势转好，中兴可望，同治改元，他赋诗赞新气象："元年元日光华启，中叶中兴瑞应归。齐庆千龄新凤历，遥瞻万国拜龙旗。周成复继卷阿盛，殷武能张景亳威，海宇自今销战伐，潜郎甘老钓鱼矶。"[6]该诗已将中兴与中叶并举，可见作者从中叶到中兴的信心。

其时，清朝中央政府也非常积极地鼓舞和响应士大夫的憧憬。咸丰帝驾崩后，新帝在当年七月二十八日以星变诏求直言。同治元

---

[1] 高心夔：《佩韦室日记》，同治元年六月二十一日，载氏著《高心夔集》，第444页。

[2] 高心夔：《陶堂志微录》卷3《中兴篇》，载氏著《高心夔集》，第68页。

[3] 王柏心：《百柱堂全集》卷1《秋怀四首》，载《清代诗文集汇编》第603册，第149页。

[4] 王柏心：《百柱堂全集》卷14《读史》，载《清代诗文集汇编》第603册，第247页。

[5] 王柏心：《百柱堂全集》卷21《咏古放言得绝句十九首》，载《清代诗文集汇编》第603册，第333页。

[6] 王柏心：《百柱堂全集》卷21《元日喜晴（同治壬戌）》，载《清代诗文集汇编》第603册，第340页。

年，蒋琦龄上"中兴十二策"，显是以"中兴"呼应"直言"。[1]同年六月，同治帝谕内阁："前任顺天府府尹蒋琦龄本年三月间呈进'中兴十二策'，特抒所见，颇资采择。现在任用需人，蒋琦龄著即来京听候简用。"[2]"中兴"不仅是政治号召，而且成为施政标准，影响人事进退。从同年八月上谕可见，四川布政使刘蓉请川督骆秉章代奏，自责"到任六月，于民生吏治挽救毫无。因见蒋琦龄所陈'中兴十二策'，中有慎名器一条，益为愧悚，请立赐罢黜"。[3]

受命开国在天，中叶反治则以人事为重。曾国藩的论说与魏源相似：

> 开国之际，若汉唐之初，异才畸士，丰功伟烈，飚举云兴，盖全系乎天运，而人事不得与其间。至中叶以后，君子欲有所建树以济世而康屯，则天事居其半、人事居其半。以人事与天争衡，莫大乎"忠""勤"二字。[4]

"忠""勤"正是振作中叶衰颓风俗的对症之药，依此二字崛起的人事，迥异于嘉道思想家笔下的"鄙夫"。

金安清有论："嘉道之间，国与民皆患贫，奸伪日滋，祸患相继，士习益漓，民心益竞，其由来也甚渐，其消息也甚微，综核名

---

[1] 蒋琦龄：《应诏上中兴十二策疏》，载盛康辑《清朝经世文续编》卷13《治体六·治法中》，《清朝经世文正续编》第3册，第145页。

[2] 《清穆宗实录》卷31，同治元年六月壬戌，《清实录》第45册，第828页。

[3] 《清穆宗实录》卷37，同治元年六月壬戌，《清实录》第45册，第988页。

[4] 曾国藩：《笔记十二则》，载葛士浚辑《清朝经世文续编》卷56，沈云龙主编：《近代中国史料丛刊》第1编第741册，台北：文海出版社，1966年，第1453页。

实，返朴归真，此固非一手一足所能致力也。"对于这一论断，张培仁认为，"言'嘉道以来，国与民俱患贫'，此言是矣，然其端不起于嘉道间也"，而起于乾隆中叶以后"极盛不无少衰"，这表现为"习尚愈侈，酬应愈广，粉饰亦愈巧"的景象，小民之脂膏、国家之元气尽入福康安、和珅之私家，朝廷虽有整顿，"而此等习气未能尽除，正所谓其来甚渐也。譬之一身，少壮气盛之时不知爱惜精神，恣意声色，初自不觉其惫，四十、五十时则百病丛生矣"。但大乱过后，适逢中兴的时机，习气可以扭转，风俗可以日上："今者大乱初平，圣明在上，事事悉归公议，但能持久不变，美意中自生良法，延访内必有异才，风俗蒸蒸日上。当纲纪肃清之际，必无窃权如和珅辈者，日慎一日，风俗蒸蒸日上矣。"[1]

在转圜向好的局势中，"中叶"而能持续兴盛之意有所凸显。胜保题壁诗云："敢拼直谏扶中叶，愧播虚名动九州。"[2] 此乃自表于中叶而赞襄中兴之功。左宗棠奏折中有言："祖宗龙兴东北，平定中原，中叶以来，平准回，靖朔漠，神武震铄，跨越古今。"[3] 左氏文辞间虽有溢美，但以开疆拓土的功烈实绩为本朝中叶增添亮色，并非全属谀词。到同治八年（1869），马新贻认为，"中兴气象"已经是列国可以"目睹"的。[4]

"圣明在上"成为中兴的支柱，振起王纲则是中兴的枢轴。在成

---

[1] 张培仁：《静娱亭笔记》卷1《近日善政》，载《续修四库全书》第1181册，第616页。

[2] 金武祥：《粟香三笔》卷2，载《续修四库全书》第1183册，第528页。

[3] 左宗棠：《筹拟购练马队折》，载氏著《左宗棠全集·奏稿三》，长沙：岳麓书社，2009年，第343页。

[4] 两江总督马新贻折，同治八年正月十四日，见《筹办夷务始末（同治朝）》卷64，载《续修四库全书》第420册，第553页。

书于同治十年（1871）的《诗经原始》中，方玉润于"中叶而中兴"之义多所阐发，叙殷高宗"首章称高宗伐楚为中兴显烈，二章则述戒楚之词，三章诸侯来朝，四章所受命中兴之故，五章极言其盛，六章乃作庙以安其灵，然则此固高宗百世不迁之庙耳"。[1] 光绪十年（1884），王先谦于续《东华录》之序中称颂同治皇帝中兴伟业胜过往昔：

> 穆宗皇帝禀两宫懿训，再造区宇，一人垂拱于上，百尔奔走于下，中土既平，苗回并戢。自昔中叶多故，若晋室之隆，卒保江东；唐平安史，遂阶藩镇跋扈之患，皆以域中寇乱一蹶不振。惟帝耆定伟烈为方策冠，将锡海内臣民以永永安集之福，早弃天下，弗究厥施，至于今日，哀慕之声未已，故庙为清穆宗。[2]

杨国强曾论光绪朝清流"尊王攘夷"[3]，在王纲为中兴逻辑的前提条件以及从中叶到中兴的背景下，尤能理解时人重视王纲与君主的用心。守文之主乃有中叶之困，振刷中叶端赖君主刚明，较之"一人垂拱于上，百尔奔走于下"，皮锡瑞更加突出君主的地位："凡国家至中叶以后，君多柔暗，精锐之气渐消，因而亦以柔弱取人，大臣皆容身固位之辈。于是国势不振，纲纪不立，奄奄以至于亡。汉唐以来

---

[1]　方玉润：《诗经原始》卷18，李先耕点校，北京：中华书局，1986年，第654页。

[2]　王先谦：《东华录·序》，载《续修四库全书》第369册，第3页。

[3]　杨国强：《晚清的清流与名士》，《史林》2006年第4期。

皆若此，故乾德首重乎刚。"[1] 这里的"君"是中央政府、王纲之谓，不必视为皇帝个人。

中兴气运以明君为转移，亦须良臣居间主持，君臣明良相遇相得是理想的政治结构。李元度认为："天下有大变则大才生"，"所生之才之小大，一视其时变之小大以为程，无古今一也"，"圣清受命二百余年，安且治矣。越咸丰初，……乃有洪秀全、杨秀清之乱，而淮北奸民应之曰捻匪，其变殆甚于唐、宋、明中叶。天既笃生曾文正昆仲，及伯相李公、左公，削平群丑，弼我丕丕基"。[2] 方玉润引用明人郝敬之说："荆楚之国，天下有道则首善焉，文王之《二南》是也；无道则首叛焉，商、周之中叶是也。继世之王，有能中兴者，则天下视此为向背焉。高宗之《殷武》、周宣之《采芑》是也。"此言与湘军中兴之功相表里。[3] "数年之间，区宇奠定如故，独非人事邪！《传》曰：'得人者昌。'岂不信哉！"[4] 人才、士风蔚然兴起，政治生命力焕发，成为中兴气象的标识。薛福成的《中兴叙略》有明白的表达：

> 承平既久，人即晏安，贤才日以衰息，当事者既莫之能倡，才稍稍出，而又莫之能用故也。若夫鼓召俊雄，参会智能，以光辅中兴之业，则惟今相国曾公实倡于始，实挈其成。[5]

---

[1] 皮锡瑞：《读通鉴论札记》卷4，载氏著《皮锡瑞全集》第8册，北京：中华书局，2015年，第296页。

[2] 李元度：《黄昌岐军门六十寿序》，载氏著《天岳山馆文钞》卷33，北京：朝华出版社，2018年，第2001页。

[3] 方玉润：《诗经原始》卷18，第654页。

[4] 薛福成：《中兴叙略上》，载周中明点校《桐城派名家文集10·薛福成集》，第32页。

[5] 薛福成：《中兴叙略下》，载周中明点校《桐城派名家文集10·薛福成集》，第32页。

曾国藩亦言士大夫以上率下，并且成风成俗的重要性：

> 风气无常，随人事而变迁，有一二人好学，则数辈皆思力
> 追先哲；有一二人好仁，则数辈皆思康济斯民。倡者启其绪，
> 和者衍其波；倡者可传诸同志，和者又可植诸无穷；倡者如有
> 本之泉放乎川渎，和者如支河沟浍交汇旁流。先觉后觉，互相
> 劝诱，譬之大水小水，互相灌注。[1]

“圣清受命二百余年，安且治矣。”圣君贤相造就中兴，归于本
朝祖德运数的逻辑，从魏源到曾国藩、李元度一以贯之。同治八年
三月，曾国藩将康熙帝积德与周文王相比拟，认为“雍、乾、嘉、
道、累叶之才，虽谓皆圣祖教育而成，谁曰不然？今上皇帝嗣位，
大统中兴，虽去康熙时益远矣，而将帅之乘运会，立勋名者，多出
一时章句之儒，则亦未始非圣祖余泽陶冶于无穷也”。[2]

中叶而能中兴的逻辑，鼓舞了湘淮将帅，奋迹中叶而得中兴，
也成为他们的义理标榜与历史坐标。郭嵩焘论《忠义录》的体例而
言湖南一省匡扶中叶：

> 一则表章湖南人物，为后代史氏之征也。募兵讨贼，肇始
> 孙坚。南宋有两河义旅，而李显忠之流起为将帅，功绩所被，
> 无足甄者。中叶多故，以一省之人才物力经营数千里，枝柱天

---

[1] 曾国藩：《劝学篇示直隶士子》，载氏著《曾国藩全集（修订版）》第 14 册，第
    487—488 页。

[2] 曾国藩：《序》，载李元度《国朝先正事略》，易梦醇校点，长沙：岳麓书社，
    2008 年，第 2 页。

积弊：清朝的中叶困境与周期感知

下，实今日创举，求之史册，盖所未闻。著录是编，存其梗概，用备国史采择，亦使湖南忠义之风流被天下，传示无穷。[1]

又论自古至今安徽救济中叶之传统：

> 国家敦庞博大，乂安无外，必有元功硕辅，恢张门阀，为国屏翰。汉之平、韦，唐之裴、苏，奋迹中叶，比响联声，蔚为名族，功施烂然。至国朝而昆山徐氏、太仓王氏、桐城张氏之门望辉映一时，际昌熙之运，赴功名之会，弛张趋舍，希世宏务。顾未有挺不朽之业，树非常之功，文武兼资，匡时斡运，若今合肥之盛者。[2]

中兴成为社会共识，朝廷命名"中兴名臣"，如李鸿章"辅佐中兴，削平大难"[3]、宋庆"与中兴诸将，同建殊勋"。[4] 属吏唐景皋在信中称阎敬铭："为本朝二百余年中兴元佐，天下之福也。"[5] 中兴的功烈推及同光时期的文武名臣，包括未立过军功但通过各种政务参与中兴事业者。如山西的杜鹤田：

---

[1] 郭嵩焘：《致吴敏树》，载氏著《郭嵩焘全集》第13册，长沙：岳麓书社，2018年，第66—67页。

[2] 郭嵩焘：《李筱荃尚书六十寿序》，载氏著《郭嵩焘全集》第14册，第422—423页。

[3] 《清德宗实录》卷488，光绪二十七年十月乙未，《清实录》第58册，第449页。

[4] 《清德宗实录》卷493，光绪二十八年正月癸酉，《清实录》第58册，第519页。

[5] 《唐景皋致阎敬铭（二）》，载《阎敬铭友朋书札》下册，冯雷等整理，南京：凤凰出版社，2021年，第348页。

夫天下之生久矣，开国之始，得贤辅臣翼赞之而天下以治。
迨物炽而丰，蘖芽跅伏，剧盗起而轹之，则天下之治又将视乎
其人。……二百余年间，三晋之名卿硕辅，若蔚州，若泽州，
若沁州、阳城，开国名世之英也；若太原，若寿阳，中叶贤宰
辅也。公生际中兴景运，宣力疆圻，从此调泰鸿，干元化，劢
相我国家，尤足绵无疆之绪而弼我丕丕基也。[1]

亦如祝寿曲中"维岳崧高，降英灵笃生元老，佐中兴盛治光昭"[2]之
句，以及如是之自述：

念微臣遭际中兴，竭驽骀难期报称，愿天家雨露绝塞遥承。
从此梯航万国，格被三苗，寰海清如镜。男耕和女织庆丰亨，
夜月花村吠不惊。波涛息，烽烟靖，算隆平总是天排定，同把
盏乐贤圣。[3]

中兴成为同光两朝的政治基调："功报中兴"，同治帝的中兴地
位得到朝廷认定[4]；光绪时期继续以中兴为政治号召。直至清末新
政，也以中兴为鹄的，希望延续"同治中兴"的事业。光绪二十七
年（1901），照博学鸿词科例开经济特科，希望"使中兴人才之盛。

[1] 李元度：《杜鹤田中丞五十寿序》，载氏著《天岳山馆文钞》卷33，第2032页。

[2] 顾家相：《潘韡园中丞（霨）七十寿辰制曲恭祝》，载谢伯阳、凌景埏编《全清散曲》，济南：齐鲁书社，2006年，第1792页。

[3] 顾家相：《壬辰三月长男迪光自乐平就婚归喜赋一曲》，载谢伯阳、凌景埏编《全清散曲》，第1793页。

[4] 《清德宗实录》卷91，光绪五年闰三月乙亥，《清实录》第53册，第365页。

再见于今"。[1] 光绪身后，也被认定继承了同治的中兴事业："觐光扬烈，缵十三载中兴肇定之庥；创制显庸，开亿万禩宪政文明之局。"[2]

此时代氛围中，在中兴名臣之后，亦会人才继起，吴大澂认为："以本朝二百年深仁厚泽，培养士气超轶前古，如今两宫之勤恤民隐有加无已，实史册所未有，意必有栋梁柱石之材接踵而起为国藩，辅翊我圣人，即不如前此诸名臣之盛德大业，或不致一蹶而不振也。"[3] 可见，时人对当时士气士风的观感甚至也改变了。

但是，世势并不全如人愿。虽然军兴冲垮了一部分旧势力，政治与制度、风气与人才都有振作的气象，但中叶积弊的困境和政治逻辑也一直延伸到所谓的中兴时代，成为晚清挥之不去、贯穿始终的情势基调。

同治六年（1867），赵烈文说曾国藩："师历年辛苦，与贼战者不过十之三四，与世俗文法战者不啻十之五六。"[4] 总结中兴因果，薛福成认为太平军起源自清廷中叶积弊："廷臣黼黻右文，鲜遑远略，各行省大府迨郡县吏，曹于利弊，恪守文法，以就模式，不爽铢寸。泰极否生，兆于承平。"[5] 中兴时代保留着中叶的记忆。同治八年（1869），左宗棠为道光时的御史徐法绩作神道碑铭，他认为徐氏所处之世正是："昔在中叶维庆光，日中月盈时太康。文恬武嬉乐已荒，孰饬簠簋陈纪纲？"具体而言则是："时天下无事，中外晏安，言官多计资待擢，稀言时政得失……河工官吏务侵牟，所领巨

---

[1] 《清德宗实录》卷482，光绪二十七年四月壬子，《清实录》第58册，第365页。

[2] 《清德宗实录》卷1，同治十三年十二月庚午，《清实录》第52册，第72—73页。

[3] 《吴大澂致阎敬铭（三）》，载《阎敬铭友朋书札》下册，第389页。

[4] 赵烈文：《赵烈文日记》第3册，同治六年六月二十三日，第1484页。

[5] 薛福成：《中兴叙略上》，载周中明点校《桐城派名家文集10·薛福成集》，第31页。

第四章　穿过"中兴"的"中叶"——19世纪中国的一个政治逻辑　　267

帑先实私囊，习为豪靡。馈赠甚丰，公一无所受。东河总督尝从容为公言：'此俗例耳，拒之无以顺人情。'"[1]

战争与人事的剧变涤荡了积弊，中叶困境虽因此而舒缓，政治有所改观，但积弊的政治病和制度病并未解决，且在世变日亟中更加复杂。[2]李宗羲进言："成中兴之郅治，廓无外之宏规，此诚千载一时之盛事也。然就今日之时势论之，若遽以为已治已安，臣窃以为未可。"[3]横亘在"中兴"与"已治已安"之间的不止一端，而无从收拾的积弊仍是其中要项之一。

河政积习仍旧。办理河工四月后，吴大澂向阎敬铭报告并感慨：

> 此次度支出入账本皆亲自过目，侵蚀知其必无，靡费在所不免。河工积习真不易除，稍一松手又将荡然无存，不能不于年前竭力趱办，迟一日则多一日之费，自揣精力实不能周密无间，不过去其太甚而已。[4]

对于行政中的积弊，不明底细则无从着手，如漕务，"各省情形不同，陋规名目亦不同，中饱种弊亦不同"，必有详细底账才能一明究竟：

---

[1] 左宗棠：《太常寺少卿徐公神道碑铭并序》，载氏著《左宗棠全集·文集》，第294—295页。

[2] 参见杨国强：《庚申与甲午之间的中国社会（上、下）》，《上海行政学院学报》2008年第1、2期。

[3] 李宗羲：《时势可虑请停园工疏》（同治十一年），载王延熙、王树敏辑《皇清道咸同光奏议》卷2，沈云龙主编《近代中国史料丛刊》第1编第331册，第187页。

[4] 《吴大澂致阎敬铭（八）》，载《阎敬铭友朋书札》下册，第392页。

> 要办此事总要各州县守漕实在底子账单本，进若干，出若干，剩得若干，得此一物以为据，随高随低的一减，使公家实得若干，私家落得若干，百姓受得利若干，去得弊若干，中饱挖出瓤子若干，庶上和下睦，公私都下得去矣。巨室刁绅摇撼不动，寡妇孤儿不至啼号，则得此中三味。

但是，"实在底子账单本"固然难求，"公私都下得去"更难以实现，漕弊也就岿然不动，"不浮收则不能收，不勒折则不能折"才是不变的人间"妙义"。[1]

浮收勒折难以克服，尽管"厘剔钱粮之积弊，其急务已"，整治钱粮加征，却站到了整个官场的对立面：

> 此其弊东南各行省多有之，虽系私加，根蒂深固。大吏以此赂之，京员以此饵之，谁欤为吾民发其覆者？即奉明诏，饬查私加之弊，大吏以"查无此弊"一语覆之，吏仍晏然牢戴其虎冠矣。[2]

积势日益深重，难以应付。从"交代"入手，又生出应对整顿之新伎俩：

> 盖伎俩有溃其中而溢其外者矣。于是严交代之罚，管府有结而贿买矣，受代有结而情商矣。亏空之籍没者多俟身故以后，

---

[1] 《严树森致阎敬铭（一）》，载《阎敬铭友朋书札》下册，第 422 页。

[2] 汤震：《危言》卷 2，载郑观应、汤震、邵作舟《危言三种》，邹振环整理，上海：上海古籍出版社，2019 年，第 313 页。

而寓所别无寄顿，原籍并无产业，住屋入官，止值银数十两，竟成铁板文字，何怪吏之怡然而无耻，泰然而无忌哉！

"交代"是机关重重的，在官场"惯技"的舞弄下，已成幽暗之域。黄县前署知县陈某向杨济交卸过程中，上年垫修监狱银 900 两核算不清。该项为"分年流摊之一款"，且已由公牍院司批示，但"其中委曲有不可形诸公牍者"，杨济向山东巡抚阎敬铭"密陈"：

> 陈署牧此举本是东吏惯技，然当新奉通饬之后，似稍知顾忌者亦不敢为，乃争执不已。始以奉府批准为辞，遂禀请本府批示，府批云"既奉通饬不准流摊，本府前批应毋庸议"，陈署牧则又坚称渠修监狱"先将人犯寄监，禀明臬司有案，且是一律大修，与他处仅止贴补者不同，仍须自行请示，必得流摊"等语。

其中的关键是"流摊"，杨济分析：

> 大修、贴补凭何查考？大修必准流摊亦未奉有明文，且九百之数，孰定之而孰见之？不待智者而知其必不能邀批准也。而该署牧敢于毅然请示，自必另有主见，难保不改易字样，避"流摊"名目，作"按年分认"等语，希图蒙准。且滑吏伎俩层出不穷，劣幕用心更同鬼蜮，或别有挪移牵混之法，以欺上司，以卖僚友，则非思虑之所及矣。

"挪移牵混"，晦昧不明，这样下去，山东"交代"永远难清。但全省的同僚们都按同一规则做这个游戏，谁不参与，那就是"矫情立异"，谁戳破，那就是"不顾通省大局，不留本府地步"，而"几成州县罪人"：

> 即如去秋登州十属大雨，衙署监狱无不坍塌败漏，轻重不等，后查府案不禀办流摊者，只有黄县一处，迨今春蓬莱李令禀出冯前令监狱流摊之案，即蒙宪批严饬通行，而众论哗然，痛诋李令之谬，谓其不顾通省大局，不留本府地步，而李令几成州县罪人，并闻有以不办为矫情立异者，尤为奇辟。诚如钧谕所谓吾辈以此持身应务，而人不以为刻，即以为异，不知若何方当今人之意也。卑职此禀又为李令之续，其得罪同官较之更甚，虽因公招忌无愧于心，而众谤群疑亦殊可畏。仰求大人接阅此禀，但请照例批驳数语，便于公事有益，万勿盛怒严饬，尤望勿饬通行，则更感大人始终保全卑职之恩，实无既极矣。[1]

在积弊已成默会模式的政治生态中，专门的革弊举措也被消于无形，如以"征信册"肃清赋役积欠、以"词讼册"清理积案等，皆归于"装点"：

> 近年御史刘恩溥奏行征信册，专为清民欠起见，实则与江苏抚臣丁日昌之词讼册同，为意美而法未尽良也。一言以蔽之曰："装点。"一案未结，而词讼册所结凿凿也；一文不欠，而征信册所欠累累也。委员以查之，查者亦吏也，抵其署，酣嬉

---

[1] 《杨济致阎敬铭（六）》，载《阎敬铭友朋书札》下册，第437页。

饮博，舟车以送之，而查报册载悉符矣，亦何益之与有？[1]

即便"粤省征信册较他省易于举办"，也因"锢习"阻碍重重，在"州县大不便"下，极有可能沦为虚设：

> 粤中大缺向例多报扫数全完，其实并未扫数，历任挪新掩旧，名曰统除统算，其弊甚深。藩司无从查考，督抚向不顾问，数十年来竟成锢习。一旦揭晓，则参不胜参。然不能不确切查明，勒令弥补，不清其源则征信册亦为虚设（若不力为整顿，则查造征信册时，州县仍可以新收挪补旧亏，于库款无益），此事非力加整顿不可，又州县之大不便也（令州县按月折报亦甚简易，然征收之款各归各年，挪新掩旧之弊一目了然，无从含混。乃札行一月有余，尚无月折报到，先催广属，其余亦不能不报也）。[2]

洋务及新生政务转成为以虚抵实、弥缝亏空的新依托：

> 粤中吏治相习疲玩，州县征收地丁钱粮未能尽征尽解，一交卸则亏空累累，应解正款不图速了，辄思百计弥缝，以虚抵实，或以海防为词，或以缉匪为名，冒报勇粮，图销巨款。[3]

---

[1]　汤震：《危言》卷2，载郑观应、汤震、邵作舟《危言三种》，第314页。

[2]　《吴大澂致阎敬铭（十一）》，载《阎敬铭友朋书札》下册，第394页。

[3]　《吴大澂致阎敬铭（十一）》，载《阎敬铭友朋书札》下册，第393页。

事实上，洋务本身也莫能自外于此一局，迅速积弊成敝，练兵和湘军都被积弊裹挟而迅速"绿营化"：

> 夫召募久而濡染深，则召募亦绿营也；练兵久而弊端集，则练兵亦绿营也。长江水师，曾、彭赓续成之，及身即滋流弊，狃目前之利害，而曾不角求其利害之由来，亦清议者之通病已。[1]

海军也一样，"曾几何时，徒于海上添一绿营之弊薮，则内外皆敝，元气索然"。[2]完全以洋法练新军，又"积习已久，势难骤更"，要害是去弊而非变法："今将弊去泰甚，法期易行，不如仍绿营遗制，择历代之所长而舍其短，酌兵勇之所利而铲其弊。"[3]海军虽是全新事物，也到了必须"剔痼弊""汰痼习"的时候："中国人力财力，何一出岛夷下？顾皆为痼习所误，以至人力皆竞于奔走，财力皆绌于侵渔。海军尚未一律编定，而痼弊先成矣。"[4]

积弊是综合的，积成一局。其中，吏治占据枢纽地位，吏治积弊最为危险，为"百弊""千创"之枢。郭嵩焘曾痛陈太平根源在于吏治，将本朝吏治积弊之政治重要性与唐文宗时"朝廷朋党"等量齐观：

> 肃清江路易，肃清官□之路难。未有官吏之路不清，而能

---

[1] 汤震：《危言》卷3，载郑观应、汤震、邵作舟《危言三种》，第329页。

[2] 汤震：《危言》卷3，载郑观应、汤震、邵作舟《危言三种》，第338页。

[3] 汤震：《危言》卷3，载郑观应、汤震、邵作舟《危言三种》，第329页。

[4] 汤震：《危言》卷3，载郑观应、汤震、邵作舟《危言三种》，第337页。

戡定乱离者也。治病者探得其受□□原，而知其胗结，乃谓之良医。今致乱之原，官耳，吏耳。不此之治，又附益之，而曰吾能弭乱，吾不信也。[1]

但是，中叶以降，吏治积弊已与官吏生计缠绕为一体。“吏治讲求不可急，今世服官之为糊口，乃人所习闻。”[2] 咸丰三年(1853)时，曾国藩曾一吐洗刷吏治积习的慷慨意气，希望得到同道的理解与支持：

> 国藩从官有年，饱阅京洛风尘，达官贵人优容养望，与在下者软熟和同之象，盖已稔知之而惯尝之。积不能平，乃变而为慷慨激烈，斩爽肮脏之一途。思欲稍易三四十年来不白不黑、不痛不痒、牢不可破之积习，而矫枉过正，或不免流于意气之偏，以是屡蹈愆尤，丛讥取戾，而仁人君子固不当责以中庸之道，且当怜其有所激而矫之苦衷也。[3]

十三年后，他更稔知实务，更饱阅世事，也就多了几分“积而能平”，只能无奈而平和地道出整顿吏治实难：“如要去尽属员饭碗，我亦不依，须知天下人饭碗万不能无，汝去他一饭碗，他别寻一饭碗，于

---

[1] 郭崇焘：《郭嵩焘日记》，咸丰六年四月廿九日，载氏著《郭嵩焘全集》第 8 册，第 78 页。

[2] 赵烈文：《赵烈文日记》第 3 册，同治六年九月初十日，第 1526 页。

[3] 曾国藩：《复黄淳熙》，咸丰三年十二月，载氏著《曾国藩全集（修订版）》第 22 册，第 413 页。

公事无益，不过百姓吃亏而已。"[1] 若无万全之策，反腐励廉只会被积弊的机制扭向反面。赵烈文亦言陋规归公将转增百姓负担："今查明陋规，抵充廉项，久必更将此钱充度支，而官无所得，又必巧取于民。夫天下之弊无穷，欲澄清之者，适足厉民而已。"[2] 作为知县的杨济，虽然"确查海口积弊"，但实则默认陋规的合理性，只是不能容忍正税私收脱漏：

> 济之禀报归公，并非沽名见好，实因稍知廉耻，不忍侵吞。济所到之处不裁陋规，何也？州县廉俸外皆陋规也，万无裁理。譬如此三口收税抽厘之外，尚有船规等项归之州署作为津贴，则仍是陋规，何不可取之？无如今所收者非海口之陋规，乃海口之正税也。公家之利，私口收之，相习成风，恬不为怪，吏道之坏尚可问乎？济在黄县严断小税之弊（小税之弊为川陕州县利薮，黄县亦大有此风），而税契始有起色，两年以来解司库者七千金，试思不断小税而税契何由整顿，犹之不杜私口而海税终归偷漏也。[3]

同治六年，面对吏治之问，赵烈文指出："江苏官场习气已固结而不可解，愿徐理其棼，毋轻斩断以重政体。且服官专为衣食，若辈已童而习之，一旦操切，近于不教之诛，宜树廉良以为之劝。至吏胥则父子祖孙盘踞一窟，不可化诲，绳之以法，不为过也。"请教者也

---

[1] 赵烈文：《赵烈文日记》第 3 册，同治六年九月初七日，第 1522 页。

[2] 赵烈文：《赵烈文日记》第 2 册，同治元年六月初三日，第 848 页。

[3] 《杨济致阎敬铭（五）》，载《阎敬铭友朋书札》下册，第 435 页。

"推手称叹"。[1]

漕、河诸大政皆然。漕粮虽然改为海运，但仍为食弊者之窟穴："漕运者，无论河海，国与民均被无穷之病。以有事为幸入其中，安坐而侵肥之，狐城兔窟，衣食于此，独不肖无耻之员弁胥役耳。"[2] 河工积弊亦然，"窟穴其中"者，"怡然而不以为耻，泰然而不以为非"。[3]

在种种新政策、新改革的推行中，吏治都被指责是延宕乃至破坏局面的"元凶"。光绪初年，山西禁烟，难在"恶吏"：

> 山西民间气息奄奄，不忍再纵贪吏、奸书、蠹役悬厉禁以摧残民气。吃烟一事，父兄所不能尽禁于一家子弟者，君上安能厉施之于泛而无稽之民哉！况大吏之所恃以令行禁止者，全在良有司以为爪牙耳。试观山西有司良者几何？授之以梃刃，若辈推行于四郊，不害莠民而杀良民，则一乡一邑之元气更大伤矣。

用恶吏不如无为：

> 治天下贵于无为，为者败之，古有明训。今不先清吏治之源，而行挽狂澜于江河日下海口之荣，窃恐利未兴，荒未救，百弊益滋，千创日甚，不如亟求更易良吏，而后为之。公试较

---

[1] 赵烈文：《赵烈文日记》第3册，同治六年八月二十三日，第1511页。

[2] 汤震：《危言》卷4，载郑观应、汤震、邵作舟《危言三种》，第386页。

[3] 汤震：《危言》卷4，载郑观应、汤震、邵作舟《危言三种》，第398页。

积弊：清朝的中叶困境与周期感知

其得失利病，谓为何如？ [1]

官场积习不去，反映了与积弊共生的社会结构没有变。亦如差徭中的地痞："晋民疾苦，由于差徭。差徭积弊，由于地痞。若害苗不去，嘉禾不生，于现在减差大局殊有关系。"所以，"拟示严禁地痞，最为切要之着"。[2] 或赋役征收中与官吏差役、门丁官亲共同吞蚀花户的富户、包户：

> 好官本难得，而山西尤不多见。穷者本多而胆特大，竟是无术可治。州县无鱼鳞册者多，包户吃花户者所在皆是，懦弱花户竟有完至三四次者，一次完包户手，或以一次完差役门丁手，或一次完不肖官亲手，而本官又额征一次，此皆无鳞册油串之痼也。

施政中，如不考虑贫富、有力无力的分化，就会导致政策变样，达不到预期效果：

> 此次普免成灾州县上忙，晋省有力之家往往上下忙，皆于上忙时并完，无力者或置上忙缓至下忙时乃完，然不多也。弟拟趁早出示，凡有饷一两者，只完五钱，有饷一钱者，只完五分，晓然共见，庶可普被皇仁，否则富户贫户苦乐不能均也。我公以为何如？晋中大病在不恤民，故一溃而不可救药。用人

[1] 《曾国荃致阎敬铭（二十四）》，载《阎敬铭友朋书札》下册，第 468 页。
[2] 曾国荃：《复阎丹初》，载氏著《曾国荃集·四·书札》，长沙：岳麓书社，2008 年，第 132 页。

不足以劝善，培植小人非一日矣，君子安得不视为畏途哉？[1]

吏治病与社会病共成一体，积弊继续生长。官幕子弟捐官者指发本省，从规避"上宪札文"的委员做起，这个制度漏洞随着规模过大、流品太杂而日益严重，进一步败坏司法和吏治：

> 从前府县两谳局中，委员皆不过三四人，纵然偶受请托，亦决不至颠倒黑白。近则流品太杂，其甚者，本省官幕之子弟皆大半生长于斯，人情极熟，一旦捐官指省此间，即无异土著而作本地官长。一经到省，先谋一谳局差使，以示威福于平素恩怨之人。而此等差使又不须上宪札文，不过转致首府县遣人持帖赴伊寓所，请到谳局帮同问案，该员即凭此一请，便向人诩为谳局问官矣。昔年不过三四员，近年渐积至县局由二三十员之多，虽不必人人常川入局，而喜事者却亦不肯旷日，纨绔成习，不知民生为何物、声明为何事，其弊可胜道哉？[2]

其背景，又使仕途积重难返："夫以目前仕途之猥杂，即令果如鄙议，变考试，停捐例，亦但疏其流，而尚未清其源，积薪之势已一成不可遽变。"仕途猥杂，正途不清，势必败坏吏治，这就是积弊的自我循环、自我加重。清积弊的根源在于清吏治，而清吏治又受制于积弊，如是循环，积弊乃成为颠扑不破的有机体。如保举："若吏部所议，堂司但问例之符不符，而胥吏但问赂之足不足，此其弊悉

---

[1] 《曾国荃致阎敬铭（二十七）》，载《阎敬铭友朋书札》下册，第469页。

[2] 《袁泳锡致阎敬铭》，载《阎敬铭友朋书札》下册，第445页。

数之不能终，习闻焉不足怪，庸愈于不咨不议者几何。"[1]

　　循着这样的"利—弊"思维框架望去，在这样的治理生态中，实际上存在一个"利—弊伴生结构"，如汤震所见："天下事无利无弊，无弊无利。厘捐利薮也，亦弊薮也。种种弊端，非不经言官弹劾、大部通饬、疆吏厉禁，无如委员既无原思、吴隐之之廉，而假手丁胥，此辈尤甘充贱役，为虎导伥。"[2]同时，"天下无无弊之利也，顾不能因弊而不言利"，所以也有借助新形势改良的空间："任官不如任商，专任华商不如兼任洋商，犹为利多而弊少。"可惜，"今招商局特任之官而商者，宜其有弊而无利矣"。[3]

　　积弊仍在，表征着中兴与中叶的"运会"交缠。光绪十六年（1890）时，汤震欲为"策士""牧宰""出使绝域"之臣，关注"十年以来，琉球悬矣，越裳裂矣，缅甸墟矣，老挝、暹罗危于累卵，朝鲜八道蟊贼内讧，倭睒之，俄睒觊之"的"时事"，但在这样的"世变"语境中作"危言"，立论仍以内政去弊为先："将攘其外先安其内。弊者剔之，衰者捄之，痼者破之，蒙者发之。"[4]他仍希望"在上革浮靡之供亿，求弼亮之左右，删苛细之科条，与民更始；在下则磨砺其廉耻，浚沦其性灵，毋惜见势绌而尚以西法为忌讳，毋玩物丧志而尚以帖括为专门"。[5]到光绪二十一年（1895），郑藻如为同宗郑观应的《盛世危言》作序，更将中兴与忧危并呈："方今运会中兴，圣明在上，镜外以治中，准今而合古，必能容长沙之忠

---

[1]　汤震：《危言》卷1，载郑观应、汤震、邵作舟《危言三种》，第286页。

[2]　汤震：《危言》卷2，载郑观应、汤震、邵作舟《危言三种》，第294—295页。

[3]　汤震：《危言》卷2，载郑观应、汤震、邵作舟《危言三种》，第319页。

[4]　汤震：《危言·自序》，载郑观应、汤震、邵作舟《危言三种》，第258页。

[5]　汤震：《危言》卷1，载郑观应、汤震、邵作舟《危言三种》，第265页。

直，采《治安》之谠论。若能由此书引绪而伸之，触类而长之，人事既工，天心弥眷，安见此日忧危之语，非即后日喜起之先声？"[1]甲午战败，中叶的困顿感再次彰显。盛氏主持续纂经世文献，再次强调治乱循环的运会义理："《易》曰：无平不陂，无往不复。运会之数，天人之理，有可知，有不可知。故治乱若循环，而事变无穷极。"本朝曲为之制，预防有道："伊古以来，因革递嬗，强宗、外戚、藩镇、宦妾、权奸、边塞之祸，覆辙相寻，变本加厉。我朝鉴于往代，照灼荡涤，法制相维，又复谟烈显承，以祈天永命。史策所纪，未有盛于斯者也。"但运会仍不可逆，乃有中叶之危机：

> 然数极则还，理穷必变。运会所值，天与人方迭起以相胜。而已然之迹，无衅可乘。于是日辟其机，以创千古未有之局。特治安既久，又形势隔阂，非浸溃无以尽变，故中叶以后，萌蘖于川陕之乱，决裂于虎门之役，犹未已也。……盖自七十七年来，变故迭乘，始成积重难返之势。迫至东溟一蹶，危偪群争，天乎人乎，则诚有不可知者矣。

立足当下而思，仍在"中叶"一局之中：

> 综计中外全局，实系乎道光一朝：前此为极盛之天下，虽巉巇犹可相安；后此为多事之天下，且惩毖而未有艾。

---

[1] 郑藻如：《盛世危言序》，载郑观应《郑观应集》，北京：中华书局，2013 年，第7 页。

积弊：清朝的中叶困境与周期感知

面对中兴未能尽祛的中叶困境，只能再诉诸人事："数十年艰难共济，犹足昭垂天壤而光启中兴。冀睹是编者信人定可以胜天，而益厉转弱为强之志也。"[1]

甲午后成书的《邵氏危言》，仍力主除弊方能求治。作者邵作舟也认为，中兴被蔓延的积弊断送："方光绪之初元也，冲圣登朝，励精图治，以缵毅宗皇帝中兴之业，而承平日久，内外臣工未能精白一心，弼裹盛治，酣嬉堕废。未几而有甲申之役，马尾失，澎湖陷，基隆奔命，越南丧师。"[2]

"同治中兴"虽然"功绩之伟无异于再受命"，却不如往代之中兴，未能"有一二百岁之安"：

> 古者人难蜂起，海内涂炭，英辟哲后百战而后定之。其乱也，持数十岁之久，而其祸之息也，天下皞然，常获百年之安。近者泰西强族，至于据名城，震畿甸，岭、粤、亳、宋、滇、蜀、秦、凉之盗讧于内，西域、回纥之族叛于外，积二十岁，死者以万万计，竭谋臣猛将之力，仅而克之。名为中兴，功绩之伟无异于再受命，元元之众脱汤火归慈母，此亦宜有一二百岁之安矣。

这是以历史上中兴的规律来质疑本朝中兴之不实，其论虽有昧于世势变迁之处，于中叶积弊不能去以致败坏中兴则灼然有所见："顾未二十年，官吏偷惰，卒伍废弛，天下皇皇然浮动不靖之气，几

---

[1] 盛宣怀：《书后》，载盛康辑《清朝经世文续编》卷首，《清朝经世文正续编》第3册，第12页。

[2] 胡衍鸿：《邵氏危言·序》，载郑观应、汤震、邵作舟《危言三种》，第421页。

若有甚于往时者，此无异故乱去而所以胎乱者犹自若也。"[1]

"国家常制，大抵损益故明。"邵氏纵观明清历史，所见仍是中叶法繁、政治积弊成敝的困境。"明之中叶，名存实亡"：

> 任法而不任人，任吏而不任官，贵甲科而贱异途，重文吏而轻将帅。簿书烦碎拘滞行于官者，必十余累而后上，又十余累而后下。举一纤芥之细，若举千钧，名虽独断于上，实则以天子之尊，下为胥吏之役也。[2]

"有明不悟，以至于亡。"明亡于中叶，清初除其积弊，但到中叶仍陷入故辙之中：

> 圣清之起，振其敝而变之。圣祖、世宗、高宗之盛，文书号令，虽犹颇委曲繁重，然神圣广运于上，将相大臣又皆亲所简拔，洞知其才器大小贤否。庙廷之上，宽仁恭俭，夙喻于民，赏罚信，号令明，而下亦悚然于上之英明刚毅，而不敢欺也。故以治则安，以战则克。有法之敝而亦有法之利，其后见法之弊而未见法之利也，是以驯至于大乱。

这个中叶循环，是被中兴气象打破的，法归于疏，事底于成："中兴诸将相，起于湘、楚、吴、粤草莽之间，类皆阔达英毅，能驭天下之豪杰，而推诚与之。朝廷亦脱略文法，一听将相之所为。用

---

[1] 邵作舟：《邵氏危言》卷上，载郑观应、汤震、邵作舟《危言三种》，第425页。

[2] 邵作舟：《邵氏危言》卷上，载郑观应、汤震、邵作舟《危言三种》，第425—426页。

能尽其才力，以芟荑强寇。"

但事平之后，复积弊如故，中兴与洋务运动虽有新气象新作为，亦伴随着"法益繁、网益密"的积弊延伸之势：

> 天下既安，而所为任法而不任人者如故，任吏而不任官者如故，贵甲科而贱异途、重文吏而轻将帅者如故；簿书烦碎拘滞、举一纤芥之细若举千钧者，类如故也。
>
> 盖自中兴，诸将相向之婴重险、冒危难，前有虎狼百万之众，而后无斗粮寸兵之助，犹能决策奋刃，谈笑而破敌者，至于今日而簿书牵挟，扼腕太息，困于一胥吏之舞文弄法，而力有所不胜矣。然则政焉得无偷，而天下之大势又焉得无弱乎？[1]

中兴将帅一度改变了用人标准，冲破了小吏积习的罗网，但太平之后，一切照旧，甚至昔日豪杰自身也转为讲求簿书习气之将相，这就又回到了积弊的困境之中，在"无一人之可用"的视野中，邵氏感到因为积习积势在前，总有一个"用、习常相左"的机理：

> 天下有急，才之可用者，苦于不习，而习者苦于不可用，是用、习常相左也。且今之冠珊瑚翠羽之冠，称将相、治簿书者，皆向之伏于吴楚草莽之间，帖括章句而不习吏事者也。夫唯胡林翼、曾国藩诸人，有以磨砻砥砺，日陶而月冶之，帖括章句之儒亦既转而为今日之将相矣。至于今日之雄俊英杰慨然

---

[1] 邵作舟：《邵氏危言》卷上，载郑观应、汤震、邵作舟《危言三种》，第 426 页。

而欲有所为者，则一言以摈之曰：不习吏事。[1]

何以如是？邵氏又形象地描绘了"今之为官者"对待制度的两面态度，形成以法除弊却适以增弊的吊诡：

> 莫不苦于法之繁、网之密也。及其当钧轴、据要津，则常好立章程、增条教，法益繁、网益密，人人自以为除弊也，而不知适以增弊。是犹御马者，笼其首，执其足，又从而缚束之，蜷窟僵伏而求以致千里也，岂不谬哉！[2]

洋务运动虽然带来新的制度生机，但仍被旧制度的积势笼罩无遗，以致融于"法多而政愈弛，官多而吏愈偷"，此局尤为"今日之所以敝者"。

这正是郭嵩焘所担心的"不此之治，又附益之"，也是曾国荃所担心的"利未兴，荒未救，百弊益滋，千创日甚"，以及汤震所希望的"删苛细之科条，与民更始"。随着中兴与洋务运动，虽然形势转好，但法例同步增多，吏役有增无减，积弊之势并无好转。

邵氏认为这就是不遵守"法不轻变"原则的结果："法不轻变也，法苟变则必权其利害，小大得失，而熟计之。有所变也，必有所除也。然后法虽变，而用法者不纷。"洋务以新法行新政，恰成制度加密繁衍之新途，而非制度系统再造的新陈代谢。新叶横生、恣肆无状，中叶法令日繁、制度体系无序生长的趋势并未扭转，积而又积，

---

[1] 邵作舟：《邵氏危言》卷上，载郑观应、汤震、邵作舟《危言三种》，第 444 页。

[2] 邵作舟：《邵氏危言》卷上，载郑观应、汤震、邵作舟《危言三种》，第 459 页。

歧中有歧：

> 今法之所积且三百年，有增而无损，其始犹依乎旧法而稍
> 变也，继则少远焉，继则大远焉，其终至于南北背驰、霄壤相
> 判，积之又久，则歧之中又有歧焉。盖举一罪，轻可至于罚金，
> 而重可至于骈首，同事异条，眩惑瞀乱，辩析乎秋毫，目蔽乎
> 邱山，奸利之丛，而贤良之困。[1]

"牛毛之令、骈拇之官、悉索之财、增练之卒，日新而月异。""法之
多，至于今日无以加矣。"[2] 于是，"任法而不任人者如故，任吏而不
任官者如故"，政事复归琐屑，旧章、成案的治理模式在新的世势条
件下仍顽固生存：

> 今天下之法亦少繁矣，事无巨细一听于法。胥吏曰法所可，
> 上不得而不可也；胥吏曰法所不可，上不得而可也。一则津津
> 然曰旧章，再则津津然曰成案。夫通商之口遍天下，异言异服
> 之使交于中外，楼船巨炮日新而月异，边地属国外削而内侵。
> 甚者降中夏之尊，联僻域之长，奉玉帛称兄弟。臣不知何旧章
> 之守，而何成案之援也！

这是政治上舍本逐末之积弊，不能正本、握纲而法行"易简"，即邵
氏眼中之"所以胎乱者也"：

---

[1]　邵作舟：《邵氏危言》卷上，载郑观应、汤震、邵作舟《危言三种》，第 427 页。

[2]　邵作舟：《邵氏危言》卷上，载郑观应、汤震、邵作舟《危言三种》，第 456 页。

夫治有本有末，有纲有目。以人用法，则正其本、握其纲，法虽简而治。以法用人，则逐乎其末，忘乎其本，苛乎其目，悖乎其纲，法益多而奸益盛，上下相遁而不可救也。此所以胎乱者也。

这是季世之根由："陛下不审乎所以胎乱之原而正其本、握其纲，欲以求治，难矣。"[1] 他也希望法"三代"，从"法疏"而求治：

三代之盛法，不若后世之密，而长治久安之效，远过于后世……故善于为治者，不以法废人，亦不以人废法。陛下诚举今日之法，使天下之通古今、明治体者聚而议之，存其大纲，芟其细目，务在法简而事省，明白易晓，猾吏无所挟持。[2]

这仍是法意与积势的较量：

汉、唐、宋、明开统之君，身起匹夫，定海内，垂治平，则又何以出于三者（轻徭薄赋、务本业、去冗食）之外。及其子孙，忘乎祖宗所以为国之意，而狃于天下积重之势，敝敝然从而逐之，则夫君与民其终必至于两敝。[3]

回顾历史，救弊改革也会生弊。"以二三千年相沿袭，以几分

---

[1] 邵作舟：《邵氏危言》卷上，载郑观应、汤震、邵作舟《危言三种》，第426—427页。

[2] 邵作舟：《邵氏危言》卷上，载郑观应、汤震、邵作舟《危言三种》，第458页。

[3] 邵作舟：《邵氏危言》卷下，载郑观应、汤震、邵作舟《危言三种》，第489页。

合、几正闰相承蟺，以国朝二百四五十年相损益，以商鞅之断、以孔仅之才、以桑羊之心计、以刘晏之廉能，罔不因弊拯弊，拯弊生弊。"[1]这就令人颇感绝望和无奈。"积弊"成为基本史观，"三代"以降这一段历史，成了积弊日益深重的历史："后世事事苟且，其制度繁重者，相率锢于积习，牢固不可移易。"[2]

所以，若通过变法来除弊，只会法繁日甚、积弊日深。"返朴"的"易简"之道仍是主流观念。主改革者的感受是："今日吏之病如痼，非腴削之剂，断断不足奏效；民之病如尫，不必杂投方药，无益反害，但当静以养其元气，慎选清勤知顾名节之督抚，则墨吏自望风改操。"应对此种局面，"兴利不如除害，增令不如省文"。[3]"治天下而欲去泰去甚，其莫如返朴乎"，这是中兴之应然："昔卫文之中兴也，务材训农，通商惠工，敬教劝学，而必先示之以大布之衣、大帛之冠，其知朴之旨哉。"[4]

基于"大抵立法必有弊，未有无弊之法，其要只在得人"，朱熹曾有"法弊""时弊"之分："今世有二弊：法弊，时弊。法弊但一切更改之，却甚易；时弊则皆在人，人皆以私心为之，如何变得！嘉祐间法可谓弊矣，王荆公未几尽变之，又别起得许多弊，以人难变故也。"[5]此论的思想根基是"有治人而无治法"，对纯任制度的警惕，是儒家制度论的逻辑起点。时弊就是人心积习，是比法弊更深

---

[1]　汤震：《危言》卷2，载郑观应、汤震、邵作舟《危言三种》，第301页。

[2]　汤震：《危言》卷4，载郑观应、汤震、邵作舟《危言三种》，第379页。

[3]　汤震：《危言》卷2，载郑观应、汤震、邵作舟《危言三种》，第314页。

[4]　汤震：《危言》卷4，载郑观应、汤震、邵作舟《危言三种》，第406页。

[5]　《朱子语类》卷108，黎靖德编，王星贤点校，北京：中华书局，1986年，第2680、2688页。

层次的积弊，此弊不去，变法只会适得其反。故魏源曾对比变法与去弊，虽认为中叶的应对之道在于更革以"矫其弊"，但实际上仍是强调去弊而非变法："君子不轻为变法之议，而惟去法外之弊，弊去而法仍复其初矣。不汲汲求立法，而惟求用法之人，得其人自能立法矣。"[1] 这是不轻言变法，而从"治人"入手恢复"治法"活力的去弊思路。经世派以降对变法的主张，只是具体行政制度法规与政策做法层面的，服务于宏观上的最终目标——除弊。

人心胜于制度，法度的要义在于"其初"的精神，由来已久的政治改革思想是对中叶积弊及应对之道的认知逻辑，也对晚清时局影响甚深。如何改变现状求得真正的中兴，时人在时弊与法弊之间逡巡选择。光绪初，礼部尚书恩承论说盐法之弊时，也持同样的除弊而不变法的主张："兴利除弊务穷致弊之源，时弊则但理其时，法弊则全革其法，若好革而专务取盈，不恤民隐，必致救跛成瘘，展转增剧。"[2]

中叶法弊并无疑议，但主导认知先是要从时弊和人弊入手方能彻底解决，继而又因时局变化转向了以变法为要。

戊戌变法时，清人仍在围绕去弊与变法的不同方向辩论并寻找出路，中叶仍是公认的背景和出发点，中兴是预设的政治目标。所谓"新党"与"旧党"，分野在于改革的主张侧重于变法还是去弊。

叶德辉认为："今日之时局，法诚弊矣。"但自强新法适得其反："制造兴，则仕途多无数冗员；报馆成，则士林多一番浮议。学堂如林，仍蹈书院之积习；武备虽改，犹袭洋操之旧文。"为什

---

[1] 魏源：《默觚下·治篇四》，载氏著《魏源集》上册，第 50 页。

[2] 礼部尚书恩承等奏折，见《四川盐法志》卷 14，载《续修四库全书》第 842 册，第 278 页。

么"凡泰西之善政，一入中国，则无不百病丛生"？这就是因为积弊扭曲了制度更革："故鄙人素不言变法而只言去弊，弊之既去，则法不变而自变矣。若谓去弊非易，则变法亦岂易乎？"[1]这也代表了颇为普遍的积弊感触，认为去弊是比变法更为根本之计。候选主事、举人孔昭莱论道："中国之坏不在于立法不善而在于积弊太深，积弊之深不在于无治法而在于无治人。泄沓欺蒙，上下一辙，苟且竞进，贿赂公行。内外度支皆浮冒，大僚荐引半属私人。"这是总体性的政治问题，而非制度层面的问题，亦须政治改进，而非变法："朝廷多一新法，则臣僚多一利窟；国家多一举动，官吏多一钻营。"若变法而不去弊，"职恐十数年后难保不再重蹈前时之覆辙也"。[2]刑部主事冯镜濂指出："一法甫立，百弊丛生。变新法不变人心，变旧章不变积习，恐新政终托空言。"[3]他们都担心从中兴回到中叶。没有"治人"的中兴是虚假的。以此标准审视洋务运动和中兴事业，只是"裱糊"而已，已被甲午战败所证实，变法不过是"重蹈覆辙"。

"彼方共逞新图，而我犹泥守成法。"[4]变法是战胜中叶困境的另一派主张。梁启超申论变法才能中兴，而变法的背景是中叶势必积弊这一难逃的气运：

---

[1]　叶德辉：《叶吏部答友人书》，载王先谦等编《翼教丛编》卷 6，第 276 页。

[2]　孔昭莱条陈，光绪二十四年八月初五日，军机处录副·补遗·戊戌变法项，编号 3-168-9454-29。

[3]　冯镜濂条陈，光绪二十四年八月初六日，军机处录副·补遗·戊戌变法项，编号 3-168-9456-21。与上引孔昭莱条陈皆转引自茅海建：《戊戌变法期间司员士民上书研究》，载氏著《戊戌变法史事考》，北京：生活·读书·新知三联书店，2005 年，第 263、273 页。

[4]　盛宣怀：《书后》，载盛康辑《清朝经世文续编》卷首，《清朝经世文正续编》第 3 册，第 12 页。

语曰：学者上达，不学下达。惟治亦然，委心任运，听其流变，则日趋于敝；振刷整顿，斟酌通变，则日趋于善。吾揆之于古，一姓受命，创法立制，数叶以后，其子孙之所奉行，必有以异于其祖、父矣，而彼君民上下，犹晌焉以为吾今日之法吾祖。前者以之治天下而治，苶然守之，因循不察，渐移渐变，百事废弛，卒至疲敝，不可收拾。

只有变法，才能做新王，为中兴之主，真正实现中兴：

代兴者审其敝而变之，斯为新王矣！苟其子孙达于此义，自审其敝而自变之，斯号中兴矣！汉唐中兴，斯固然矣！[1]

至于变法的对立面，文廷式纳入中叶世家阻挠变法的规律以抨击之：

沮变法者，惟世家为甚，其力既足以抗国家，其言尤足以动众庶，故中叶以后，因循不振，明知法弊而莫敢言变以至于亡者，恒必由之。盘庚临以威刑，质之鬼神，而后九世之乱倏然更始。[2]

随着清廷在中西竞争中步步落败，变法终于被视为去弊的唯一出路。刘坤一、张之洞会奏整顿制度，论“破常格”，认为根源在于中叶积弊而难以致治：

---

[1] 梁启超：《变法通议自序》，载氏著《梁启超全集》第1册，北京：中国人民大学出版社，2018年，第21页。

[2] 文廷式：《纯常子枝语》卷16，载《续修四库全书》第1165册，第232页。

从来国家开创之初，疏节阔目，上下情通，既能周悉民隐，亦能鼓舞贤才，故成功易。中叶以后，拘文牵义，上下否隔，民情多壅于上闻，人才亦难于自见，故致治难。

他们认为，积弊又逢外患，世变非常，唯有变法才能除此新旧叠加之时弊：

今外患日迫，政权渐侵，迥非光绪初年之旧。时局已非常局，则政事岂可仍拘常格？伏读圣谕有云："积习相仍，因循粉饰，以致成此大衅。"洵为深中时弊之至论。积习莫甚于骄惰恶劳，因循莫甚于借口旧章，粉饰莫甚于实情不上闻。[1]

然而，时弊之下，新政与变法仍然陷入多增法弊的旧辙。"邮传部之靡费，农工商部之虚设。"[2]"庚子以后之外务部，其真办事之司员不及十人，余皆伴食耳。而此十人者，每日办事又不过二小时，余暇则奔走征逐游谈也。外务素称繁部，犹且如此，他部可知。"[3]法繁例密，是一仍其旧的路径依赖。"学部之条例，仿之科举而更甚矣"，"此等繁密条例之结果，必碍学问之发达"。[4]其中虽有摹仿现代国家政府"繁复之官僚政治"的影响，但这也是积弊延伸的必然，

[1]　刘坤一、张之洞：《江楚会奏变法三折》，载沈云龙主编《近代中国史料丛刊》第2编第471册，第50页。

[2]　杜亚泉：《减政主义》，载周月峰编《中国近代思想家文库·杜亚泉卷》，北京：中国人民大学出版社，2014年，第34页。

[3]　杜亚泉：《再论减政主义》，载周月峰编《中国近代思想家文库·杜亚泉卷》，第120页。

[4]　杜亚泉：《减政主义》，载周月峰编《中国近代思想家文库·杜亚泉卷》，第34页。

"群流并进，新旧杂陈"：

> 若夫我国，人才未贮，财力未充，政府虽有改弦易辙之心，官僚犹仍泄沓偷安之习，乃不自量力，尤而效之。规模不可不备也，于是乎增设若干之官厅，添置多数之官吏，而又不可无所事事也，于是乎编订种种之条例，设立种种之名目。新政之规模略具矣，而旧日之习惯，不可尽废也，于是乎有重规叠矩者，有纷歧错杂者，且有无关于政治而为赘瘤者。群流并进，新旧杂陈，当局以张皇粉饰其因循，朝士以奔走荒弃其职务，问其名则百废俱举，按其实则百举俱废。[1]

杜亚泉称之为"纸张天下"，批评其"立法于繁"，断定其"后虽简之，而款已糜，弊已甚矣"。[2]"纸张天下"就是文牍天下、条例天下、制度天下，推动新政的第一思路是立新法、增新事、设新员，这反映了后发现代化国家的某些一般情形，但也具有清中叶以降积弊语境下的政治行为特征，王朝周期于现代化之效果不无影响。[3] 于此，杜亚泉又想到和魏源等人同样的解决手段："吾国古来，以恭己无为为至治，而以庸人自扰为至戒……纪文达有言：三代以下，以不扰民为治。盖减政主义之先觉者矣。" [4]

时虽已至"政权渐侵"，中叶积弊仍延伸下来成为包裹在季世

---

[1]　杜亚泉：《减政主义》，载周月峰编《中国近代思想家文库·杜亚泉卷》，第 32 页。

[2]　杜亚泉：《减政主义》，载周月峰编《中国近代思想家文库·杜亚泉卷》，第 34 页。

[3]　参见罗志田：《革命的形成：清季十年的转折》，北京：商务印书馆，2021 年，第 54 页。

[4]　杜亚泉：《减政主义》，载周月峰编《中国近代思想家文库·杜亚泉卷》，第 33 页。

中的困顿，清末从而呈现出与以往王朝末年君主昏庸暴戾、社会暴力动荡不同的衰世状态。只有在从中叶到中兴而积弊犹存的脉络中，我们才能理解中兴之窘迫与短暂，理解时人的变法逻辑与因果。

小结：作为政治时间的"中叶"

杨联陞先生总结"朝代循环"曾有言：

> 从事中国史研究的学者通常都同意：在朝代的兴衰更迭中，有一个周而复始的模式，他们称之为朝代循环（dynastic cycle）。无疑地，一个朝代可以经历过好几次衰落与复兴，然后才完成整个循环。对一个已知的循环加以详细的描绘——不但顾虑到该朝代整体的兴起与衰落，同时也考虑到其间的小起伏，我们就可以称之为朝代的形态。这种形态的研究，如果能够正确而公平地反映出一如既往的陈迹，那将会使我们对朝代循环的理解更加深入。[1]

但是，杨联陞的研究理路实是作为"后知后觉"的历史学家，基于"已知的循环"，对已经完成、已成客观的"陈迹"的形态与规律进行总结。然而，历史中人未必知道自己身处"好几次衰落与复兴"之中，他们只能凭借自己承受的思想与观念做出当时的主观判断。身值中叶，且能中兴，而非末世、季世的秩序崩解，时人未必认为是"循环"。我们观察历史，希望能找到时人心中的判断和动力，政

---

[1]　杨联陞：《国史诸朝兴衰刍论》，载氏著《国史探微》，第 14 页。

治时间的观念与世运否泰的希望，就是他们心中的政治动力。"中叶"是一个非常辩证的既有深刻危机感也有转圜再造之希望的时间概念，落在士大夫心中，既有困境感，也是动力。它支撑了19世纪中国人对政治发展的信念。当进入历史之后，这样一个主观的理解和判断过程，又成为后人思考"朝代的形态"的重要组成部分。

中叶之忧，是繁华中的忧心，与开创之忧、末世之忧不同。

发端于《诗》表达出的商代政治史，"中叶"可谓一个"政治时间"的概念。"政治时间"并无既定的严格概念界定，它是人们对于政治发展时刻、阶段、时长的认知，既是政治体生命节点的时间刻度和生命长度，也是由此而来的盛衰周期，并渗透到诸如家族、家庭等社会组织实体的生命周期的指称。围绕政治时间形成的特定思想和观念，是传统中国政治思想与观念的重要组成部分。"中叶"与王道息息相关，德薄乃有中微，积德则可拨乱反正，转移运会的机运系于君主一身。中叶成为对王朝国家生命周期及其中衰阶段的规律性认知，指引着历史中人以彼时的逻辑范式考量时弊与法弊的轻重，严正对待变法等被后人视为神圣与必然的政治举动。

以经学与历史教训为基，"中叶"在清代成为一个常用的政治时间观念，对应着时局判断和纾解方略。中叶积弊既是压倒性的认识，也终于成为未能逃避扭转的现实厄运。由中叶而中兴仍是转圜希望，中叶又始终存在于中兴之侧，这是从嘉道至同光的基本政治背景和政治发展逻辑。从洋务运动到清末新政，在改革去弊的同时，政治与行政风习继续惯性滑行，例案制度继续增加，积弊之势遇"裱糊"有缓解而实际不减，这也是中西、古今、新旧杂陈竞合的历史生长。在中西相遇的历史过程中，贯穿清中叶到清末的"积弊"始终是中国自身政治中老旧而重要的内在问题，成为中西相遇以及一切近代问题的重要发生场合。把握住这条逻辑线索，我们就能够看到在康乾盛世之后19世纪中国的整体发展脉络，这正是中国最后一个王朝国家的中晚期政治发展轨迹。改革既面向新世界的侵袭，也在回应旧庙堂之上的积弊，王朝中叶的兴衰周期从而与中国近代的转型时期套叠，相应地，是新旧政治思想、观念与行动的套叠。由此，我们对"同治中兴"的起灭，对晚清与清中期政治史的内在关联，甚至对从清初到清中期、再到晚清的政治思想的递进与转型，都能多一分新的理解。

1909年，《大公报》之《宣统纪元之祝词》有云：

> 斗柄南移，星环北拱，龙旗映日，凤律调阳，此非我飞龙宣统之新纪元哉？然而，当是时也，欧风美雨咄咄逼人，逐鹿争雄，怦怦欲动。登廿世纪之舞台，胜负咸争于一日；承三百年之宝祚，存亡将决于终朝。其幸而胜也，则可建中兴之业，直比汉之建武、唐之开元而尤隆；其不幸而败也，则不免亡国之惨求，如宋之靖康、明之崇祯而不得。

这正是遭逢新世界的"中兴"新运会的写照。

结　语

王朝周期与中叶困境

最后，笔者拟讨论"清中叶"之于认识中国历史王朝周期的意义，以为全书作结。

在对清中期已显形之变局与应对动向，特别是对衰变原因和规律的探讨中，"王朝周期"或"朝代循环"是常见的词汇。但这些探讨或是关注清末以降特别是民国以来清史著述中的"'王朝周期变动观'视域下的认知"[1]，将以上词汇视为学术史中的旧物，或是落脚于"与我们熟悉的朝代循环模式相关的严重政府失能"[2]，实为对此期政治、社会、经济问题的研究，只是取"朝代循环"作为话语套式。中国的王朝政治周期观念为何，如何由此来体察清朝的中叶困境以及时人的观念与政治行动，仍是待解之题，本书希望提出一个侧面的讨论。

---

[1]　朱浒：《盛衰之理：关于清朝嘉道变局性质的不同阐释及其反思》,《史学理论研究》2021 年第 2 期。

[2]　罗威廉：《中国最后的帝国：大清王朝》, 第 156 页。

第一节　作为王朝周期的"中叶"

传统中国的政治思想与观念中，形成了历史大循环与王朝小周期两种政治周期论。

历史大循环表现为一种定数。社会与政治的发展有其"理"，"理"表现为一定之"数"，决定"运"的循环周期。刘歆对"数"做了定义："数者，一、十、百、千、万也，所以算数事物，顺性命之理也。"（《汉书·律历志上》）隋人萧吉对"数"之于"理"的功能说得更为具体周赡，他认为"数则可纪，象则可形；可形可纪，故其理可假而知"[1]，以致"其道难明，非数不可究"。[2]"数"是"人类用来规范宇宙万物（包括人）的一种普遍存在"，内在于古代中国的宇宙论之中。[3]"定数"意味着统一的规律性，也意味据以推演兴衰成败的确定性。中国政治思想与观念中的历史大循环、大周期以定数的形式表现出来，彰显着最原本的也是终极的决定力量，带有浓重的天道或者说"第一原理"式的神秘意涵。

第一种定数，是天道运行的历数和天人相应的德运之数。其要义不仅是宇宙运行表现为数理周期、天人相应表现为德运周期，更在于以天道周期为依据，于其中推演人间政治的兴衰。就历数周期而言，在两汉，其主要依据是以《春秋》《易》《诗》等经典为中心而衍生的谶言和纬书。"历"就是"历运"，以历数周期中的"三七之节纪""五七弱"或"百六之会／灾厄""三百年斗历改宪""三

---

[1]　萧吉：《五行大义·序》，钱杭校定，北京：中华书局，2022 年，第 1 页。

[2]　萧吉：《五行大义》卷 1，第 27 页。

[3]　丁四新：《"数"的哲学观念与早期〈老子〉文本的经典化——兼论通行本〈老子〉分章的来源》，《中山大学学报》2019 年第 3 期。

期历运说"为推算原理，周期运数或以一百零六年、"四百年之难"、三百六十年、"数在三百年之间"为数，或以"五七三百五十岁"为"暴渐之效"的节点。"三七""五七"等数理逻辑所对应的是二百一十年、三百五十年等的时段倍数，如果仅就二百一十年而言，并不算特别长的时间，可能仅在一姓王朝之内，但此说实是一个公式，将历史与政治发展置于不断往复循环的"三七""五七"周期中，所以本质上仍是大循环、大周期的范式。"阳九之厄，百六之会"，亦是以四千六百一十七岁为一个纪元，其中有九轮灾岁。[1] "三统五德"的德运说，周还迭首，往复运行，也呈现出类似的大循环周期："三代各据一统，明三统常合，而迭为首，登降三统之首，周还五行之道也。"（《汉书·律历志上》）该说所涉及的复杂系统可以梳理为：文质"再而复"，三正、三统"三而复"，商夏质文四法"四而复"，五行、五德、五帝"五而复"，九皇"九而复"。（《春秋繁露·三代改制质文》）[2]

对于王朝中晚期的政治衰败现象，此说是从历数和德运的周期来认知的。历数和德运是天道运行的表征，国祚始终、政治兴衰有其天命定数，也就由历数和德运周期所标识，"主因并非政事过失引发的天谴，而是周期性降临的厄运"。[3] 这是天道压抑人道的治道

[1]　陈侃理：《儒学、数术与政治：灾异的政治文化史》，北京：北京大学出版社，2015年，第108页。关于数术与灾异的政治观念，亦可参考此书。

[2]　参见陈苏镇：《〈春秋〉与"汉道"——两汉政治与政治文化研究》，北京：中华书局，2011年，第436页。

[3]　王景创：《"汉魏世变说"的反思——从东汉中后期的"衰厄—中兴"论谈起》，载《秦汉魏晋南北朝政治与政治文化研究学术研讨会论文集》，北京大学历史学系、北京大学中国古代史研究中心，2023年未刊稿，第87页；王尔：《"汉三百五十年之厄"观念与东汉后期的中兴论》，《人文论丛》2022年第2期。

认知范式。从原因来看，汉人将"政令垢玩，上下怠懈，风俗凋敝，人庶巧伪，百姓嚣然"归于"值厄运之会"。(《后汉书·崔寔传》)虽然认识到制度积弊之大害，忧心"汉兴以来，三百二年，宪令稍增，科条无限"，但"中兴之救"的办法来自《春秋保乾图》这样的纬书，以"王者三百年一蠲法"的周期论证法制变革的合理性(《后汉书·陈宠传》)。相应地，其应对措施以遵循天道的"改宪""改元易号""再受命"等为主，而"蠲法"等理性行政改革则居于从属地位。

周期定数与经典所载"三代"中兴的经验不无龃龉，特别是商代"贤圣之君六七作""一祖三宗迭兴"的起伏延绵为判断王朝存续提供了另一理据。是中衰而可以中兴挽救，如"汉历中衰，当更受命"(《汉书·李寻传》)，还是气数已尽，王朝终结，如"汉氏三七之厄，赤德气尽"(《汉书·王莽传中》)、"汉家尧后，有传国之运"(《汉书·眭弘传》)？这就形成了竞争性的解释，也为政治斗争提供了学说支持。但在天道决定论的观念下，历运周期与中兴历史经验的调和，并不能完满解决。

另一种定数有更浓的治道取向，但仍以"天"为决定要素，就是儒家道统论中重要的"五百年之运"。孟子认为，存在"一治一乱"的循环(《孟子·滕文公下》)，从"数"来看，以五百年为大周期："五百年必有王者兴，其间必有名世者。由周而来，七百有余岁矣。以其数，则过矣；以其时考之，则可矣。"也归于"天"，尽管这里的天更像世势之象征，但仍有不乏神秘意味的决定作用："夫天未欲平治天下也。"(《孟子·公孙丑下》)"王者"不是一般的君王，而是具有传承道统、复兴治道意义的圣王。尽管当圣王不出时，也会将其归于孔子这样的师儒圣人，但只是弥缝此周期论的成立。直到李光地仍承此说论证清朝国运，寄望于康熙帝成为传承道统的圣王："儒家言五百之运，术家言上元甲子之岁，今日皆适当之，自非天开文明，圣贤之道将亨，不能及此也。"[1]具体算法是："由尧至汤，汤至文，文至孔子，俱五百年，自孔子五百年至光武，又五百年至贞观，又五百年而生朱子，亦未大差。……自朱子后有洪武，至我朝又五百年。"[2]

历数周期与"五百年之运"是内里一致的大周期，天道胜于人道，此种观念可从汉武帝的制书中读出：

> 夫五百年之间，守文之君，当涂之士，欲则先王之法以戴翼其世者甚众，然犹不能反，日以仆灭，至后王而后止，岂其所持操或悖缪而失其统与？固天降命不查复反，必推之于大衰而后息与？呜乎！凡所为屑屑，夙兴夜寐，务法上古者，又将无补与？三代受命，其符安在？灾异之变，何缘而起？（《汉书·董仲舒传》）

如果对天道有常持神秘主义的认识，不以人力为转移的定数当然是最好的支撑。但治道兴衰，真有定数吗？随着对治道的重视，人道与天道交织，对"数"的认识便在信疑之间。明末清初，以运数推演易代走向与治道兴衰一时盛行，其典型者为黄宗羲《明夷待访录·题辞》。元人秦晓山之"十二运"之说经胡翰等传至黄宗羲。黄宗羲以"十二运"解读孟子"一治一乱"，以周敬王甲子到康熙

---

[1] 李光地：《御制朱子全书序文发示恭谢劄子》，载氏著《榕村全书》第9册，第200页。

[2] 李光地：《榕村语录》卷19《宋六子二》，载氏著《榕村全书》第6册，第107页。

　　　　　　　　　　积弊：清朝的中叶困境与周期感知

二十二年（1683）这二千一百六十年为一个大周期，"皆在一乱之运"，此后方"交入'大壮'，始得一治"，由此解释"何三代而下之有乱无治也"，也就实际上否定了"五百年"的定数。[1] 但黄宗羲的运数论，主要是为了"加强或合理化'待访'与'复三代之治'的信念"。[2] 三十余年后，基于清朝未能"复三代之治"，黄宗羲反认为"秦晓山十二运之言，无乃欺人"。[3] 这就又否定了"十二运"之定数。黄氏的观念不再像秦晓山所言那么绝对："国之兴衰有数存焉，岂人力所能致？"[4] 诚如王汎森总结的："中国士人意识深层中有一种难以说清的、对于'气运''运数'的信仰。而这一信仰时隐时现，往往与理智的层面或现实的遭际交迭互用，时伏时出。"[5] 此亦与理智或现实常相校核，时信时疑。

在"定数"的历史大循环中，士人为王朝寻找周期中的位置；王朝的兴衰，在大周期中确定。那么，如果以王朝为时间本位，如何认识王朝自身的兴衰？以王朝为认知单元，以连续的王朝史为视域，是否存在超越一时一事得失之上的、周期性出现的兴衰时刻？除了天道的解释之外，人间治道（特别是王朝治道）自身的政治时

---

[1] 黄宗羲：《明夷待访录·题辞》，载氏著《黄宗羲全集》第1册，吴光等校点，杭州：浙江古籍出版社，2012年，第1页。并参见王汎森：《〈明夷待访录·题辞〉中的十二运》，载氏著《晚明清初思想十论（增订版）》，北京：北京师范大学出版社，2020年，第370页。

[2] 王汎森：《〈明夷待访录·题辞〉中的十二运》，载氏著《晚明清初思想十论（增订版）》，第386页。

[3] 黄宗羲：《破邪论·题辞》，载氏著《黄宗羲全集》第1册，第192页。

[4] 晓山老人：《太乙统宗宝鉴》卷16，转引自王汎森：《〈明夷待访录·题辞〉中的十二运》，载氏著《晚明清初思想十论（增订版）》，第369页。

[5] 王汎森：《〈明夷待访录·题辞〉中的十二运》，载氏著《晚明清初思想十论（增订版）》，第362页。

间有规律性吗？中国士人从政治的"现实"中，不断积累"理智"认识，总结治理中的理性规律。其显著而富有历史哲学意味者，就是对王朝之"中"的关注和总结。《诗》《尚书》等经史所载"三代"政治史上的"中叶""中世"以及"中衰/中兴"耐人寻味，但是在漫长的治理经验积累后才概念化，呈现一姓天下之中期状态的周期规律。[1] 对中兴的判定，大体可划分为"统"与"道"两种标准，形成"失—复"与"衰—兴"两种有交集但侧重不同的王朝之"中"的叙事模式，标示了对于王朝周期之"中"的认识。

"统"的标准决定了中叶"失—复"的模式，侧重政统得失。与运数终结的周期观相对应，汉光武帝、晋元帝之中兴皆是王位失而复得之指，故中兴之语在两汉之际大兴[2]，复追溯至夏代少康等历史经验以增强其权威性。关于评定标准，唐朝的蒋武以王业得失的主体判别"中兴"与"反正"，所下断语常被奉为权威："凡非我失之，自我复之，谓之中兴，汉光武、晋元帝是也。自我失之，因人复之，晋孝惠、孝安是也"，唐中宗和后两者"同于反正，恐不得号为中兴之君"。(《旧唐书·礼仪志五》) 蒋氏之言虽然强调了"非我失之，自我复之"以严判功德，不轻假人，故为后世广泛引用，但治道意蕴实较单薄。依此标准者，名为中兴，而"实同创革"。其主旨在于高度肯定了光复邦家者，甚至赋予其祖宗地位，不在于判断形势、探讨治道。

"道"的标准对应着中叶"衰—兴"的模式，侧重治道兴衰。见于经史记载的，"三代"如汤、公刘、周宣王，后世如汉宣帝，在氏

---

[1]　经典、注疏及清代经学中的相关讨论，参见本书第四章。

[2]　参见汪华龙：《"中兴"说的缘起与东汉士大夫的"中兴"理想》，《南都学坛》2012年第5期。

族及王朝中叶／中世赓续基业，王位未断而国势持续壮大，或克服困难"衰而复兴"。然而，在运数周期的观念下，王朝连续统治下的中叶兴衰并未成为独立的意义单元，其或是泛泛的颂君之辞，或是对君王功业的认定，或是内忧外患中的期许，都并未被提高到王朝政治生命的重要政治时刻的地位。从统系得失到治道兴衰的中兴观转型，以中唐的李德裕所论为代表。李氏认为中兴有两种标准，一为"兴业"，一为"隆道"，并将历代中兴之主按此分类排列：

> 夫兴业之与隆道，事实不同。汉光武再造邦家，不失旧物；晋元帝虽在江左，亦能纂绪。此乃王业中兴，可谓有功矣。殷高宗躬行大孝，求贤俾乂；周宣王微而后兴，衰而复盛。此乃王道中兴，可谓有德矣。……又《汉书·宣帝赞》曰："功光祖宗，业垂后嗣，可谓中兴，俟德殷宗、周宣之美。"若皆如汉光武、晋元帝，则殷宗、周宣，并不得称中兴矣。[1]

他据此认为唐宪宗"隆道中兴，与殷高宗、周宣王、汉宣帝俟德矣"。这种以治道为标准，在王朝中期确定中兴时刻的动议，与谶纬等神秘论总体上已呈退潮之势有关。"三代"以降的王朝治道积累了较多的历史经验，商、周继体中兴的历史经验被赋予典型的神圣意义，其所标示的"衰—兴"时刻随之彰显了治道的规律性和必然性。汉代也进入了这个治道叙事框架，汉宣帝的中兴成为治道史上稳定的、具有治道意义的典范之一。另一重要背景是，在"三代"以降的王

---

[1] 李德裕：《请尊宪宗章武孝皇帝为不迁庙状》，载氏著《李德裕文集校笺》上册，傅璇琮等校笺，北京：中华书局，2018年，第210—211页。

朝史中，唐朝国祚绵长，已有二百二十五年的统治时间，时人认为足以彰显治道功德："国家受命二百二十五年矣，列圣之功德，区宇之广大，王化之盛兴，礼乐之备具，过殷、周远矣。"[1] 先王祀典，以"崇德报功"为礼义，先王之功德即本朝之功德。[2] "中兴之君，当百代不迁之位。"（《旧唐书·礼仪志五》）王朝要通过若干不迁的"祖""宗"之庙来证成本朝的功德深广，并劝勉帝王有道，其中就包括在中叶奋起且逆衰转盛的君主之庙号，这是庙制的礼义所在：

> 礼，祖有功，宗有德。夏之祖宗，经传无闻。殷则一祖三宗，成汤为始祖，太甲为太宗，太戊为中宗，武丁为高宗。刘歆曰："天子七庙。苟有功德，则宗之，所以劝帝者功德博矣。"[3]

国祚长度的历史感支撑了比拟"三代"的功德自信，却"未有中兴不迁之庙"，这被认为是本朝礼制的缺失，难以构成完备的君统。

以王朝为单元、以功德为标准的兴衰观，在两宋之际的王观国笔下更加确定，指导其以"在一世之间，因王道衰而有能复兴者"为中兴标准：

> 商之世尝衰矣，高宗能复兴商道，故高宗谓之中兴。周之

---

[1] 李德裕：《请尊宪宗章武孝皇帝为不迁庙状》，载氏著《李德裕文集校笺》上册，第 209 页。

[2] 参见孙明：《治道之统：传统中国政治思想的原型与定型》，第 188 页。

[3] 李德裕：《请尊宪宗章武孝皇帝为不迁庙状》，载氏著《李德裕文集校笺》上册，第 209 页。

积弊：清朝的中叶困境与周期感知

世尝衰矣，宣王能复兴周道，故宣王谓之中兴。汉之世尝衰矣，光武能复兴汉室，故光武谓之中兴。晋之世尝衰矣，元帝能再造晋室，故元帝谓之中兴。唐之世尝衰矣，肃宗能复兴唐室，故肃宗谓之中兴。凡此皆在一世之间，因衰而复兴，故皆谓之中兴。[1]

这既包括了王位未中断而重在"复兴商道、周道"的商高宗、周宣王，也包括"复兴汉室、晋室、唐室"的汉光武帝、晋元帝、唐肃宗。如学者已指出的：

> 王观国对"中兴"的定义是一世之内的"王道衰而有能复兴者"，从复兴而非继统的角度列举中兴之君序列为：商高宗（武丁）—周宣王—汉光武帝—晋元帝—唐肃宗，其特点在于不以王朝中断再接续为指针，无论是否中断，都视为衰而复兴。如此，商高宗、周宣王、汉光武帝的序列即可成立。[2]

这就用王道"衰—兴"囊括了王业之"失—复"，"一世之间"的政治中衰获得了与王位得失同样重要的地位，并且覆盖之。治道与政权等量齐观，这是治道重要性的上升，与宋代道学的成立趋同。王义山将"政治"与"土宇"并举而论中兴，强调"政治"所由出之"人道"为光复"土宇"大一统的必由之路：

---

[1] 王观国：《中兴》，载氏著《学林》卷2，田瑞娟点校，北京：中华书局，1988年，第51页。

[2] 张达志：《功与业——"晋元中兴"叙事模式的成立》，《台大历史学报》2018年第62期。

盖中兴之道有二：有中兴其祖宗创业之政治者，有中兴其
祖宗创业之土宇者。今文轨一家，版图有将合之机，而未至于
大一统者，岂非人道之犹有当思欤？继自今以往，能以《诗》
之所以复古者修政事，则人道立矣。如是，而海宇之未全清，
臣不信也。[1]

本书不关注中兴观，重在由其看周期观。王朝之"中"，是以"一
世之间"的中衰/中微而中兴为标识的。以王道作为判别中兴的标
准之所以值得重视，是因为它表明了对王朝自身周期之"中"的判
别标准不再局限于治统得失，更高的标准是治道与治理的盛衰。治
道中衰的观念，成为评定、预判王朝所处周期定位的重要标准之一。
在本朝既往历史的治道展开中寻找"中"，说明王朝作为治理单元的
本位觉醒，虽然"中"尚未成为即时评估治道盛衰的信息，但"中"
的时刻与标准一旦自觉，就可以为抛开天道认知范式的框架，转入
以治道为主，根据治理盛衰表现来警示发展周期、省思治理得失铺
平道路。这是王朝时代中国政治周期观乃至治道思想的理性化。

中世衰微的政治时间观念，或者说将衰微时段划定于中世、中
叶的观念，在王朝政治体的兴衰论证中越来越趋于定型。略观宋元
以降历代史书与时论，王朝中世之景象衰微颇相类似：

唐自中世多故矣，其兴衰救难，常倚镇兵扶持，而侵凌乱
亡，亦终以此。岂其利害之理然欤？[2]

---

[1] 王义山：《殿策》，载诸葛忆兵编著《宋代科举资料长编·南宋卷下》，南京：凤
凰出版社，2017年，第1133页。

[2] 《新五代史》卷60《职方考》，北京：中华书局，1974年，第713页。

汉、唐中世，窃权蠹政，有不忍言者，是皆宠遇之过。[1]

汉唐中世，兵祸频仍，事力雕耗。[2]

东都中世，长吏贪浊，缘隙产寇，乃若中兴之初，并郡国，省调役，田租三十税一，上下勤约，末流致寇之弊未见于维新之时也。[3]

甚至成为评价士风的阶段论：

（吕紫微）又曰：刘器之论当时人物，多云弱，实中世人之病。承平之久，人皆偷安畏死辟事，因循苟且而致然耳！[4]

"议者曰：宋、元中叶，专事姑息，赏罚无章，以致亡灭。"（《明史·叶伯巨传》）随着历史经验的积累升华，明初人已重视以"中叶"谈前代治道兴衰。至弘治五年（1492），时值明代中叶，丘濬用治道中微的规律警示明孝宗。他用中微解构了"大数"。邵雍的《皇极经世书》"谓天地大数以十二万九千六百年为一元，国祚大数以九千六百年为一元"，但"三代以后，惟汉、唐、宋国祚为最长，然皆不能满其国祚之元数，多者不过三四百年"。何以如是？是中微损

[1] 《辽史》卷109《宦官传》，北京：中华书局，1974年，第1480页。
[2] 王义山：《殿策》，载诸葛忆兵编著《宋代科举资料长编·南宋卷下》，第1135页。
[3] 周南：《试进士策问》，载诸葛忆兵编著《宋代科举资料长编·综合卷》，第365页。
[4] 黄宗羲著，全祖望补修：《宋元学案》卷20，陈金生等点校，北京：中华书局，1986年，第831页。

耗元气，使其不能完满"大数"："如人寿以百二十年为一元，然非善摄养者，惜元气，存仁心，谨身节用，不能尽其天年，以满其元也。是以汉、唐、宋之世，自百五六十年以后，往往中微。"而此中微，则是人力、治道所致：

> 政务日趋于弊，风俗日趋于薄，纪纲日趋于弛。由是驯至于不可振起而底于亡，此无他，中世继体之君，皆生于世道丰亨之际，宫闱安乐之中，不历险阻，不经忧患，天示变而不知畏，民失所而不知恤，人有言而不知信，好尚失其正，用度无其节，信任非其人，因循苟且，无有奋发之志，颠倒错乱，甘为败亡之归也。

预警而应变，针对将微，是可以匡扶中微的："向使其君若臣，当其将微之时，灼然预知其中微之象，因上天之垂戒，汲汲然反躬修省，以祈天永命，其国祚岂止于此哉！"丘濬认为，本朝在立国时间与政治态势上都已处于中微的位置。这是治乱安危的关键时刻：

> 是时也，其世道升隆之会，而治乱安危之机乎？由此而上，可治、可安，由此而下，可乱、可危。持其安，使不至于危，保其治，使不至于乱。销已然之变，而使之不为灾；倾将否之运，而使之转为泰。其斡旋之机，政在于皇上。今日失此时而不为，踵其后者，纵欲有所为，无及矣。[1]

---

[1] 丘濬：《论厘革时政奏》，载氏著《丘濬集》第 8 册，周伟民等点校，海口：海南出版社，2006 年，第 3969、3971 页。

同时代而略晚的陈建将丘濬奏疏收入《皇明通纪》并下按语：
"丘文庄此疏，先借汉、唐、宋中叶为喻，以警圣心，而终陈二十二
事款，设为论答之辞，以牖圣听。"[1] 可见历代中叶以迄丘、陈所处
时代之间已经形成同喻，为当时之世所共喻。此"喻"即有似于岸
本美绪所言之"同时代感"："对中国的士大夫来说，超越时间的'同
时代'感觉是十分普通的事，不如说，这就是他们在历史当中寻找
教训的前提。"[2] 从中叶/中微这个政治时刻来论本朝政治，已经是基
于"同时代感"的规律性认识，不是泛泛的、随意的"喻"例。具
有历史上的事实经验支持与感觉响应的"同时代感"，提示并论证了
君臣共喻的对于中叶的"时代感知"，是能够发挥警示作用的。

陈建自述撰著《皇明通纪》的缘起，就是士大夫身值中叶应整
理总结本朝治理经验以讽劝当今的自觉：

> 宫端泰泉黄先生见之，谂建曰："昔汉中叶，有司马迁《史
> 记》，有班固《汉书》，有荀悦《汉纪》；宋中叶，有李焘《长编》，
> 皆搜载当时累朝制治之迹，以昭示天下。我朝自太祖开基，圣
> 子神孙重光继照，垂二百祀矣，而未有纪者。"[3]
>
> 三氏之作皆当国家中叶，当时朝廷皆乐睹其成，未尝以为

---

[1] 陈建：《皇明历朝资治通纪》卷 26，载氏著《皇明通纪》下册，钱茂伟点校，北京：中华书局，2008 年，第 971 页。

[2] 关于"同时代感"，参见岸本美绪：《"风俗"与历史观》，载氏著《风俗与历史观：明清时代的中国与世界》，第 61 页。以及岸本美绪对增渊龙夫观点的引用："在历史当中发现当代的现实，用历史来确认现在的问题。""过去与现实超越了时间，通过体验他人的体验获得内面的理解。"（同上书，第 57、320 页）

[3] 陈建：《皇明通纪序》，载氏著《皇明通纪》上册，第 1 页。

嫌也。区区《通纪》，殆三氏之遗矩乎！[1]

陈建的笔端，亦流出一种本朝国祚的长时间感，基于此长时间感的功德自信与中叶德薄的忧思是一体之两翼。

清中期的魏源，完全抛开了神秘的大周期循环，以王朝为本位，从王朝兴衰史总结规律，描绘中叶共相。[2] 戴楫也将"当今之世"与历代"中衰之世"相比拟，疾呼发愤求治："夫天下将有事，势虽可忧，亦尚未至若祸乱已成者之甚，而已为苟安目前之计。设若身际其乱，如昔汉、唐与宋中衰之世，其能晏然已乎？抑能不求所以为治乎？"[3]

丘濬、陈建、魏源、戴楫等人的中叶论，是基于"同时代感"的政治判断。与之呼应的"当代感知"是强烈痛彻的，亦由"积"而成，如魏源"积感之民"的夫子自道：

> 荆楚以南，有积感之民焉，距生于乾隆征楚苗之前一岁，中更嘉庆征教匪、征海寇之岁，迄十八载畿辅靖贼之岁始贡京师，又迄道光征回疆之岁，始筮仕京师。京师，掌故海也，得借观史馆秘阁官书及士大夫私家著述、故老传说，于是我生以后数大事及我生以前上讫国初数十大事，磊落乎耳目，旁薄乎胸臆。因以溯洄于民力物力之盛衰，人材风俗进退消息之本末。晚侨江、淮，海警飙忽，军问沓至，忾然触其中之所积，乃尽

---

[1] 陈建：《皇明通纪凡例》，载氏著《皇明通纪》上册，第 23 页。

[2] 魏源：《圣武记叙》，载氏著《魏源集》上册，第 165 页。

[3] 戴楫：《求治》，载盛康辑《清朝经世文续编》卷 8《治体一·原治上》，《清朝经世文正续编》第 3 册，第 86 页。

310   积弊：清朝的中叶困境与周期感知

发其椟藏，排比经纬，驰骋往复，先取其涉兵事及所论议若干
篇，为十有四卷，统四十余万言，告成于海夷就款江宁之月。[1]

对于中叶的时代感，就是中叶感，是身处王朝中叶的周期感知。"清
朝中期社会确实笼罩着一股不同于明末的气氛。这种气氛既不能够
用理论证明，也不是能够冠以'时代精神'之名的高尚存在，而是
难以名状的'切身感受'。"[2]

他们的中叶论，以王朝周期的感知胜过了历史大循环的定数，
治道与功德跃居首位，治理优劣、治道盛衰成为判断标准，亦从振
起治道谋求解决，与天道大周期观念下的因果推演遵循着不同的逻
辑。王朝中叶一直存在治理不彰的黯淡时期，但因眼光不同而产生
了不同的理解与对待方式：是放在天道往复的大框架里，还是从王
朝本位的治道兴衰周期出发？是神秘主义的决定论，还是对人事的
自觉省思与规律总结？是改历、易号，还是以理性的治理变革来应
对？在统系视野下，大位得失之后才值得标注，只有在中叶的"衰—
兴"视野下，中微才成为至关紧要的时刻与周期，进而通往对政权
兴亡乃至更大周期的理解。

作为时间语汇，"叶"与"世"通用。在传统中国对王朝、氏族
发展阶段的指称中，"中叶"一般与"中世"通用。中叶是阶段，也
因反复出现而成为周期，中世则除此以外在指称大的历史发展阶段
方面使用更为普遍。先秦典籍与诸子论说中，常将自古及今的历史
阶段划分为"上世／上古／伯世—中世／中古／叔世—季世"。"伯世"

---

[1] 魏源：《圣武记叙》，载氏著《魏源集》上册，第 165 页。

[2] 岸本美绪、宫岛博史：《明清与李朝时代》，王欢欢等译，贵阳：贵州人民出版
社，2024 年，第 320 页。

与"季世"之间的一段，称之为"中/仲世"或"叔世"都可以。总之，这是与"伯"和"季"都不同、介于两者的发展状态观感调性之间的一个时期。[1]"中世"是相对的时间概念，变动不居，随着历史时间拉长而逐渐后移，但都指古代以后、有明显刻度断裂的一个时段。它既以中世指称长时段的历史时期，又以王朝中段为中世，可见大小套叠的中世概念。大历史的发展趋势，呈现"德下衰"的过程，"世愈降，德愈卑，政愈促"[2]，"夫中世之所敦，已为上世之所薄"。(《后汉书·朱穆传》)亦如"每观上古爱民之迹，时读中叶骤税之书，未尝不叹彼远大，惜此近狭"(《魏书·甄琛传》)，王朝一世之"中"犹如人类之中世，套叠的大小两个中世的盛衰逻辑也是一致的。虽然"盛德必百世祀"(《左传·昭公八年》)，但王朝的"道德功烈"也在创业、鼎盛之后损耗和衰退，政治生命力也随之削弱。大历史阶段与王朝小周期两个"中世"的价值评判一致，小周期中的治理状态折射了大历史的"演退"，大历史阶段的价值标准又投射到小周期上。小大相应，相互为用，中世历史阶段的治道衰败意涵增强了王朝中叶周期的中衰位置，强化了王朝中叶治道之"薄"的意味，使得中叶衰颓的意蕴更加确定、丰厚。

"中叶"作为周期如此确定，便于以或长或短时间周期的特质相比拟。龚自珍从《春秋》中抽出"书契以降"的"治世""衰世""乱世"共"三等之世"[3]，又以"年""天"来比拟："岁有三时：一曰发时，二曰怒时，三曰威时；日有三时：一曰蚤时，二曰午时，三

---

[1]　参见刘节：《中国古代宗族移殖史论》，北京：商务印书馆，2021年，第32页。

[2]　陈立：《号》，载氏著《白虎通疏证》卷2，吴则虞点校，北京：中华书局，1994年，第45页。

[3]　龚自珍：《乙丙之际箸议第九》，载氏著《龚自珍全集》，第6页。

曰昏时。"[1] 大小套叠，皆为中叶之喻，汇入对"一世之中"的讨论，更加形象可感。

从王朝周期之"中"来看，中叶、中兴之"中"，既不是泛泛的"'再'或者'另一个'"[2]，也不是绝对的、平均的"中间"（"首尾均也"），而应在王观国所言"一世之间""首尾不必均，但在二者之间耳"[3]的基础上再加理解。它指的是，立国相当长时间后，居于盛世与末世之间的政治中期，既是这个时间段，更对应着一种政治与治理的状态与形势，时人感受到的往往是身处安危之际的关键性时刻。经历了开国、盛世，进入衰颓不振的疲敝状态，君臣担心乱世亡国的到来，定义身处中叶，力图中兴。但从汉代以降的王朝史来看，即便中兴有成，也难以彻底改变颓势，衰亡总是会在中兴之后到来。于是，中叶、中世就与中微、中衰相对应，成为一个具有特定意涵的政治时间。这种颇具价值评判色彩的政治时间意蕴历汉、唐、宋而定型，到明、清两代，已成为世所同喻的"同时代感"，亦为共识警醒的规律性认识。

汉儒也看到了王朝中期的治理衰微问题。在作为汉室中兴之东汉一朝的内部亦有中叶的划分，如"至于中叶，盛业渐衰"。（《后汉书·黄琼传》）但受限于大周期的认知框架，只能得出德运定数的理解，提出天道的应对方案。在经典与历史记载中的中叶概念启示下，宏观周期下的中兴挽救意味着"中"的政治时间刻度的存在，但具有确定的政治意涵而可以为"喻"的中叶概念并未成型，中叶概念

---

[1] 龚自珍：《尊隐》，载氏著《龚自珍全集》，第87页。

[2] 杨联陞：《国史诸朝兴衰刍论》，载氏著《国史探微》，第16页。

[3] 王观国：《中兴》，载氏著《学林》卷2，第51页。王氏亦重申以表强调："其时之首尾先后，不必均也。"（同卷，第52页）

只是经验的，尚未形成作为一个政治时刻的自觉，不能成为独立判断世运的依据。谷永虽以"时世有中季"为论，但仍以"天道有盛衰"为定，终归于"涉三七之节纪，遭《无妄》之卦运，值百六之灾厄"（《汉书·谷永传》）。

第二节　中叶困境、制度—风俗框架与"积弊"

王朝还没到终结之时，何以判断中叶已至？作为"一世之间"的中叶，并非计算得出，而是基于历史经验积累与理性总结得出的、具有规律性的时代感知，根据当世状态与历史周期经验之"同时代"的相似。

一是立国百年左右，时间足够长，历史经验显示到了积渐成疾的时候。丘濬总结"汉、唐、宋之世，自百五六十年以后，往往中微"。虽因立国与发展的具体形势不同，中叶有早有晚，但中衰／中微的状态与观感是一致的。陈建认为，这个政治衰败是"推之天下，莫不皆然"的"世变"。[1]魏源则从本朝现状与历代中叶"人见其令雷行于九服，而不知其令未出阶闼也；人见其材云布乎九列十二牧，而不知其槁伏于灌莽也"的一致景象来判断。历史经验呈现出规律性的、周期性的衰微，纵使王朝积德深厚，政治兴衰亦有其数，积弊的归因指向王朝政治体制。

二是盛衰对比，事实验证了历史的周期循环。经历了开创、稳定甚至鼎盛的阶段，中叶状态与之形成对比，具备了共性的衰落表征，包括国势、制度、吏治和风俗等。嘉靖时，国政已予人中叶之

---

[1]　陈建：《皇明通纪序》，载氏著《皇明通纪》上册，第 2 页。

感，这是陈建著书的时代语境：

> 抑尝因此阅历世变，尤有感焉。祖宗时士马精强，边烽少警，而后来则胡骑往往深入无忌也；祖宗时风俗淳美，真才辈出，而迩来则渐浇漓也；祖宗时财用有余，而迩来则度支恒忧匮乏也；祖宗时法度昭明，而迩来则变易废弛比比也。[1]

洪亮吉则在"风俗趋向顿改"中感知到了中叶的到来。[2]

既然已趋衰颓，又何以判断尚未至于季世？

一是此时的衰落只是中微程度，并未对本朝政治与社会形成倾覆性的挑战。此时，"乱形未著，而乱机已伏"，且"乱之犹未成"。对于此种中衰，人们认为仍有办法施救，就像"人之有疾也，血气已亏，药饵犹可治也"。[3]

二是本朝政治基础和德政积累具有稳定性，治理与危机相比仍是"可为之时，有可为之势"，有实力与能力谋求国祚延绵。古人的政治观念是，国祚取决于政治功德积累所成之"道德"厚薄，"三代"中衰复中兴的历史表明，德厚则可一再兴起。丘濬认为，明太祖创业"驱夷狄而出之化外，收还我二帝三王所自立之中国，重阐彝伦，再立世界。盖自天开子会以来，帝王功德之大，所未有者也"，身值中叶，也可以修德去弊："当此之时，事必更始"以修德，"使旧者新、废者起、阏者通、缺者完"，就可以"延而长之，以固久远不

---

[1] 陈建：《皇明通纪序》，载氏著《皇明通纪》上册，第2页。

[1] 陈建：《皇明通纪序》，载氏著《皇明通纪》上册，第 2 页。

[2] 洪亮吉：《意言·守令篇》，载氏著《洪亮吉集》第 1 册，第 24 页。

[3] 戴楫：《求治》，载盛康辑《清朝经世文续编》卷 8《治体一·原治上》，《清朝经世文正续编》第 3 册，第 86 页。

拔之基";"兹其时也","补偏、救弊、振仆、持颠、洗濯、疏达",就能"衍国祚灵长之庆于千万亿年"。[1]清人亦认为本朝文治武功所成就之政德超越"三代",这意味着国家可以耐受德衰、德弱的消耗,王朝在中叶之后仍可守成甚至中兴,也有历史经验可证。《皇明通纪》就是一部以本朝经验示范如何"持盈守成"的书:

> 夫自古国家,莫不有创业垂统焉,亦莫不有持盈守成焉。我朝洪武开国四十余年之事,无非所谓创业垂统也,《启运》一录备矣。继自永乐,下迨正德,凡八朝一百二十四年之事,无非所谓持盈守成也,则今《通纪》具焉。[2]

魏源亦极论"持盈忧盛"而再致太平。

三是有逆转世势的哲学指导。"真人逆精以反气,圣人逆情以复性,帝王逆气运以拨乱反治。逆则生,顺则夭矣;逆则圣,顺则狂矣。"[3]所谓"穷变通久",就是要以"逆"而"反于"优质的治理,"再使风俗淳",扭转局面,积累且增厚政德。所以,中叶是"世道升隆之会,而治乱安危之机",是"治之于未乱,安之于未危"的关键时刻,对一个王朝而言,在历史中人看来,把握住了这个时机,就有希望"延国祚千万亿年,不啻满其元,而且将过其历于无穷"。[4]

每一朝的衰亡原因,各有不同,但去掉特殊的因素,又能看到共性的因素,就是中叶之衰。虽有逆势而反的哲学指引,但事与愿

---

[1] 丘濬:《论厘革时政奏》,载氏著《丘濬集》第8册,第3969页。

[2] 陈建:《皇明通纪序》,载氏著《皇明通纪》上册,第1页。

[3] 魏源:《默觚下·治篇二》,载氏著《魏源集》上册,第42页。参见本书第三章。

[4] 丘濬:《论厘革时政奏》,载氏著《丘濬集》第8册,第3971页。

违，从中衰开始，即便有中兴，也有弊病挥之不去，直至覆亡。中叶是形成了特定状态和运势的中期阶段，是总体性、系统性而非局部的政治困境与时代感知。中叶的周期状态，就是中微、中衰的气象。"鄙夫"是"别为一等"的"衰世"落实到人才上的明喻，成为中衰的载体。不必"乘乱世暗君"而自能"使天下阴受其害"的鄙夫现象，适与中叶的时代状况相表里，令人深感中叶正是"历代亡天下之患"中最隐微、最深刻而又在劫难逃的总体性衰败，像软刀子割肉，亦如无物之阵。

中衰/中微主要表现在哪里？略观历代有关中叶颓势的论说，具体表现包括制度、纪纲、吏治、财政、军事、人才、风俗、学术等政治与社会各方面。其中特别重要并为时人所共同关注的，一是以"法繁政慢"亦即制度丛脞、政务繁冗、因循苟且和治理低效为主的制度积弊，二是以吏治、士习、民风败坏等社会秩序紊乱为主的弥散于社会政治之中的道德风俗积习。两者一表一里、一实一虚，不乏交集，相辅相成，在中叶都达到了积重难返的程度，成为中叶困境的两个主要内核。

这是一个"制度—风俗"双中心而又成为一体的分析框架。为了回应近年学界较为重视的"风俗论"[1]，特别是岸本美绪在访谈中重申风俗更为重要的观点，有必要再为检讨制度与风俗的关系。笔者无意于制度与风俗孰重孰轻，只是认为应予制度更多重视。

岸本美绪认为：

---

[1] 岸本美绪：《"风俗"与历史观》，载氏著《风俗与历史观：明清时代的中国与世界》，第47页；王汎森：《"风"——一种被忽略的史学观念》，载氏著《执拗的低音：一些历史思考方式的反思》，第139页。

相比起国家的法律与制度，对风俗更为重视，其实这一看法并不仅限于顾炎武，而是许多中国知识人的共识。从现代的观点来看，或许这有点不可思议。社会秩序之所以成立，难道不是因为法律与制度被明确制定了出来，人们只要犯法就会被警察逮捕并接受处罚吗？与风俗这种暧昧的东西相比，难道不是明确化的法律与制度才应该是秩序的基础吗？然而，这些看法似乎忘记了一点——让法律与制度得以运作的，终究还是人类的行动。人们或许会因为畏惧惩罚而遵纪守法，但如果执法的公务员不遵守法律，执法恣意，那么守法这一行为也就失去了自身的意义。可以说，"法律与制度是秩序的基础"这一看法，是建立在对"大多数人应该按照法律与制度行动"的信赖之上的，而这种信赖或许出乎意料地脆弱不可靠。[1]

这就涉及两个问题：一是顾炎武以及"许多中国知识人的共识"是"相比起国家的法律与制度，对风俗更为重视"；二是人的心态与行动决定了他们是否遵守制度，而非相反。前者是古人观念中的重轻，后者是人与制度的关系。以下略做讨论。

自汉迄清，重视风俗，亦不轻制度。回溯以"天道"大循环定夺的时代，举凡"政繁民弊"之时，时人都关注制度，痛心于制度积弊。所以，即使诉诸天道，也伴以"蠲法"的改革主张。

大历史阶段的"中世"与王朝"中叶"的观感、道理是一致相应的，而"德衰"的关键要素就是制度，由"法繁"而"政繁"以

---

[1] 《岸本美绪谈风俗与历史观》，梁敏玲、毛亦可采访，梁敏玲翻译，《上海书评》2023 年 2 月 19 日。并参见岸本美绪：《"风俗"与历史观》，载氏著《风俗与历史观：明清时代的中国与世界》，第 58 页。

致"民弊",成为政治论说中经常套用的讽喻修辞结构。袁宏认为，制度之初是循天理、顺人心而能成治的："自古在昔有治之始，圣人顺人心以济乱，因去乱以立法。故济乱所以为安，而兆众仰其德；立法所以成治，而民氓悦其理。是以有法有理，以通乎乐治之心，而顺人物之情者。"中世以降，却法繁政弊：

> 资大顺以临民，上古之道也；通分理以统物，不易之数也。降逮中世，政繁民弊，牧之者忘简易之可以致治，御之者忽逆顺之所以为理。遂隳先王之大务，营一时之私议。于是乎变诈攻夺之事兴，而巧伪奸吏之俗长矣。

至"末世"而臻极："陵迟至于战国，商鞅设连坐之令以治秦，韩非论捐灰之禁以教国，而修之者不足以济一时，持之者不能以经易世。"这就反证了必以"大道""理"驾驭，方能得"法治之大体"而"成治"：

> 何则？彼诚任一切之权利，而不通分理之至数也。故论法治之大体，必以圣人为准格；圣人之所务，必以大道通其法。考之上世则如彼，论之末世则如此。然则非理分而可以成治者，未之闻也。[1]

这与一朝之中叶法繁政弊、"大体"紊乱是同调且同喻的。

---

[1] 袁宏：《后汉纪·光武皇帝纪卷第六》，载荀悦、袁宏《两汉纪》下，张烈点校，北京：中华书局，2017年，第114页。

中叶以降，制度无序增长以致紊乱了制度与治理系统的秩序，成为中叶积弊困局的枢纽，经过历史经验的积累，由特殊而一般，成为规律性的认识。陈建论法有必弊之势、无久恃之理，亦蕴涵了他自己的中叶感知：

> 天下未有无弊之法也。法之不能无弊者，势也。或起于因循积渐，法久而弊滋也；或起于时异世殊，可行于一时而不可行于异日也。法虽制于圣王，其如势之不能无弊。[1]

"中叶之法"与"中叶之治"相表里[2]，两者又或直接或间接地影响了中叶的风俗，生成了中叶的颓风积习。在天崩地坼之际，明末清初的大儒普遍重视反思"明代制度出了什么问题"，进而将"法立弊生"上升为"三代"以下愈演愈烈之通病。黄宗羲直说"三代以上有法，三代以下无法"，所谓"非法之法"，就是"法愈密而天下之乱即生于法之中"。他看到"自非法之法桎梏天下人之手足，即有能治之人，终不胜其牵挽嫌疑之顾盼，有所设施"，于是，倒转"有治人，无治法"的古训，高呼："有治法而后有治人。"[3] 王夫之虽然认为不能因变法而破坏国家赖以维系的基本政治结构，反对"归咎于法"，但也承认"法之必敝矣"。制度本身积弊，政治与社会积弊亦缘法以生："传之数世而弊且生矣。弊之所生，皆依法而起……

---

[1]　陈建：《治安要议序》，载氏著《陈建著作二种》，黎业明点校，上海：上海古籍出版社，2015年，第3页。

[2]　胡承诺：《至治篇第十一》，载氏著《绎志》卷5，第74页。

[3]　黄宗羲：《明夷待访录·原法》，载氏著《黄宗羲全集》第1册，第6页。

非其破法而行私，抑沿法而巧匿其奸也。"[1] 制度积弊的显现就在中叶："制之有法而慎于始，且不能持于其后，祖宗之法，未可恃也。中叶之主能不惑者，未见其人也，天下所以鲜有道之长也。"[2] 王朝制度积弊也有其"数"："宋自建隆开国，至仁宗亲政之年，七十余岁矣。太祖、太宗之法，敝且乘之而生者，自然之数也。"王夫之认为，虽形势有异，但王朝逃不过此数："夫岂唯宋祖无文武之至德，议道之公辅无周、召之弘猷乎？即以成周治教之隆，至于穆、昭之世，蝝蠢亦生于简策，固不足以为文、武、周、召病也。"[3] 法弊之数与国运之数是相应的，此数就是中叶之数。

在这样的历史"同时代感"与亡明的中叶教训语境中，我们似可读出顾炎武批评"今人以法为治"[4] 的言下之意。他实际的意思，并非"风俗重于制度"，而是与袁宏相似，主张遵循圣王制法的义理原则，以"道理"规训制度，祛除"恃法"的谬误，以"有法之法"纠正历代特别是明中叶以降"法愈繁而弊愈多"的困境：

> 法制繁则巧猾之徒皆得以法为市，而虽有贤者，不能自用，此国事之所以日非也。……前人立法之初，不能详究事势，预

---

[1] 王夫之：《仁宗》，载氏著《宋论》卷4，第77页。

[2] 王夫之：《读通鉴论》卷14，第385页。

[3] 王夫之：《仁宗》，载氏著《宋论》卷4，第78页。这与范仲淹的观察是一致的，范仲淹上疏论道："臣闻历代之政，久皆有弊。弊而不救，祸乱必生。何哉？纲纪寖隳，制度日削，恩赏不节，赋敛无度，人情惨怨，天祸暴起。……我国家革五代之乱，富有四海，垂八十年，纲纪制度，日削月侵，官壅于下，民困于外，夷狄骄盛，寇盗横炽，不可不更张以救之。"（范仲淹：《答手诏条陈十事》，载氏著《范仲淹全集》，李勇先等点校，北京：中华书局，2020年，第461页）

[4] 顾炎武著，黄汝成集释：《日知录集释》卷13，第769页。

为变通之地。后人承其已弊，拘于旧章，不能更革，而复立一法以救之。于是法愈繁而弊愈多，天下之事日至于丛脞，其究也"眊而不行"，上下相蒙，以为无失祖制而已。此莫甚于有明之世，如勾军、行钞二事，立法以救法，而终不善者也。

"法禁之多，乃所以为趣亡之具，而愚暗之君犹以为未至也。"针对"近朝之事"，制度应遵循天理，"易简"而行：

> 法制禁令，王者之所不废，而非所以为治也。其本在正人心、厚风俗而已。故曰："居敬而行简，以临其民。"[1]

这可以说是一代人共同的政治感触，尽管对"家天下"的批判程度不同。顾炎武也很明确地表达了对以善法为治的期待："善乎杜元凯之解《左氏》也，曰：'法行则人从法，法败则法从人。'"[2]这适可与岸本美绪的"人—法"关系论对勘校核。

这个"制度—风俗"一体并重的认识论由来有自。其著名者，可追溯至孟子"徒善不足以为政，徒法不能以自行"的"善—法"结构论（《孟子·离娄上》）。其流衍，如欧阳修之史论所强调的："道德仁义，所以为治，而法制纲纪，亦所以维持之也。自古乱亡之国，必先坏其法制而后乱从之。乱与坏相乘，至荡然无复纲纪，则必极于大乱而后返，此势之然也。"（《新五代史·王建立传》）对"制度纲纪"的秩序作用的强调，亦如"考其终始治乱，顾其功德有厚薄

---

[1] 顾炎武著，黄汝成集释：《日知录集释》卷8，第488页。

[2] 顾炎武著，黄汝成集释：《日知录集释》卷8，第489页。

与其制度纪纲所以维持者如何"（《新唐书·高祖纪》）。"制度"与"风俗"不可偏废，共成一体以为政、为治，是整全治道的追求。进而，"典礼爵刑，莫非天理"。[1] 制度既为此整全规模的维持之具，自身便须具备整全的特质而不能流为"申韩之法"，这个整全之治的要求就抽象化为"先王之意"或"天理"，成为内在于制度而规训之的义理构件。这就是宋以降中国制度观念中最为基本的法意概念，以程子"必有《关雎》《麟趾》之意，然后可行周公法度"[2] 的"法—意"结构影响最为深远。可以说，"制度—风俗"的一体整全之治，规定了"法—意"的制度论，后者（而非无"理"之"法"）又是前者的"所以维持者"。由此，程颢认为："先王之世，以道治天下；后世只是以法把持天下。"[3] "三代之治，顺理者也；两汉以下，皆把持天下者也。"[4] 顾炎武们的制度观，仍在这两句断语范围之内。在此制度哲学框架下，制度有"法立弊生"的原罪，更为认知制度积弊之原理支持。

"制度—风俗"的认识架构是并重而成一体的。在具体的历史情境中，制度影响风俗，反过来也受风俗影响，二者"交相环转"。[5] "政事施于上，风俗成于下，而人才为之枢。"虽然刘咸炘重视风俗，强调"一切皆有风气"，但"虚风"以"君之治术、士之

---

[1] 陆九渊：《荆国王文公祠堂记》，载氏著《陆九渊集》，钟哲点校，北京：中华书局，1980年，第233页。

[2] 《河南程氏外书》卷12《传闻杂记》，载程颢、程颐《二程集》上册，王孝鱼点校，北京：中华书局，2004年，第428页。

[3] 《河南程氏遗书》卷1《二先生语一》，载程颢、程颐《二程集》上册，第4页。

[4] 《河南程氏遗书》卷11《明道先生语一》，载程颢、程颐《二程集》上册，第127页。

[5] 借用宋应星"人心、风俗交相环转者也"一语（宋应星：《野议·风俗议》，载氏著《宋应星全集》，潘吉星译注，上海：上海古籍出版社，2023年，第580页）。

学术为最大"，"风之大者兼众事"亦要具体到"如治术之缓急，士气之刚柔是也"。论因果则指"政急则人柔，政缓则人刚""治缓养成柔风，亦能容之使刚；治急激起刚风，亦能迫之使柔"。[1] 在"风"的万状中，时人和今人能够看到制度的推动。在历代之"风"的差异与循环之外，我们也能看到制度积弊的恒常规律，尽管汉、明、清的治风法风、士风学风存在变迁与往复，王朝中叶的制度积弊与政治困顿仍一以贯之。所以，制度积弊更能体现和说明王朝体制不能化解的内在矛盾与危机，不必舍政治、制度之实而观"虚风"或言"风之大者"。同时，制度改变固然有其内在运行规律，但也受到风俗人心的影响。这就是中叶"承平日久"而"狃康娱"的意涵所指，是"鄙夫"的习性所在，亦如宋仁宗所指称的"承平之弊，浇竞相蒙"。[2] 制度积弊，似乎确有"风"之方向与趋势于其中，但如果仅以"风"来解释，又太过简单而近于玄学了。所以，制度与风俗是相互成就的。制度与风俗之总体呈现，就是政治气象。"制度—风俗"并重而成一体，恰是对偏重"制度"或"风俗"的修完补全。

"制度—风俗"的认识架构也并不排斥其他社会政治及文化要素对于历史发展的重要影响，而非意味着仅以"制度—风俗"二元为"因"的"简单线性的因果方式"，它坚持制度、行政、思想、经济、社会之间都是"不间断地交互作用的关系，像风的吹搅一般，永远不间断地、不能以一瞬地相互建构着"。[3] 但是，从时人认知中的中

---

[1] 刘咸炘：《治史绪论》，载氏著《推十书·己辑（增补全本）》，上海：上海科学技术术文献出版社，2009 年，第 236、241、244、246 页。

[2] 李焘：《续资治通鉴长编》卷 153，庆历四年十一月己巳，北京：中华书局，2004 年，第 3718 页。

[3] 王汎森：《"风"——一种被忽略的史学观念》，载氏著《执拗的低音：一些历史思考方式的反思》，第 164 页。

叶生成要素与应对关键等角度，综合历史资料，我们又确实感受到了他们对"制度—风俗"的相对重视。在"礼乐刑政"的王道治理体系中，在"善—法"以至"法—意"的结构框架中，"治民"与"教民"（《新唐书·礼乐志一》）一体而"治出于一"，是对良政善治的基本认知系统，恰与对"制度—风俗"的重视相对应。二者结合，才是整全的"治体"所在。

在中叶的具体历史情境中，"吹揽""建构"又当如何稍为具体地理解呢？制度与风俗俱成敝，中叶状态的动力与机制为何？时人以为，中叶从积弊而来。中叶困境的生成机制是"积弊"：政治体与制度体丧失了新陈代谢的能力，弊病缺乏化解机制，随时间积累而日重；积弊进而相互连结、关联成为一个系统，制度实行与世道风俗互为因果，官僚大政与基层行政上下一气，政府中人与社会势力勾结成局，深刻融于社会人心成为积习；积习难返，呈现整体性、系统性的困顿疲敝局面，终成积势，表征为国势、国运中微。在"积弊—积习—积势"的链条与格局中，"制度"与"风俗"的弊病越来越深重而综合，官府、社会、四民同陷一网，琐细牵绊，困作一团，不得其解。感时忧世，由回顾总结历史的"同时代感"而来的"时代感知"，进而又增强了中叶的困境感知。

在这样的制度论与治道论中，"法"是个复杂的集合体。一方面，从作为硬性的规范和约束来看，此制度与彼制度（包括纲纪与法令），以及贯穿其中的中央与地方、国家与社会、设计与实践，形成了一个制度系统，不是一对关系，而是很多种关系、很多种力量，经过长期的变迁过程成为传统，又在当代具体形势的损益下，通过一定的渠道和机制组合在一起。另一方面，它又必须从"善—法""法—意"的整体来对待。制度之内要有"先王之意"作为精神指引，制度实施的目标也是好的社会与风俗，时刻不能舍"善""意"而言"法"。我们不能纯采道德批判的视角，但也不能忽视其伴生的道德状况，因为风俗、道德、人心从来都是传统制度与政治的重要组成部分。感性一点说，制度是有生命的，制度体系也是有生命的。中国传统政治思想认为，制度有原罪，"法立弊生，无不弊者法也"；但主要还是随着时间而积弊成敝，"积久制益密"、敝愈重。中国历代王朝每到中叶，就出现制度叠床架屋、体系失序的情形，制度运行中层层累积的政治和社会问题再也不能新陈代谢，就生成了积弊成敝的总体性状态。中微的主要表现是制度的积弊难返，进而成为严重的政治困境。清人说"流弊循环，伊于胡底"[1]，弊病不只沿着时间与程序的链条循环增生，还左右逢源、相互为用、日流日积，不知其所底止。每一种"弊"（如"漕弊"）都有其单独的"所以然"可以研究，但这些"弊"又勾连成为一局，超越了具体的每个"弊"的逻辑，更难破除，这就是政治问题了。

以"积弊"为动力和机制，制度与风俗乃至整体的国势、世势都从开创走到了中叶。无论从纵向的历代王朝皆不能避免来看，还是从即时的"制度—风俗"俱敝、积势难返来看，这都是一个难解的中叶困境。

第三节 "法—意"体用俱变，走出王朝体制

应对中叶困境，较能发挥舒缓作用的方式，一是主动的变法，

---

[1] 董瀛山奏折，道光二十八年九月二十九日，转引自周健：《维正之供：清代田赋与国家财政（1730—1911）》，第 141 页。

二是被动的战争。二者都是"逆势而反"哲学的现实呈现：前者通过制度更革、行政改良，回归"法之初意"；后者以"天地不仁"的方式冲刷政治与社会的积弊，荡涤官场的势力与积习。但是，如历代一样，清朝虽有中兴，却不能洗刷积弊、振作如初。回顾历史或立足本朝，都没有去弊的良药，救弊改革也会生弊，积弊困局仍在日新的行政框架下推演。

中叶积弊是王朝政治的共性现象，基于对政治的规律性认知，虽可对其进行预警，但无法克服，这成为王朝政治走不出的困境。从清初的克服积弊，到清中叶的积弊丛生，是一个历史循环。晚清世变日亟，跳出王朝周期律，取镜西法变革根本政治制度成为历史的选择。郭嵩焘发现土耳其丞相所言积弊"深中中华自明以来五百余年之弊。无怪威妥玛言：'土国弊政无他，止是一切皆成具文，与中国如出一辙'"。不仅华夏，他国相似体制者同样会陷入衰败。英国政治则不然，郭氏"推原其立国本末"，发现彼邦"持久而国势益张"之"本"，在于政治制度使"君与民交相维系，迭盛迭衰，而立国千余年终以不敝"，反观中国，"秦汉以来二千余年适得其反"。[1]

前文已述，对中叶积弊的认知框架是"制度—风俗"全体大用，与之套叠的基本制度观念是"法意"。应对积弊，最切实的入手处是制度，"除弊兴利之意，依然莫逃乎法也"[2]；要恢复"有法之法"，更要在法意的层面思考制度变革。告别变法而生新弊的老路，汲取西方法意而"善变法""善用法"成为一世之选。

---

[1]　郭嵩焘：《伦敦与巴黎日记（节选）》，载郭嵩焘等《郭嵩焘等使西记六种》，北京：生活·读书·新知三联书店，1998 年，第 77、143 页。

[2]　汪牲：《盐法刍言》，载贺长龄辑《清朝经世文编》卷 50《户政二十五·盐课下》，《清朝经世文正续编》第 1 册，第 506 页。

汤震认为，治理的历史表现为"防弊—增法—滋弊"的循环，从整部历史来看，法度越来越密，一代之法度亦然，终至君民交困：

> 自有天地洎今，兹历代有历代之法，一代有一代之法，外夷即袭中国之法以为法。历代之法递变，一代之法亦递变，外夷则各随中国递变而较善变。大都古古之法疏，后来之法密；外夷之法疏，中国之法密；开国之法疏，季世之法密。往往防一弊增一法，增一法滋一弊，驯致繁于牛毛，聚若凝脂，积伪生欺。吏反得玩法以嬉，而君且作法自缚，民则无所措手足，内忧成，外侮至矣。

他的历史叙事颇具张力，既传递出法必滋弊之意，又认为"外夷之法"与"古古之法""开国之法"都具有"疏"的特点，从而赋予外国法度以合理性。法度是治弊的药方："夫弊者，病也；法者，方也，药也。"只是中国之旧法已不能医新病："天下病状万变，而牢牢欲执不变之方药以治之，虽樵童笤妇，能不笑其病之日绵惙哉！"时至"开辟后未有之奇局"，须变法以去弊：

> 呜呼！病变矣，而变其方，而变其药，亟起直追，廪廪如不逮，顾尚儒缓其论议，蹒跚其步履。狃因循则疑更弦之扰，猎捷效则厌蓄艾之迁。及宜变之时而不变，时将有不及变者矣。储能变之力而不变，力将有不能变者矣。

而变法"大旨主于变密为疏，变伪为诚"，这无疑是借西法来返回"易简"的法意。"陆贽曰：'法弊则全革其法。'时乎时乎，危乎危乎。

唯善变法，斯真善用法者耳。"[1] 其崇西法之立场，如友人《跋》中所言："谓西人亦多流失，不过我之道揆法守，今已仅存糟粕，欲济燃眉，不能不采其所长以自备。"[2]

法意本为一体，"西意"接踵"西法"而来。如果制度积弊不返，"先王之意"难以使制度体系重生活力，就意味着中国传统之法意已不能解决问题，但西来之法也要在"意"的层面上充实才能发生效力，这就是"西意"的必要性。在西潮东渐、变法新政的语境中，坚持体用一物的严复从理论上审视积弊，借助对孟德斯鸠著作的翻译，从"意"的层面引入西法，变革中法提出系统论说。

从法弊决定胥吏型治理文化，严复推导出变法之迫切：

> 吾国治狱之用刑讯，其惨酷无人理，传于五洲，而为此土之大诟久矣。然而卒不废者，吏为之乎？法为之乎？曰：法实为之，吏特加厉之而已。故不变其法，虽上有流涕之诏，下有大声之呼，彼为吏者，终自顾其考成，无益也。[3]

他认为，制度是会积弊的："以一国之立法言，衰朝之良法，有不如兴国之弊制。"[4] 此亦风俗之积弊有以致之："盖风俗民德之衰，非一朝一夕之故，及其既敝，亦非一手足之烈所能挽而复之于其

---

[1] 汤震：《危言》卷4，载郑观应、汤震、邵作舟《危言三种》，第409、413页。

[2] 吴忠怀：《危言·跋》，载郑观应、汤震、邵作舟《危言三种》，第415页。

[3] 严复：《法意》，载氏著《严复全集》卷4，郑有国等点校，福州：福建教育出版社，2014年，第107页。

[4] 严复：《法意》，载氏著《严复全集》卷4，第136页。

初也。"[1]

变法是整体的制度变迁，须"精神"与"形质"同变，方能达到变法而去弊的目的：

> 一治制之立，与夫一王者之兴也，其法度隆污不同，要皆如桥石然，相倚相生，更其一则全局皆变。使所更者，同其精神而为之，犹可言也；使所更者，异其精神而为之，则不可言矣。虽曰穷变通久，使民不倦，而旧制之因以不久，则灼然不待著蔡而可决也。

晚清洋务和新政在军事、吏治、财政等方面的一系列制度变革，都是"形质"层面的自发生长填充，缺乏精神与秩序的变迁：

> 国体支离，漫然如巨人之无脑，故或政所并立者也，而于甲则重，于乙则轻（如外、商两部，薪俸独丰，而他部无有），或事所代兴者也，而曜灵未沦，望舒已睒（以大学堂既立，而国子监犹存），于人心之趋向则不一，于国帑之经费则虚糜，利矛陷盾，华履加冠，驯是以往，吾不知何以善其后也！

严复认为需要统筹全局，将"精神"贯穿于"形质"之中，再造新制度体系：

> 夫治制有形质，有精神，二者相为表里者也。使形质既迁，

---

[1] 严复：《法意》，载氏著《严复全集》卷 4，第 137 页。

则精神亦变，非曰不可变也，特变矣，须有人焉，居重执枢，
而为全局之规画，庶不至支节抵牾，因以生害。[1]

"精神"何所依归？严复认为，只有"立宪之法"才能跳出"君主之
法"的积弊怪圈，摆脱法令烦苛而不畅的"叔季"交困之局：

> 又忆吕新吾有言，国家惩一事之失，立不变之法，防一吏
> 之奸，造非常之律，法之不良，无逾此者。夫叔季法令之所以
> 烦苛，大都由此。此君主之法，所以常不及于立宪。立宪之国，
> 最重造律之权，有所变更创垂，必经数十百人之详议，议定而
> 后呈之国主，而准驳之，此其法之所以无苟且，而下令常如流
> 水之原也。[2]

这就在法理上将中国政治与中国制度引入了现代化的轨道。能不能
跳出"法—人""疏—密""用—习"的思维结构呢？答案在于现代
法意。"法—意"俱变以去弊，通过根本性的制度变革战胜积弊困境，
走出王朝体制，建设现代国家，是中国近代史的出路，也是最后一
个王朝对中叶困境的答案。

如何看待这个答案？在这里，回放戊戌年保守派的声音，笔者
亦不禁犹豫是否现代体制便可永免积弊困扰：

> 综核名实，精诚抟壹，西法何尝不善？西法何尝不可变？

---

[1] 严复：《法意》，载氏著《严复全集》卷4，第139页。
[2] 严复：《法意》，载氏著《严复全集》卷4，第341页。

区区之私，诚不敢阻挠新政，墨守古法。窃尝独居深念，震旦神哲心禅之法，圣贤手定之编，尚且因时损益，理无积久而不敝；西法纵善，岂百密无一疏、千虑无一失乎？……彼必谓西法有利无弊，抑亦知二五不知十矣。

笔者毫无以中国之"纲"裁夺外国之"法"，而达致"为一时计则变，为万世计则变而不变"之效果的雄心。[1]但"理无积久而不敝"，也许是跨越古今、中西、新旧的。这是题外话，也是题中义。

余论：中叶困境与王朝史研究

柳诒徵论"国史要义"，坚持"吾人治中国史，仍宜就中国圣哲推求人群之原理，以求史事之公律"。"人群原理、史事公律"从历史经验总结而来："事物万殊，初无统纪，积久观之，则见其消息。"[2]作为政治周期的"中叶"就是从历史中总结而来的。治理史既久，此具有"人群原理、史事公律"之属性的时间概念逐渐显现，而能世所共喻。

所谓政治时间，大致可以包括三种情况：一是政治时刻，即发生了对政治有长期的重大影响的事件，或事后看来具有深远意义的时刻；二是政治阶段或政治时期、时代，指具有自身政治特质的一段时间；三是政治周期，即政治现象按照一定的时间规律，周期性地重复出现。王朝中叶兼有三者的意涵，是政治阶段、政治周期，

---

[1]　王仁俊：《王干臣吏部实学平议》，载王先谦等编《翼教丛编》卷3，第94页。

[2]　柳诒徵：《国史要义》，北京：商务印书馆，2011年，第163页。

其到来也意味着关键的政治时刻，这是时人可以同喻的"时代感知"。中叶的刻度和长度都有很大的弹性，但不论早晚、长短，都是"一世之间"，介于"初定、盛大"与"衰乱"之间的一个有着自身独立政治意蕴的政治时段。中叶概念浮出水面，付诸政治研判，是传统中国政治认知智慧积累的结果。随着政治史的发展和几个王朝政治周期经验的总结，才有此政治时间之自觉。在中微现形时判断，在季世或亡国后追溯起因，又推进了更加成熟地预判中叶时刻的到来。

嘉道时期的士人是从中叶来预判世变的。对于"循环衰落"在清朝的体现，我们有若干颇为熟悉的政治表象。如罗威廉描述为：

> 除了长期人口压力和失业的担忧之外，还有与朝代衰落相关且世所周知的问题，就是皇帝意志力和监督的失败、官僚的道德及进取心的丧失，以及腐败和乱政。嘉庆皇帝和继承者道光皇帝并非不负责任或缺乏能力，而是两人于关键时刻都不够果断，面对严重的危机表现得手足无措。[1]

类似的论述停留于政治史的表面，尚未抵达清中叶士大夫"时代感知"的思想深处。

与之相反，韩书瑞、罗友枝则坚持长时段与社会史的本位，认为王朝循环史观意味着"将过去的历史看作是皇室的兴衰"："他们（中国传统历史学家）会用所谓王朝循环来解释清朝与前朝不断由盛转衰的过程。这些循环在每一阶段都是由类似的因素造成的，围绕着统治者的活动进行。"18 世纪是一个充满了发展和复杂性的历史

---

[1]　罗威廉：《中国最后的帝国：大清王朝》，第 160 页。

时期：“每个发展都有其复杂的结果，不能简单地将之作为王朝兴衰的表征。”[1]

长时段的自然、社会、文化、经济发展与矛盾固然有重要意义，值得作为分析单元来对待。但具有自身兴亡起止时间的王朝，也影响着四民的生活与社会的发展进程，同样具有分析单元的价值。进而，连续的王朝史形成了一个两千年（甚至可以继续向上追溯到“三代”）的历史大时段，其跨度并不亚于自然、社会、文化、经济的单元，人类政治活动的复杂性、王朝体制持续存在的稳定性都使其具有相对独立的、影响人类社会发展的内在规律。古人以王朝为单元，从王朝的兴亡审视古今、忧思天下，在古今与天下的格局中，对王朝的兴衰周期保持关注与警惕。从“制度—风俗”的分析可知，“类似的因素”并非“围绕着统治者的活动进行”，而是具有政治、社会、文化乃至“总体性社会状态”的整体性、系统性。

中叶既是王朝内部的衰微时间，又是往复出现的周期现象，并且被“上世—中世—季世”的大历史长时段周期所限定和形塑，兼有王朝本位与长时段视域的双重意义，或者可以说是二者的交集场域。杨联陞总结朝代循环时有言：

> 从事中国史研究的学者通常都同意：在朝代的兴衰更迭中，有一个周而复始的模式，他们称之为朝代循环（dynastic cycle）。无疑地，一个朝代可以经历过好几次衰落与复兴，然后才完成整个循环。对一个已知的循环加以详细的描绘——不但顾虑到该朝代整体的兴起与衰落，同时也考虑到其间的小起伏，

---

[1]　韩书瑞、罗友枝：《十八世纪中国社会》，第 216 页。

我们就可以称之为朝代的形态。这种形态的研究，如果能够正确而公平地反映出一如既往的陈迹，那将会使我们对朝代循环的理解更加深入。[1]

在"好几次衰落与复兴""其间的小起伏"中，将中叶凸显出来，透视中微可兴而终难力挽的规律性状态，可以对"朝代的形态"有更加完整的认识，对朝代循环有更加深入的理解。

在批评尼采、斯宾格勒、特钦等人的循环史观后，赵鼎新提出以"多元动力的转化和否定"为关键内涵的"道家时间"（"道家循环史观"）。他认为，任何性质的社会组织、思想和制度，随着它们的力量变得强大，削弱它们的社会力量和社会机制也会变得越来越重要，这个"强弱转换法则"（或反向运动原则）就是老子所说的"常道"，它的循环性与一般所谓的循环史观不同之处在于："虽然历史发展呈波状，但造成单一循环的正反两个方向，以及每次历史循环波动的原因都不见得相同。"经济、军事/地域、政治、意识形态四种主要力量所产生的因果关系在发展到一定程度后都会促使反向力量的成长，这就导致了历史的循环性。因为这四种力量能形成无穷的组合方式，造成历史循环的力量每次都可能不同。历史上一次又一次地发生着"外观相似、内在原因却很不一致的道家循环"。[2]

相对于赵鼎新的四种力量、两个方向"无穷的组合方式"的循环动力，中国的中叶概念却呈现出以"制度—风俗"为中心而更具

---

[1]　杨联陞：《国史诸朝兴衰刍论》，载氏著《国史探微》，第 14 页。

[2]　赵鼎新：《权力、结构和时间性——历史社会学和宏观历史发展规律》，载赵鼎新主编《历史与变革》第 1 辑《什么是历史社会学》，北京：中信出版社，2023 年，第 3、24、30 页。

整体性、系统性的积势。逻辑并非"强弱""正反",而是积弊成敝。积势的大幕之下,是中微与中兴。他所谓的"道家循环",正是柳诒徵所不满意者:"一治一乱,并非循环,惟适应消息之公律耳。"或许,"否泰治乱,消长往复,其迹象有纵横,其范围有大小,而赅括史事,驯至近今,此义尚未能破"。[1]

作为政治周期的中叶,"中"就意味着判断和预判,这是既源于历史经验,又上升为圣贤治道支撑的政治哲学与智慧积累。据以判断的,是"制度—风俗"为中心的、政治与社会的整体运行状态。毋宁说,这是一种"总体性衰微",以积势为标识。从积弊到积势,包括政治、社会、文化在内的"总体性社会状态"趋于中衰 / 中微。欧阳修为唐昭宗写赞语,论唐因积势以致亡国:"自古亡国,未必皆愚庸暴虐之君也。其祸乱之来有渐积,及其大势已去,适丁斯时,故虽有智勇,有不能为者矣,可谓真不幸也。"(《新唐书·哀帝本纪》)随着积弊衰亡的历史经验总结,中叶这个时间点凸显出来,积势压倒暴虐之君的决定性也更加确定:"自秦以后,帝王之兴,虽有懿轨,终不及尧、舜、禹、汤之盛。是故中叶以降,政教陵替,天之所亡,不必尽如纣、桀也。"[2]胡承诺揭出,由中叶衰微以亡国,不必暴君:"积渐既久,陵夷之理已具,倘非命世雄姿,再造区夏,其他中才以下,虽有片长小善,同归祸败,不必幽、厉之衅,而有赧、献之灾矣。"[3]代表官方意见的《明崇祯帝陵碑》中,对比"国之兴也,创业开基之君"与"其亡也,必末季之主",认为崇祯帝失天下

---

[1]　柳诒徵:《国史要义》,第 164 页。

[2]　胡承诺:《至治篇第十一》,载氏著《绎志》卷 5,第 74 页。

[3]　胡承诺:《兴亡篇第三十八》,载氏著《绎志》卷 10,第 220 页。

"非末世亡国之君可同日而语"，但"仁明锐治之主不幸而丁中叶陵替之后，起弊扶衰，万难措手"，起决定作用的也是"中叶"。[1] 凡此，正是中叶作为王朝体制无法避免的总体性衰微的痛彻说明。"历代亡天下之患"，从暴君到权奸，七分之六"必乘乱世暗君"才能为患，清朝君臣自认为已设法规避，且以此为傲，唯独中叶积弊无法避免，更说明这是王朝政治难以逃脱的衰落，是最为一般性的因素，也是"中叶"在王朝体制中周期性和规律性的表现。龚自珍曾将"鄙夫"现象归因于开国君主英武专制，而中叶之主难以为继。[2] "鄙夫"之暮气正源自君主之钳制，清朝祖宗似应当其咎，但创业君王英武有为、中叶之主力弱守文而不成，实为王朝体制共性的、普遍的表现。

　　"中叶"在相对长治久安的王朝中体现得更加明显，作为政治兴亡周期规律，这一点尤其彰显了王朝自身难以克服的体制困境。虽有中兴，但只要中衰，就会延伸。汉、唐、宋、明、清，毕竟是中国历史上大一统、国祚相对较长的王朝，中叶分明；至于秦、隋乃至南北朝、十六国、五代这些短命或且不能得统的王朝政治体，旋起旋灭，则难言中叶。王夫之驳徐乐，再论"土崩"与"瓦解"：秦朝"亡不以渐，盖瓦解也"，因为其"栋本不固，榱本不安，东西南北分裂以坠，俄顷分溃而更无余瓦，天下视其亡而无有为之救者。盖当其瓦合之时，已无有相浃而相维之势矣"。而"土崩"者如周、汉、唐、宋，则经历了一个漫长的衰退过程，虽然王夫之所关注者仍在城陷、社移等政权转移的威胁，但原理却与中微以致败亡

[1]　金之俊：《明崇祯帝陵碑》，载《清朝文献通考》卷 120《群庙考二》，第 5894 页。

[2]　龚自珍：《古史钩沉论一》，载氏著《龚自珍全集》，第 20 页。

相通："盖所以立固结之基者虽极深厚，而啮蚀亦历日月而深，无可如何也。土崩者，必数百年而继以瓦解，瓦解已尽而天下始宁。"此论的基础在于功德积累，是对从中叶而亡国的绝妙之描绘。亡国之前，"或欲支之而不能也"，而新的天下不过是"圮坏而更造之"，是旧制度之新周期的开启。[1]

实际上，传统中国政治哲学对于王朝周期的认识并非"围绕着统治者的活动进行"，还有更为复杂而重要的观念逻辑和评估标准，指向整个社会的发展运势。基于历史经验的总结积淀而浮出观念水面的"中叶"，以积弊为动力机制，通过以"制度"和"风俗"为两个彼此关联、交相环转的中心点的"总体性衰微"状态，呈现出王朝往复循环的周期性规律，历周、汉、唐、宋、明、清而皆然，既是宏观的、整体的、系统的、社会政治意义上的，也是长时段的。它是以政治和治理为本位的，但目光所及之处，是王朝政治体制的周期循环，也是与王朝政治一体的中国传统社会的周期循环，王朝与统治者只是其标签而非中心。

---

[1]　王夫之：《读通鉴论》卷3，第60页。

附　录

"自然而归于必然"：从历史概念思考政治传统

　　"自然而归于必然"这一句出自戴震《孟子私淑录》。从把历史和传统作为方法的角度看，这句话有三层意思：一是"自然而归于必然"，"必然者，不易之则也"；二是"必然"不能强加于"自然"之上，"非制其自然使之强而相从也"；三是"必然之与自然，非二事也"，二者是"即"的辩证关系，"就其自然明之尽，而无几微之失焉，是其必然也"，这是从自然到必然，但还不是终点，"如是而后无憾，如是而后安，是乃古贤圣之所谓自然也"，最高境界是"必然"成为"自然"，这才是"自然而归于必然"的"尽境"。

　　笔者出身历史学，在政治学系教书。从某种意义上看，历史学是还原"自然"的，讲求重建、真相，自然而然，它是自足的；政治学是探讨"必然"的，追求理论乃至规律、科学、形态，希望将"自然"装入"必然"的格套，用"必然"来阐释乃至规训"自然"。但规训多了，难免"制其自然使之强而相从"，我们已经知道了此中的偏执与流弊。

　　笔者不涉足概念史，但近几年无意中考察了中国历史上的几个概念，发现这些概念表征了中国政治传统特别是制度传统的若干面相，由此，我对它们从社会科学所谓的"历史概念"向"分析概念"的转化有些初步的思考。这似乎是一个在历史学和政治学之间的视域，但如果我们抛开现代学术分科治学的局限，也许能感受到更多意蕴。按理学的话讲，在"自然"与"必然"之间，还有一个"所以然之故"，只有了解了"所以然"，积少成多，才能获得对"所当然之则"较为真切的理解，才能思考"必然"层面的问题。

第一个概念是"设法"。

郑玄是在解释礼经所载的封建授地面积时提出"设法"的。《周礼》与《礼记·王制》《孟子》的制度记载不同，这在经学史上有很大的争论。郑玄注："周公变殷汤之制，虽小国，地皆方百里。是每事言'则'者，'设'法也。"孔颖达、贾公彦的疏中也都重复了郑玄的注经思想。

这是一条经注，而当时中国的政治学主要就是经学。"设法"，就是"假设为法"。郑玄的意思是，这不是一个"实封"的制度，只是"原则"和"逻辑"，不能过于较真到底公、侯、伯、子、男各多少里。具体来说，有三层含义：一是它"非实法"，是制度模型或制度框架；二是它预设了一个标准和一套逻辑作为制度原则，在封建面积上，表现为计算逻辑；三是根据实际情况和发展形势，可以因革损益。这三层含义统一于第一层含义，"设法"从而成为一个具有制度设计思想意义的概念：制定理想化，或相对理性化的标准，将其作为富有弹性的制度模型，和政治、社会的实际情况磨合。制度标准与实际情况不断磨合而生成具体的、实践的制度，即"实法""实事"。这个制度思想又是以汉代创制立法的时代主题为基本背景的，在后世关于变法改制的论述中也有明显的体现。

在这个"设法"的制度设计中，先王设法最重要的是"则"，"有物必有则"，"则"又经理学而转为"道"，这是高于"法"的，高于制度的"节文"即具体条款、形式的。这个过程中，宋儒的义理解经理路就进来了，就和今文经的理路、今文经与古文经融合后的义理的解经理路融合起来了。这个重视制度创作的政治原则、政治伦理的逻辑，弥漫在中国的制度论与治道论文献之中。

"设法"概念，影响了中国的制度思想，一方面表现为对统驭制度的天道和义理亦即政治原则、政治伦理的重视与追寻，另一方面，它不是僵化、保守的制度形态，而是表现为探求制度与形势相适应的规律，思考制度的灵活性。在义理和实践两个层面之间，"设法"概念还综合了制度体系的"所以然之故"和"所当然之则"，认为有一个体察天道而来的制度间的秩序，驾驭并统合了制度之各组成部分、环节与施行程序。否则，即便制度之各组成部分似颇合理，制度也会"无道"或"失序"，从而影响治理，贻祸于民。这都是"唯制度论"所不能理解的。黄仁宇批评由周公"间架性的设计"发端的中国政治制度"注重形式超过实际"，虽不是严谨学说，但给人以中国制度为自上而下的刻板架构的深刻印象，影响很大。而从"设法"来看，或许黄仁宇之说放大了周公之法中固定化的一面，正是先儒基于"设法"而反对的"常制""通制"甚至"实事"。当然，传统制度的弹性和调适性是有限度的，到了近代，如何判断、采择、融通新旧，调适现行制度而重为设法，构建现代制度体系，便成为一个问题。单靠传统中国的法意已不能完成此变化，但中国的"设法"思想，这个设计制度的逻辑，恐怕没有过时。

第二个概念是"积弊"。

"积弊"这个概念是清朝嘉庆、道光以后的历史和历史研究中非常常见的概念，但是，长期以来只作为道德批判被使用。在去道德化的历史研究中，学者更愿意思考流弊背后的合理性机制，比如若干貌似不道德但实为行政运转所必需的非正式制度，于是，"积弊"这个概念的使用频率越来越低了。笔者反复读《皇朝经世文编》，读龚自珍、魏源、包世臣以及陶澍等等经世一派人物的文字，深感积弊太复杂了，它具有并反映着一套内在的制度逻辑和政治逻辑，而道德恰是中国传统制度中重要的嵌入性的部件，这和我们今天把政治、制度与道德分开看的认知并不一样。

清代中期凸显的治理问题是盐、漕、河三大政都百弊丛生、效能低下，随之而来的是严重的吏治问题。如果一个时期的治国理政，行政、财政、吏治方方面面的制度都出了问题，那就不仅是某个行政领域自身的问题了，而是政治整体都出了问题。用当时人的话来讲就是积弊与积习并存，法繁导致政慢。这就又回到了中国历史上反复讨论的制度与政务"丛脞"的问题。为什么若干合理化改革会失败或达不到预期效果？除了具体的某项制度的原因，还关系到整个制度困境。制度是个复杂的集合体：中央与地方、国家与社会、设计与实践，甚至制度与制度（如清代的律典、定例、案例、陋规，有点像今天所说的上位法与下位法、正式制度与非正式制度）。这里面不是一对关系，而是很多种关系、很多种力量，它们通过一定的渠道和机制缠绕在一起。我们需要研究这个体系好的秩序是什么样的。

制度是有生命的，制度体系也是有生命的。中国传统认为，制度有原罪，"法立弊生，无不弊者法也"，但主要还是随着时间而积弊。中国历代每到王朝中叶，制度叠床架屋、体系失序，层层累积的政治和社会问题再也不能新陈代谢，就生成了积弊的状态。笔者造了个词——中叶困境，其主要表现是"法"也就是制度的积弊难返，也就成为了政治问题和政治困境。在这样一个积弊的制度和政治困境中，每一个"弊"（如"漕弊"，还有盐、河等大政）都有其单独的"所以然"可以研究，但这些"弊"又勾连成一局，这个积弊之局难破，又超越了具体的各个"弊"的逻辑，这就是政治问题了。

"流弊循环，伊于胡底"，如果不仅从流弊在时间链条上的循环，而且从各方面流弊的相互为用来看，就更让人感慨"伊于胡底"的困境。嘉道时期的经世派，那些治理能臣和改革思想家们，调动了中国传统制度哲学中的"名实""文质""本末""易简之道"等各种思想资源，漕粮海运等各种制度变迁经验，希望让制度回归法意，但这些"行政"层面的变革都失败了。鸦片战争中的君臣言行，都是典型的积弊话语。只有在积弊的生态中，他们才会那么思考问题和相互批评。到戊戌变法、清末新政的时候，如果我们摘掉希望中国尽快进入现代化快车道的有色眼镜，更加尊重当时人的建议和举措，就会发现非常多的讨论仍然集中在积弊上，这也是"战胜于庙堂"的真义。也就是说，从乾隆中晚期开始的积弊，影响乃至制约了此后的政治发展，晚清七十年历史，可以视为是在中叶困境延长线上的历史。其间，一个契机是太平天国运动，冲垮了一些旧行政，也亟需有效的新军事、新财政、新行政，这才成为缓解积弊的政治契机和历史机遇。我认为这其中包含政治危机和契机的压力与动力，是"同治中兴"的重要表现，读薛福成等人的中兴表述，可以很直接地感受到是针对积弊而来的。什么是中兴？有学者以实求之，批评"同治中兴"是假的，这是以今人的意见，特别是用近代化的标准衡量历史上的人的观感。但中兴主要是政治、风气、气象、人心层面的，尽管效果有限，但时人可以感受到变化。

我们不能单纯从道德批判角度来对其进行批判，但对于积弊，仍要对其中伴生的道德问题进行研究，因为道德从来都是中国传统制度与政治的重要组成部分。不能因为道德批判而遮蔽非正式制度的"所以然"，但也不能"翻烧饼"，不能因为非正式制度的不得已而遮蔽道德问题与道德批判的"所以然"。

第三个概念是"职役"。

乡土社会中的"有力者"是谁？历史学和社会科学已经陆续提出地主论、乡绅论、社会精英论、中人（经纪人）论、准官员论等概念。但传统中国的身份分类是"官""绅""士（衿）"等，这是唐代以后逐渐形成的、朝廷对乡里有力者的基本身份的构建和界定，此外主要就是编户齐民的"民"了。这些身份都对应着一定的职业、科举资格、社会流动、道德、赋役准则，加总后就是钱穆先生说的"流品"。士人要专心读书应科举，保持清高，然后才能保持入仕后作为官员的清贵，这是国家与社会的共识，那么绅衿就要免役，这就从文化和政治的身份待遇问题转到社会经济和财政问题了。但它不是一个单纯的经济和财政问题，而是延伸成为身份问题。比如官绅可以优免，但民就要"纳粮当差"，这是他们的"分"。当差、服役其实和纳粮一样，都是人民对国家的义务形式，"民户""民差""民田"是对应的。王毓铨先生有很深入的研究。"差""役"的一种，就是里甲长、保甲长这些"职役"。

到清代，无论里社、图甲、保甲之制，"皆民之各治其乡之事，而以职役于官"。无论乡约、里长、保甲长等，凡是有"地方之责"、办理公事者，都是"在民之役"的身份。各直省乡职名称虽不尽相同，但"其役一也"。根据其职责范围相关的身份性质，还容易滑向"贱役"。岸本美绪的研究揭示，乡役的身份"总以兼皂隶、役贱事与否"为分，基本上是以"服役性"强弱为准则。但"服役性"不易界定，标准游移，就导致这个群体的身份普遍趋向卑贱。由此，我们就可以在一个变化中的地方治理与身份制度的历史情境中来理解晚清地方的首人的真实状态：一方面确实呈现出精英化的发展趋势。当时基层治理趋于复杂，首人权势很大，职业化、集团化、全能化。地方政府也有改善身份待遇的努力，提出将乡职与杂事贱事相区分的政策。但另一方面，职役制度还在，乡里首人对职役这个身份的内涵自觉就范，官员、绅士乃至乡里百姓，也出于个人利益与日常矛盾，通过诉讼等手段，利用身份来将首人"污名化"，形成了一套基于身份问题的互动机制和话语模式。

这就存在一个围绕职役的身份语境，即围绕乡职身份，由政府制度、政策、权力、社会观念等相关因素共同构成的社会政治的"上下文"。高桥芳郎曾论道："身份或身份制度的研究，除了从制度、法的侧面的理解，身份集团的实态解明之外，需将当时人们的身份观、身份意识等放入视野，才够得上是全面性的研究。"清政府鼓励增办地方"公事"，以士绅等地方精英任事，就在实际上触动了制度规定的身份秩序。团练绅首在地方权力网络中行使自己的权力、办理公事、安排自己的生活，呈现与身份秩序文件编织的理想世界不尽相同的状态，而那些典章中的条文又通过制度的框架、行政的延续、社会政治的发展与社会心理的投射影响着他们的进退。在团保首人身份制度的背景下，团保权力的歧出与团保身份语境的暗合，现有行政体系成全或诱致团保首人的劣行复放大之。

身份语境是制度语境的体现。国家制度虽然是"设法"的，但不是悬置的，而是与社会微妙互动的。制度进入一个政治、社会、文化生态之后，又搅动这个生态，参与塑造新的生态出来。它像"语境"一样作用于社会，人人都要和它打交道，在这个过程中塑造自己的社会生活，也塑造国家行政的基本面貌。乡里行政的末端责任者，就在这样的语境中产生。现在的社会史研究，在纠正对成文制度的"迷信"的同时，又以社会为本位，或多或少地存在对成文制度的"迷不信"。我们要更加严肃地思考：国家的乡里制度如何落实？与社会内生的制度是何关系？社会接纳国家和国家制度的方式是什么？

由此我们看到，围绕社会精英概念展开的是：权势理性的人，社会权力的伸张，我们习惯认知中的"传统中国"崩溃，通往习惯认知中的"近代中国""近代国家"，这都是一个逻辑链条上的不同环节，环环相扣，方向确定。而围绕"职役"概念展开的是：身份理性的人，国家对身份的规定并非载诸空文，而是融于社会实践之中，不能脱离它去谈人的实际地位和权力。人的社会权力既可扩大又被身份束缚，由此我们可以质疑"地方军事化"、绅权扩大等命题，丰富对"传统国家""身份社会"的认识，进而丰富对"传统—近代"变迁的内在逻辑的认识，重新思考何为中国、何为中国国家。不从"役"这个身份概念展开来看，我们就可能误入"别家院"。

以上三个概念，"设法"是经注，说的是制度设计思想和制度观，反映了传统中国制度的原则性与灵活性的统一；"积弊"是"历史意见"，说的是制度的原罪与"制度病"，反映了传统中国认为制度体系是具有内在秩序的，制度的生命状态与王朝兴亡的生命周期相应而生；"职役"是典制，说的是王朝国家与人民之间的基本义务形式和地方治理体制，反映了行政、财政的逻辑，同时也是人的身份，是社会生活。这几个概念都不是虚悬或仅限于思想讨论中的理想型，而是历史的、实践性的概念，是当时中国的政治和政治学。在这些概念中，体现了中国政治思想、政治制度、政治实践的一体运行，这确实是一个笼罩在宇宙、国家、社会、个人所有要素之上的"天人合一"的"浑全"的政治学。

所谓"概念",不只是概念本身,不只是对事实、现象和经验的概括,还是广涉围绕这个概念展开的政治、社会、经济、思想、文化等等,乃至对一个国家、一个发展时期的认识,对一个学术理路的反映。我们今天所使用的"学术概念"或"分析概念",其背后是现代学说,再后面,就是现当代社会;而"历史概念",则是与传统社会整体对应的。如此说来,概念恐怕是"平等"的,历史概念是"概念"还是"现象"?是"自然",是"所以然",还是"必然"?恐怕还不能简单下断语。

经过历史学和社会科学的发展,今天的学者已经逐渐发现历史中国的很多逻辑难以简单地放入现代西学之理论和概念的框架。诸如"流品""风俗""贡赋",都关乎社会史、经济史、政治史,也表达着思想史、文化史等诸多内容,很难再找到一个或一些恰当的概念组合起来完整、准确地表述其"整体性"。梁启超说思想史是"遗传共业"。余英时先生说:"历史研究并不是从史料中搜寻字面的证据以证成一己的假说,而是运用一切可能的方式,在已凝固的文字中,窥测当时曾贯注于其间的生命跃动,包括个体的和集体的。"这些强调的都是整体性。

而现有的社会科学概念,又往往没有考虑到或混淆了中国传统政治中多元交织的、复杂的结构性因素,比如"官""绅""士""役",实际上它们互有边界,并不是"官—绅""官员—非官员"这样的二元结构可以涵盖的。笼罩在这些身份之上的身份化的行为规则和运转情态具体、真实而复杂,"准官员"和"集权的简约治理"则追求了理论化约的表达之路。

如果反转"观物取象"的逻辑,一些历史概念给我们的启发是可以"取象观物"，即通过概念之象去观照其所自出的人、事、物的世界。而前提是，只有尽量具体、深入和全面地进入事实世界的整体，才能明白时人为何会制造或选择了那个词来概括或表达那些事物的逻辑。这就不是所谓概念史的问题，而是历史与历史之象的问题，它可能会成为从事实到理论的会通逻辑。

上述三个概念相关的研究都与当代历史学及社会科学对相关问题的研究和理论框架进行了对话。那么，如何发现历史上的有效"概念"，触发对历史和现实的新认识，从而推进历史认识和学术发展？颜师古注《汉书·平帝纪》"越裳氏重译献白雉一，黑雉二"有云："越裳，南方远国也。译谓传言也。道路绝远，风俗殊隔，故累译而后乃通。"章学诚认为，古今之道的阐释与中外之间的"传言"有相似之处："周、孔之道虽远，不啻累译而通。"(《文史通义》卷2《原道下》)往昔或即异国，古今中西之际，我们不必故步自封，而是可以做一些传统概念"累译而通"的工作。第一个层次，是用现代学术语言将传统概念说清楚，这不是一次性、单向性的以"西"释"中"的工作，而是多次、往复的"累译"过程，只有"累译"才能"遥通"。第二个层次，是要让传统概念不仅是"散钱"，而且恢复作为"索子"的真面目，还原其在传统政治与社会中的逻辑和机制的贯穿意义。第三个层次，激发传统概念的解释活力，用这些概念来描述、解释、分析历史与现实中的政治社会现象及其深层次的复杂的内在机理，以之为津梁，"通古今之变"，与既有理论对话，这是传统的创造性转化。所以，这些概念都还有再往上"提"的空间和潜力，但再往上，会"提"出什么样的"必然"呢？还不清楚，但有一点应该可以展望，就是在中国的历史概念转化为分析概念的"累译"过程中，概念将成为方法，历史和传统将成为方法，或引出方

　　　　　　积弊：清朝的中叶困境与周期感知

法，这就是今天的"义理从训诂出"。而这个过程本身，也可能通往钱穆所谓中国本有之"精神宗旨道途格局"。只有在概念中思考其"精神宗旨"，才能找到"道途"，如实建构起"格局"。也往往正是体认到了当时当地当事人的逻辑，用当时当地当事人的话语和逻辑去尽量还原历史的"貌"与"神"之后，才能猛然醒悟过去或现在的整体社会中的政治是一个立体的而非平面的。于是，从"自然"到"必然"，再回到"自然"，从而更接近"自然而归于必然"那样一种有分寸感的、妥帖的、圆融的境界，我们才能更"通"一点。

最后要补充强调的，一是努力将历史概念转为分析概念的工作，是要努力探寻概念背后的国家、社会、个人及其统合逻辑，还原概念与其实践的形态，而不是一般意义上的"概念史"研究。不能仅沉浸在概念的源流、产生、发展、演变的历史中，更不能局限于对若干既定的经典概念的细节讨论——虽然这也是我们工作的组成部分。二是我们对传统中国政治发展中的若干概念的重视，不是排他的，而是会通的。我们要做的，是以平等的眼光，发现历史上的、有效的"概念"，用现代语言将其说清楚，触发对历史和现实的新认识，它可能成为一个"分析概念"，也可能成为铺垫、引出新的"分析概念"的"历史概念"，从而推进历史和政治的认识以及学术发展。在概念与事实之间、理论与现象之间、中学与西学之间，仍需要长期不懈的"累译而遥通"的工作。"自然而归于必然"，当自然成为必然时，也就改造了"必然"。

（补记：这是我写完本书第二章后，结合自己的其他几项具体研究，对"概念与方法"问题的一点思考。"积弊"的内容大部分已经体现在本书中了，但还是想把这个带有方法论层面的思考附录于后，以交代本书在这个层面上的小小追求。）

后　记

我很多年前就有读《皇朝经世文编》的愿望，也想好好地再读读洪亮吉、龚自珍、魏源这些清中叶巨子的诗文。大概 2016 年才开始真正读起来，先读的是龚自珍的"己亥诗"，2018 年又读《皇朝经世文编》，再读魏源、汤鹏……读着读着，就写札记，归纳成文。"壅蔽"是本来要写的，"积弊"是读出来的，然后是"中叶""中兴"等，反复琢磨体会。我感觉似乎有一个思想与观念的图景在眼前清晰起来，这种图景又不仅是思想与观念世界的。从发愿到困而知之，这就是这本小书的缘起。

有的书像一棵大树，系统完整，规模宏大；有的书则好比某棵树上的一个果子、一节树枝、一片树叶。这本小书就属于后者，像个果子。"中叶"是个苦果，靡盛的甜已经裹不住绵绵的苦。这本书把这个味道写出来了。

当然还有很多未尽之意：

"极盛"的时间可以有多长？从"极盛"到"极太平"的转变机制是什么？转变过程历时多久？"极太平"为何成为一种总体性衰微的状态？

对于社会的安定、老百姓的日子来说，如果"太平积弊"与"随弊随治"之间可以选择，哪个更好？

如何用现代政治学来分析并理解"德"的政治内涵与意义？对于"皇帝王伯"以降的"德下衰"，特别是"三代"上下"德"的断崖式衰薄，如何理解其真伪以及此观念的依据与现实影响？

如何理解传统中国治道中的"无为之为"？它如何在制度与治理的"易简"和礼乐文明、复杂社会之间找到一条复性结合、相为因果而非机械排异的路？

中叶在诸方面的表现，如叶嘉莹曾论及的常州词的"弱德之美"，与中叶世变是何关系？

制度的生命力、生命周期与政治的生命力、生命周期之间有何关系？

对法意的系统认识，我同时在写另一本书，还不成熟，想过些年再改……

这些都留待将来。

孙明

2024 年夏于京西小清河畔

文
景

Horizon

社 科 新 知　文 艺 新 潮

积弊：清朝的中叶困境与周期感知

孙明 著

出 品 人：姚映然
责任编辑：项　玮　佟雪萌
营销编辑：胡珍珍
美术编辑：安克晨
装帧设计：浮生·华涛

出　　品：北京世纪文景文化传播有限责任公司
　　　　　（北京朝阳区东土城路8号林达大厦A座4A　100013）
出版发行：上海人民出版社
印　　刷：山东临沂新华印刷物流集团有限责任公司
制　　版：北京楠竹文化发展有限公司

开　本：890mm×1240mm　1 / 32
印　张：11.25　字　数：260,000　插页：2
2025年9月第1版　　2025年9月第1次印刷
定　价：79.00元
ISBN：978-7-208-19686-5/K·3518

图书在版编目（CIP）数据

积弊：清朝的中叶困境与周期感知 / 孙明著.
上海：上海人民出版社, 2025. -- （文景）. -- ISBN
978-7-208-19686-5
　Ⅰ. K249.07
中国国家版本馆CIP数据核字第2025QH2087号

本书如有印装错误，请致电本社更换　010-52187586

社科新知　文艺新潮　|　与文景相遇

微信公众号　　　　微　博　　　　　豆　瓣

bilibili　　　　　抖　音　　　　　小红书